浙江省习近平新时代中国特色社会主义思想研究中心省委党校基地
"社科赋能山区（海岛）县高质量发展行动"研究成果
浙江省委党校共同富裕研究中心研究成果

缩小城乡差距的路径与实践

——以浙江省为例

王立军◎著

企业管理出版社
ENTERPRISE MANAGEMENT PUBLISHING HOUSE

图书在版编目（CIP）数据

缩小城乡差距的路径与实践——以浙江省为例/ 王立军著．—北京：企业管理出版社，2023.6

ISBN 978－7－5164－2850－4

Ⅰ.①缩… Ⅱ.①王… Ⅲ.①城乡差别-研究-浙江 Ⅳ.①F299.275.5

中国国家版本馆 CIP 数据核字（2023）第 106573 号

书　　名	缩小城乡差距的路径与实践——以浙江省为例
书　　号	ISBN 978－7－5164－2850－4
作　　者	王立军
责任编辑	赵喜勤
出版发行	企业管理出版社
经　　销	新华书店
地　　址	北京市海淀区紫竹院南路 17 号　　邮编：100048
网　　址	http://www.emph.cn
电子信箱	zhaoxq13@163.com
电　　话	编辑部（010）68420309　发行部（010）68701816
印　　刷	北京虎彩文化传播有限公司
版　　次	2023 年 7 月第 1 版
印　　次	2023 年 7 月第 1 次印刷
开　　本	710mm×1000mm　1/16
印　　张	16.25 印张
字　　数	202 千字
定　　价	88.00 元

版权所有　翻印必究·印装有误　负责调换

前　言

　　本书源于2003年本人主笔的浙江省哲学社会科学规划课题"统筹城乡经济社会发展　加快推进浙江省城乡一体化研究"，之后本人又陆续开展了浙江省哲学社会科学规划"三农"专项课题"以农村产业融合发展推进乡村产业振兴研究"和"社科赋能山区26县"专项课题"数字赋能山区特色农业发展的模式与改进对策"等研究。最终在总结上述研究成果的基础上，结合浙江省城乡一体化的最新实践完成本书。

　　习近平同志在浙江省工作期间提出"八八战略"，其中一个战略就是"进一步发挥浙江的城乡协调发展优势，统筹城乡经济社会发展，加快推进城乡一体化"。历届浙江省委、省政府一张蓝图绘到底，一任接着一任干，把城乡一体化作为浙江省发展的重要战略加以推进。浙江省新型城镇化深入推进，城镇化率逐年提升，2021年达到72.7%。城乡统筹发展，城乡居民收入倍差缩小至1.94，是全国城乡差距最小的省份之一。①

　　浙江省正探索高质量发展建设共同富裕示范区，其中缩小城乡差距是稳步推进共同富裕的关键。中共浙江

---

① 王美福. 数看"浙"十年之高质量发展十大高地［EB/OL］. 浙江省统计局网，2022-10-13.

省第十五次党代会报告提出，未来五年要"打造社会全面进步高地"，其中包括"城乡居民收入倍差缩小到1.9以内，城镇化率达到76%"和"'15分钟公共服务圈'基本建成"等目标。浙江省还将着力推进高水平城乡一体化作为未来五年的主要任务之一，提出"要健全城乡融合发展体制机制""加快实现城乡基础设施一体化、公共服务均等化、居民收入均衡化、产业发展融合化"。本书就是对浙江省城乡一体化的一个实证研究。

本书第一篇为总论，研究了城乡一体化的理论和内涵，并对习近平同志"八八战略"中有关城乡一体化的重要论述进行了分析，提出了在共同富裕示范区建设中缩小城乡差距的思路。第二篇为比较研究，分析了英国、德国和韩国城乡一体化的经验；比较了国内上海、重庆和广东等省（直辖市）城乡一体化的模式。第三篇为路径研究，从美丽乡村、产业融合和数字农业、小城市与美丽城镇、都市区、省级新区及城市更新等方面，分析浙江省城乡一体化的路径。第四篇为机制研究，分析了市民化集成改革、强村富民集成改革，以及城乡一体化的服务保障机制和土地保障机制。

王立军
2023年5月

目 录

第一篇 总 论

第一章 城乡一体化的理论和内涵 / 1

一、城乡一体化相关理论 …………………………… 1
二、城乡一体化的内涵 ……………………………… 7
三、城乡一体化的模式 ……………………………… 15
四、城乡一体化的动因 ……………………………… 18

第二章 浙江省城乡一体化实践 / 21

一、浙江省有关城市化、城乡一体化的政策演进 …… 21
二、"八八战略"有关城乡一体化的重要论述 ………… 26
三、共同富裕与城乡一体化 ………………………… 33

第二篇 比较研究

第三章 国外城乡一体化经验 / 35

一、英国城乡一体化经验 …………………………… 35
二、德国城乡一体化经验 …………………………… 41
三、韩国城乡一体化经验 …………………………… 46
四、启示 ……………………………………………… 51

第四章 国内城乡一体化模式 / 54

一、上海市城乡一体化模式 ………………………… 54
二、重庆市城乡一体化模式 ………………………… 57
三、广东省城乡一体化模式 ………………………… 61

第三篇 路径研究

第五章 美丽乡村
——以浙江省新农村建设为例 / 69

一、从农村工业化到城乡统筹发展：
  浙江省农村发展回顾 ………………………… 69
二、"千村示范、万村整治"工程 ………………… 73
三、美丽乡村 ………………………… 82
四、未来乡村 ………………………… 88

第六章 产业融合与数字农业
——以浙江省农业现代化为例 / 98

一、农村产业融合 ………………………… 98
二、数字农业模式 ………………………… 105
三、未来农场 ………………………… 112
四、案例：常山县推进胡柚产业一二三产业融合
  发展 ………………………… 116

第七章 小城市与美丽城镇
——以浙江省新型城镇化为例 / 119

一、中心镇培育小城市 ………………………… 119

二、新时代美丽城镇建设 …………………………………… 128
三、案例：德清县新市镇打造高品位小城市 ………………… 134
四、案例：杭州市美丽城镇建设 ……………………………… 137

第八章　都市区建设
　　——以浙江省城市群为例　/ 140

一、从县域经济向都市区经济转型 …………………………… 140
二、以大都市区带动城乡区域协调发展 ……………………… 144
三、四大都市区发展方向 ……………………………………… 148
四、融入上海大都市圈 ………………………………………… 156

第九章　省级新区建设
　　——以浙江省新增长点为例　/ 158

一、省级新区历史沿革 ………………………………………… 158
二、省级新区发展特点与存在的问题 ………………………… 164
三、促进省级新区高质量发展的对策建议 …………………… 169
四、案例：南太湖新区高质量发展研究 ……………………… 171

第十章　"三改一拆"和未来社区
　　——以浙江省城市更新为例　/ 179

一、"三改一拆" ………………………………………………… 179
二、未来社区 …………………………………………………… 184
三、案例：萧山区瓜沥七彩未来社区 ………………………… 192

第四篇　机制研究

第十一章　市民化集成改革　/ 195

一、浙江省推进农业转移人口市民化的实践探索 …… 195
二、市民化集成改革的主要任务 …………………… 197
三、案例：龙游县农业转移人口市民化改革 ………… 202

第十二章　乡村集成改革　/ 208

一、强村富民乡村集成改革的内涵 ………………… 208
二、案例：海盐县"市场化改革+集体经济" ……… 213
三、案例：瑞安市农村"三位一体"改革 …………… 214

第十三章　服务保障机制　/ 218

一、城乡基本公共服务均等化 ……………………… 218
二、基层教育服务均等化："县中崛起"行动 ……… 222
三、案例：富阳区"15分钟公共服务圈"建设 …… 224

第十四章　土地保障机制　/ 231

一、城乡统一建设用地市场 ………………………… 231
二、农业标准地改革 ………………………………… 238
三、案例：德清县推进农村"三地"集成改革 ……… 242

参考文献　/ 247

后　记　/ 251

第一篇 总 论

第一章 城乡一体化的理论和内涵

人类文明的发展史告诉我们,城镇化、信息化、全球化、工业化是人类发展的必然选择,也是现代化的必然选择。城乡发展的历史证明,工业化发展初期是农业支持工业、农村支持城市的发展阶段,工业化的中后期应是工业反哺农业、城乡一体化发展的阶段。本章在分析城乡一体化相关理论的基础上,对城乡一体化的内涵、模式与动因做一阐述。

一、城乡一体化相关理论

自工业革命以来,城乡一体化研究越来越受到西方学者的关注。最初对城乡联系理论的研究始于重农主义学者鲍泰罗,随后,杜能对城乡联系进行了研究。18世纪以后,城乡问题更加受到古典经济学家的重视,亚当·斯密认为只有增加农村产品的剩余,才能增设城市。其后,马克思将古典经济学的城乡研究推向了新的高度。20世纪,随着城市化的推进,许多学者从经济、社会、地理、环境、人口、生态等不同角度,探讨了农村城市化进程中的城乡关联问题,形成了众多成果,并提出了城乡协调发展的理论观点。

(一)马克思主义经典作家的城乡发展观

马克思主义经典作家十分重视城乡关系问题,认为城乡关系是社会经济生活中影响全局的关键环节。马克思、恩格斯指出："城乡对立只有在私有制的范围内才能存在。"①"城乡之间的对立是随着野蛮向文明的过渡、部落制度向国家的过渡、地域局限性向民族的过渡而开始的，它贯穿着文明的全部历史直至现在。"②"资本主义社会不仅不能消除这种对立，相反，它必然使这种对立日益尖锐化。"③从资本主义国家的发展历史来看，资产阶级的统治和资本主义私有制使城市与乡村的发展处于严重失衡状态，而且促使城乡关系由分离转向对立，发生了质的变化。

马克思、恩格斯在深刻把握资本主义国家社会基本矛盾的基础上认为，城乡日趋分离是生产力和生产关系相互作用的结果，这种分离会伴随着生产力的进一步发展并逐渐消亡。换句话说，伴随着生产力的高度发展，城乡关系的发展趋势必将是从分离与对立的状态最终走向融合。这是由生产力和生产关系内在的矛盾运动规律所决定的，不以人的意志为转移。只有实现城乡融合，才能改变城乡社会分工对人从事劳动活动的限制，从而促进人自由而全面地发展。④

关于如何实现城乡融合，马克思、恩格斯也提出了诸多具体的措施：一是充分发挥中心城市的作用。马克思、恩格斯认为中心城市是现今生产力的代表，在拉动区域发展上起着极为重要的作用。二是工业带动农业。工业和农业都是实现城乡融合的客观基础，但农业的发展一直滞后于工业的发展，为此必须通过工业带动农业的方式，带动农业发展。三是重视科学技术的作用。马克思、恩格斯认为，科学技术在促进生产力的增长上发挥着重要的作用，要想提高生产力，就必须提高对科学技术的重视程度。⑤

---

①② 马克思恩格斯文集：第1卷 [M]. 北京：人民出版社，2009：556.
③ 马克思恩格斯文集：第3卷 [M]. 北京：人民出版社，2009：283.
④ 张晖. 马克思恩格斯城乡融合理论与我国城乡关系的演进路径 [J]. 学术交流，2018（12）：122-127.
⑤ 马克思恩格斯选集：第1卷 [M]. 北京：人民出版社，2009：222.

第一篇 总 论
第一章 城乡一体化的理论和内涵

(二) 西方学者对城乡一体化的认识

1. 西方早期空想社会主义者的城乡一体化构想

以圣西门、傅立叶和欧文为代表的空想社会主义者提出了城乡一体化理论的雏形。19世纪初，法国杰出思想家圣西门提出社会由从事农业劳动和受雇于工厂主和国家的人构成，他们是社会组织体系中的平等成员。[①] 傅立叶则更为具体地提出了名为"法郎吉"的理想社会单元，在这里工业和农业不再成为划分城市和乡村的标志，城乡差别逐渐消失，城市和乡村平等、和谐地发展。[②] 欧文提出解决生产私有化与消费社会性矛盾的方式是建立"新协和村"，组织社会化程度较高的工农业结合社会化大生产。在城乡关系上，"这种新村能够兼备城市住宅和乡村住宅现有的一切优点，同时又毫无这两种社会所必然具有的无数不便与弊端"[③]。虽然这些超越了历史发展阶段的美好理想受到当时社会发展条件的制约，在实践中都以失败告终，但在他们的观点中，都体现了如何使城市与农村协调发展这一核心问题，并为后来的田园城市和卫星城市等城乡发展理论提供了参考和借鉴。

2. 霍华德的"田园城市"理论

在城市学和城市规划学界，最早提出城乡一体化思想的首推英国城市学家埃比尼泽·霍华德。他于1898年出版了《明日：一条通向真正改革的和平道路》，1902年再版时改名为《明日的田园城市》。他在书中倡导"用城乡一体的新社会结构形态来取代城乡对立的旧社会结构形态"。他在序言中说："城市和乡村都各

[①] 昂利·圣西门. 圣西门选集：第1卷 [M]. 王燕生，徐仲年，徐基恩，等译. 北京：商务印书馆，1979：52.

[②] 乔·奥·赫茨勒. 乌托邦思想史 [M]. 张兆麟，译. 北京：商务印书馆，1990：192-198.

[③] 欧文. 欧文选集：第1卷 [M]. 柯象峰，何光来，秦果显，译. 北京：商务印书馆，1979：47.

有其优点和相应缺点,而城市——乡村则避免了二者的缺点……城市和乡村必须成婚,这种愉快的结合将迸发出新的希望、新的生活、新的文明。本书的目的就在于构成一个城市—乡村磁铁,以表明在这方面是如何迈出第一步的。"霍华德在书中还绘制了标明"城市""乡村"和"城市—乡村"的三块磁铁,同时作用于"人民",并提出了"人民何去何从"的问题,从而形象地阐述了他的"城乡一体化"的观点。

3. 芒福德的区域统一体理论

美国著名的城市学家刘易斯·芒福德在1946年为《明日的田园城市》一书再版写序时对霍华德的城乡一体化思想大加赞扬。芒福德指出:"霍华德把乡村和城市的改进作为一个统一的问题来处理,大大走在了时代的前列。"到了20世纪60年代,芒福德又明确指出:"城与乡,不能截然分开,城与乡,同等重要;城与乡,应当有机结合在一起。"他主张建立许多新的城市中心,形成一个更大的区域统一体,重建城乡之间的平衡,有可能使全部居民在任何地方都享受到真正的城市生活的益处。[①]

4. 刘易斯的"二元结构"理论

最早分析二元结构对经济发展产生影响的美国学者阿瑟·刘易斯认为,发展中国家一般存在着现代工业部门和传统农业部门两个性质完全不同的经济部门,其经济发展的中心是传统农业向现代工业的结构转换。刘易斯认为发展中国家的二元结构具有以下特征:①技术可以分成使用资本的技术和不使用资本的技术。②农业部门是发展中国家传统生产部门的典型代表,因为传统非农业部门在整个经济中所占的比重不大,可以忽略不计。③传统的农业部门劳动者收入水平很低,一般只能维持自己和家庭最低限度的生活水平。传统部门的劳动力十分丰富,并随时可能流入

---

① 杨开忠. 迈向空间一体化[M]. 成都:四川人民出版社,1993:81.

第一篇 总 论

第一章 城乡一体化的理论和内涵

城市，因此决定了城市中现代工业的工资水平只能保持在略高于农村生存收入的工资水平上。城乡收入水平的差距取决于城乡生活费用的差距、农业劳动者迁入城市的心理成本，以及用于引诱农村劳动力流入现代工业部门的额外性收入。④由于发展中国家一般是农业国，农业劳动力十分丰富，根据边际生产率递减原理，农业劳动力的边际生产率非常低，甚至有一部分劳动力的边际生产率为零。

5. 麦基的"城乡融合区"理论

西方传统的城市化理论假设，由于集聚经济和比较利益的产生，农村向城市的转变将不可避免，并为人口在连片建成区的集中提供了可能。城市和乡村聚落之间存在着清晰的界限和明显的差别，而且这种城乡差别在城市化推进过程中会永久存在。不少西方学者认为，这种以城市为基础的城市化理论可以类推到第三世界的城市化进程。但是，加拿大学者麦基教授通过实证研究得出了不同结论，他认为，近30年来亚洲许多国家和地区社会经济发生了重要变化。这些变化使得城市和乡村之间的联系日益密切，城乡之间的传统差别逐渐模糊，并在地域组织结构上出现了一种独具特色的地域类型，其以农业活动和非农业活动并存、融合为特征。麦基考察了亚洲许多国家和地区，他认为中国台湾地区的台北—高雄走廊、韩国的首尔—釜山走廊、泰国的曼谷大都市区、印度尼西亚的雅加达地区、中国大陆的长江三角洲和珠江三角洲等地区均是城乡关联发展系统已发生较大变化的特殊空间域，并用"desakotasi"（印尼语，kota 意为城镇，desa 指的是村庄）来概括这类特殊区域产生过程的空间模式。"desakotasi"意为城乡一体化，描述的是在同一地域上同时发生的城市性和农村性的双重行为的产物，使得"城市"和"乡村"的概念在这类地区趋于模糊。

6. 麦克·道格拉斯的"建立区域网络系统促进区域城乡经济共同增长"学说

麦克·道格拉斯通过对泰国东北部的研究，认为传统的城市极化效应可以带来城市的繁荣，但相伴随的是农村的老龄化、区域经济的落后、农民生活的贫困；而采取城乡一体化（Rural-Urban Integration）的方式，建立城乡联系的区域网络系统可以促进区域城乡经济共同增长。这种设想是一种内生的经济发展战略设想，目的是通过建立网络构架克服城乡分离和激活区域经济，给小城镇和乡村带来共同的利益。[1]

7. 有关城乡相互作用的研究

近年来，关于城乡一体化的研究呈现出国际化的研究热点趋势，不同学者结合前人对城乡问题的研究，不断进行一些创新性的思考，其中关于城乡相互作用的研究是重要的研究趋向。[2] 学者塔库·色次利亚和戴维·斯特斯维特总结了前人的研究成果，提出针对城乡问题的研究应关注现代社会、经济、文化要素对城乡相互作用的扰动影响，找出影响城乡发展的一些关键性因子，结合城乡一体化的发展目标，进一步优化相关因子，从而实现一种积极的相互作用机制。[3] 另外，瑟温从城乡发展动力视角出发，论述发展中国家城乡相互作用研究的进展，并建议新型城乡发展研究应重点考虑"城乡资源配置的流动"及"城乡劳动力转移与就业"等问题。[4]

---

[1] 寇凤梅, 刘云, 李佳凝, 等. 国内外城乡一体化理论研究文献述评 [J]. 云南社会主义学院学报, 2012 (2): 55-57.

[2] 张沛, 张中华, 孙海军. 城乡一体化研究的国际进展及典型国家发展经验 [J]. 国际城市规划, 2014 (1): 42-49.

[3] Tacoli Ceciliat. Rural·Urban Interactions: A Guide to the Literature [J]. Envimnment and Urbanization, 1998, 10 (1): 2-14.

[4] Svein T. Rural-Urban interaction in the Developing World [M]. Rutledge Perspective on Development, 2005: 100-176.

二、城乡一体化的内涵

城市化是人类社会发展的必然趋势和不以人的意志为转移的客观规律。在西方发达国家，城市学历来就是科学研究的热点之一，并涌现出许多著名的城市研究学者和一系列城市研究理论。从中国的情况看，由于受多种因素的影响，至少是20世纪70年代以前，中国并没有正面提出过"城市化"问题。中共十一届三中全会以后，中国的城市化才得到了迅速发展，人们也开始从实践中逐渐认识到城市化在加快经济发展和促进社会文明进步中的重大作用。

（一）与城乡一体化相关的几个概念

随着城市化的发展，除城市化之外，农村城市化、农村城镇化、城乡一体化等相关概念也都在城市化的理论研究和实际工作中得到广泛应用。这些新概念的出现，在丰富城市化理论研究的基础上，对城市化的实践发展也产生了诸多积极的影响。有必要对这些概念做一分析，厘清相互之间的关系。

1. 城市化

城市化一词源于英文"urbanization"，其词头"urban"意为都市的、市镇的；其词尾"ization"由"iz+ation"组成，表示行为的过程，意为"……化"。城市化一词至今已有100多年的历史，然而由于城市化研究的多学科性和城市化过程本身的复杂性，对城市化概念的界定，一直是众说纷纭。从广义上讲，城市化是指居住在市、镇地区的人口占总人口比例的增长过程，是由于社会生产力的发展而引起的市、镇数量增加及其规模扩大，人口向市、镇集中，市、镇物质文明和精神文明不断扩散，区域产业结构不断转换的过程。但不同学科对城市化的理解有所不同。经济学家通常从经济与城市（镇）的关系出发，强调城市化是从乡村经济向城市经济的转化；地理学家强调城乡经济和人文关系的变化，认为城市（镇）是地域上各种活动的中枢，城市化是由于社会生产力的发展而引起的农业人口向城镇人口、农村居民点形式向城镇居民点形式转化的全过程；社会学家以社群网（人与人之间的关系网）的密度、深度和广度作为研究城市（镇）的对象，强调社会生活方式的主体从乡村向城市（镇）转化。人口学家研究城市化，主要是观察城市（镇）人口数量的增加变化情况、城市（镇）人口在总人口中所占比例的提高、城市（镇）人口规模的分布及其变动等，并分析产生这种变化的经济、社会原因及后果；人类学家则以社会规范为中心，认为城市化是人类生活方式的转变过程，即由乡村生活方式转为城市（镇）生活方式的过程；历史学家则认为城市化就是人类从区域文明向世界文明过渡中的社会经济现象。

尽管不同学科对城市化的解释不尽相同，但城市化作为一个社会经济的转化过程，无疑包括人口流动、地域景观、经济领域、社会文化等诸方面的内涵。随着经济、社会的发展，城市化的内涵也在发生着变化。纵观各学科对城市化的不同理解，概括起来主要有三种代表性的观点：一是"人口城市化"观点。这种观点将城市定义为农村人口转化为城市（镇）人口，或农业人口转化为非农业人口的过程。埃尔德里奇认为"人口的集中过程就是城市化的全部含义"，英国经济学家克拉克则将城市化视为"第一产业人口不断减少，第二、第三产业人口不断增加的过程"。二是"空间城市化"观点。该观点认为城市化是指一定地域内的人口规模、产业结构、管理手段、服务设施、环境条件，以及人们的生活水平和生活方式等要素由小到大、由粗到精、由分散到集中、由单一到复合的一种转换，或重组的动态过程。日本社会学家矶村英一把城市化分为动态的城市化、社会结构的城市化和思想感情的城市化，基本包含了上述观点的各方面内容。

三是"乡村城市化"观点。这种观点强调乡村与城市（镇）的对立和差距，认为城市化就是变传统落后的乡村社会为现代先进的城市（镇）社会的自然历史过程。沃思认为"城市化是指从农村生活方式向城市（镇）生活方式发生质变的过程"。这种观点可以说是一种比较抽象的"综合说"①。

总体来看，以上各个学科对城市化内涵的理解都是从各自的学科领域出发而做出的解释。笔者认为，城市化实质上是一个以人为中心的、受众多因素影响的、极其复杂多变的系统转化过程，包括硬件结构和软件结构两大系统的更替和提升，是一种从传统社会向现代文明社会的全面转型和变迁过程。城市化不仅是农业人口转化为非农业人口，并向城市（镇）集中和聚集的过程，而且是城市（镇）在空间数量上的增多、区域规模上的扩大、职能和设施上的完善，以及城市（镇）的经济关系、居民的生活方式及人类社会文明广泛向农村渗透的过程。城市化过程既是越来越多的农民从土地中解放出来的过程，也是广大农村居民物质生活和精神生活得到极大提高，逐步实现城乡协调发展，最终实现消除城乡差别和工农差别的过程。

2. 农村城镇化

农村城镇化作为整个城市化过程的一个重要侧面，是城市化体系中的一个重要组成部分。它主要是指以乡镇企业和小城镇为依托，实现农村人口的工作领域由第一产业向第二、第三产业变化的职业转换过程和居住地由农村区域向城镇区域（主要为农村小城镇）迁移的空间聚集过程，其最本质的东西，就是农民生活水平的提高、生活质量的改善和整体科技文化素质的增强，使农民过上与城镇居民无多大差别的生活。

从实践的角度看，农村城市化和农村城镇化是两个既有联系

---

① 唐耀华. 城市化概念研究与新定义 [J]. 学术论坛，2013 (5)：113-116.

又有区别的概念。从两者的相同点来看，它们都是指人口从分散到集中，农村人口转化为市镇人口，农村地域转化为城镇地域，农业活动转化为非农业活动，农村价值观念转化为城镇价值观念，农村生活方式转化为市镇生活方式的多层面、宽领域、纵深化的综合转换过程，从这个角度上看，两者之间并没有本质上的区别，是完全可以通用的两个概念。但从两者的不同点上看，虽然这两个概念都是指农民的职业转换和居住地的空间转移过程，是农村产业结构变动与重组的过程，是农村人口素质不断提高的过程，是城乡生产要素双向流动的过程，但两者的侧重点是不同的。"农村城市化"的侧重点主要是以农村人口向大、中城市转移的"城化"过程，即以现有城市来吸纳农村人口，农村人口向现有大中城市的转移积聚、现有城市不断扩大的过程；而"农村城镇化"则主要是指农村人口向农村区域内的小城镇转移和积聚的"镇化"过程。

农民向现有大中城市的转移和集中，是一种较为理想的城市化方式，也符合农民祖祖辈辈的向往。但是中国特殊的国情条件，决定了农村人口向小城镇的转移、集中将是中国城市化发展的主流。因此，当前条件下使用"农村城镇化"这一提法更为贴近中国农村人口非农化的发展实际，更能体现出中国城市化的独特道路。

总体来看，中国的城市化过程，既有与世界城市化规律相一致的一面，又有区别于世界城市化规律的特殊一面。中国的特殊国情，决定了中国农村的城镇化不仅是中国城市化的重要组成部分，同时也是实现农业现代化和国家城市化的基础和"载体"。在中国，没有农村的工业化、城镇化和现代化，就没有整个国家的工业化、城市化和现代化。

3. 城乡一体化

关于城乡一体化的相关概念性研究，西方学者起步较早。英

第一篇 总 论
第一章 城乡一体化的理论和内涵

法语言的城市规划文献资料中,"integration"被认为是"城乡一体化"的母体语言,经常被运用于社会经济文化研究领域。20世纪60年代,"城乡综合体"（Urban-rural Composition）的概念开始出现,进一步接近了我们今天所研究的城乡一体化的概念,它是指西方发达国家的郊区化现象,这种郊区化主要指一些产业业态由中心城区向外围郊区转移的过程,形成一种"非城非乡",也可以说既是城市又是乡村,"亦城亦乡"的新型区域。"城乡一体化"一词的发明权可能应归我们中国人,可能是阅读马克思主义经典作家有关城乡关系论述时得到启发而创造出来的。

如前所述,从马克思主义经典作家们的"消灭城乡对立""城乡融合""城市和乡村有同等的生活条件",到现代城市学家们的"城乡有机结合""使居民在任何地方都能享受城市益处"、建立"区域城市"等理论观点,都清楚地说明了世界城市发展的最高境界是城乡一体化。它的发展进程是由乡村人口向城市集聚到大城市的郊区化或逆城市化,最后迈向城乡一体化。城乡一体化是城市化的最高阶段。

（二）城乡一体化的内涵

城乡一体化,是从历史角度考察城乡关系而提出的经济与社会相结合的整体科学观念。城乡关系的变化是渐进的。在远古时代,并没有城市与农村之分,但在原始社会向奴隶社会发展的过程中,人类劳动出现了三次大分工,使居民点分化成城镇,引起城乡分离。中国的许多学者正是从城乡分离走向城乡交流和开放的角度提出了城乡一体化的概念,把城乡一体化作为中国克服城乡二元结构,建立新型城乡关系的目标模式。其基本内涵大致包括两方面：①城市和乡村是一个整体,建立和形成城乡之间的生产要素,包括人流、物流、信息流自由合理流动的统一的经济体系。建立和形成城乡经济、社会、文化相互渗透、相互融合、高度依赖、城乡差别很小的城—镇—乡有机联系的社会网络体系。

②在一定社会范围和行政区划内的城乡一体化，并不是一样化，不意味着变乡为城或者变城为乡，而是强调经济和社会的协调发展。城乡一体化不会自然而然形成，也不在朝夕之间完成，它是一个很长的发展建设过程，关键是生产力发展水平。我们可以从以下两个方面把握其内涵。

1. 城乡一体化促进城乡协调、统一、均衡[①]发展，是实现城乡共同繁荣的总体发展战略

（1）城乡一体化是以实现城乡共同繁荣为目标的总体战略，并不局限于城市化。一方面，城乡一体化的着眼点在于城、乡两方面都发展。城乡一体化并非仅强调乡村向城市靠拢，也强调城市的发展，强调双方的互相调和，其目标是城乡共同繁荣，城市化仅是城乡一体化战略发展过程中的必然现象。另一方面，城乡一体化是一个整体观念，它绝不仅是"农村为城市服务"或"工业支援农业"的代名词，其关键是加强城乡联合，这是从双方共同利益出发的城乡互动。城、乡是"城乡一体化"统一体中的两方面，以城带乡或以乡补城都是必需的，但这仍是不够的，还必须双管齐下，以城带乡的同时又以乡补城，双方合作，形成互补，共同发展。

（2）城乡一体化是以城乡协调、统一、均衡发展为核心的总体战略。这主要表现在两个方面：一是协调、统一、均衡是城乡一体化的核心，也是其战略原则。一方面，城乡一体化涉及城乡发展过程中的政治、经济、文化、教育、科技等各个方面。城乡要"一体化"发展，就要求政治、经济、文化、教育等诸方面在发展过程中所制定的各种具体战略均应以协调、统一、均衡为原

[①] 均衡：针对中国城市化的滞后性，特别强调城乡的平衡、同步发展状态。现阶段，中国的城市发展步伐远快于农村，城市化的滞后使城乡差距日渐增大，使城乡发展处于一种不平衡状态，这严重阻碍了中国的整体发展。因此，城乡发展同步，形成一种平衡状态是城乡一体化的重要内涵。

第一章 城乡一体化的理论和内涵

则，并围绕协调、统一、均衡的核心展开。另一方面，城乡一体化的关键是加强城乡联合，强调的也是城乡之间的协调、统一、均衡的联合。那么，我们就应从城乡的共同利益出发，冲破城乡分割，突破地区封锁，实现工农结合，以城带乡、以乡补城，明确城市、乡村各自在不同的具体发展过程中的相应地位与作用。同时，城乡的联合发展，是一个统一体中的两个方面，因而其中任一方的发展不能以牺牲对方为代价，而都应以保障或促进对方发展为前提。一旦任意一方阻碍了对方的发展，就会破坏双方的协调，引起双方矛盾。二是协调、统一、均衡的城乡发展，具体地表现为城乡之间政治上的协调统一、经济上的均衡布局、人口上的均衡分布与文化上的均衡发展。

2. 城乡一体化发展，要求实现城乡政治、经济、社会与文化、生态的协调发展

（1）城乡一体化发展，要实现政治上的协调统一。这就要求在政治体制上实行新型的市带县，以中心城市为核心，形成与经济发展相适应的区域性政治体制。实行市管县体制是城市在经济中的中心地位和主导作用所决定的。区别于过去单纯按行政关系确定的市管县，现在是以内在的经济联系为基础，按经济区确定的市管县体制，按照城市与周围农村之间的内在经济联系确定市带县的范围，组织城市与乡村的经济共同体。实行市管县体制，就是为了通过发挥城市在社会再生产与国民经济管理中的主导作用，并以此巩固市对县的政治领导，达到城乡融为一体的目的。要达到这个目的，就要在生产领域发挥中心城市的工业基地作用、在流通领域发挥中心城市强大的物资集散地与贸易中心的作用、利用中心城市发达的金融与先进技术为本地区，或其他经济区提供各种金融信贷、培训技术人才、输送科学知识管理经验等服务。这样才能在新型的城市领导乡村的行政体制中充分体现城乡的协调统一。

（2）城乡一体化发展，要实现经济上的均衡布局。经济上市带县，冲破城乡壁垒，城乡互相开放、互为市场，同时发挥城市的辐射作用，帮助农村大力发展商品经济，并且引入市场经济机制，建立起城乡之间各种形式的融合经济，核心是加速城乡经济的协调发展和共同繁荣；而在乡村配合城市经济发展的同时，重点是加速乡村经济发展，使乡村的发展跟上中心城市发展的步伐，成为城市总体发展的一个不可分割的组成部分。城乡经济布局的均衡是城乡融为一体的重要目标，也是促进城乡经济一体化发展的合理要求。

（3）城乡一体化的发展，要实现人口的均衡分布与公共服务一体化发展。随着社会分工的进一步发展和农民收入结构的改变，农村人口相对集中到小城镇、小集镇；并且农业人口的比重不断下降，大部分非农化。这是城乡一体化冲破现状城市化的局限、促进城市化进一步发展的内在要求。城乡一体化发展，使城乡在经济、文化、收入等方面差距缩小，使人们在城乡之间选择居住地更为自由，从而也促使人口能均衡、合理地分布在由城乡经济发展圈所决定的由城、乡及介于两者之间的小城镇所组成的地域圈中。人口的均衡分布是城乡一体化发展的结果，反过来也将进一步推进城乡一体化。同时，城乡一体化也将实现基本公共服务的城乡协调发展，从社会层面使得城乡进一步和谐发展。

（4）城乡一体化发展，要实现文化、生态上的均衡发展。经济上的一体化，必然促进文化上的一体化发展。一方面，城乡居民的生活方式相接近。在农村，包括住宅水平、医疗条件、劳动保护、社会保险，以及商业网点等都趋向接近城市的水平。在城市，过去只有农民才能享有的清新空气、优美环境及新鲜副食等，随着城市园林化和城市农业的发展而逐步为城市居民所享受。公共设施的相似、生活方式的接近，使城乡居民在生活观念上也趋于同化。另一方面，农村居民科学文化素质的城市化，包括学前教育、儿童入学率、劳动者职业教育、工程技术人员的比率等，均趋向接近城市的水平。农村实现由劳动密集向知识密集的转化。经济上的均衡发展促进文化上的均衡发展，而文化上的均衡更有利于经济上的协调、统一。

三、城乡一体化的模式

城市向资源丰富、劳动力充足的农村发展，开拓新的生产领域；农村为开辟广阔的农产品市场而进入城市，在为城市服务中发展壮大自己，并形成农业生产以外的诸多产业。城乡一体化，把城乡割裂的二元社会有效地联结起来。有关学者从城乡一体化动力和空间形态角度对其进行模式划分。

（一）从动力角度来划分

1. 以城市工业化为中心导向模式

所谓城市工业化，就是由初级工业上升为高级工业，由初级产品上升为高级产品，由小城市工业上升为大城市、特大城市工业的不断转换升级的过程。以城市工业化为中心导向模式是20世纪50年代经济学家阿瑟·刘易斯为解释发展中国家经济发展过程首先提出，后经拉尼斯和费景汉的补充而进一步完善的模式。从城乡一体化的角度看，这种模式主张以城市为核心，通过城市的工业化，不断吸收农业中的剩余劳动力，使这些剩余劳动力转入城市现代工业部门。在工资不变的情况下，资本形成和技术进步的结果直接促进了国民收入中利润份额的提高，把这部分利润份额不断地用于再投资，使再生产—增加利润—再投资循环地运转，直到农业剩余劳动力全部转移到工业部门中来，实现农业部门劳动力与工业部门劳动力的收入基本相等，真正达到城乡一体化的目标。

2. 以小城镇发展为中心导向模式

弗里德曼和道格拉斯提出农业城镇发展模式，其核心是强调通过合理的城乡一体化在全国范围内建立经济与社会均衡发展的新格局。具体的操作方法是，在农村区一级管理层次①集中地发展中心城镇，这样既可以分散过度集中于大城市的规划与权力机构，又可以为农村居民提供一个有利于他们自身发展的场所。隆迪勒里提出城市均衡布局模式，提出只有通过加强城乡一体化才能有效地实现国家的发展政策，其关键是建立普及全国的分散的城市体系。隆迪勒里认为，这种城市布局有利于农村剩余与城市市场的衔接、自由的城乡要素市场的形成、城市对农村发展的投资、城市基础设施向农村的延伸与扩展。中国社会学家费孝通提出均衡布点的乡镇企业与农村小城镇发展的模式。他认为，乡镇企业的出现打破了城市和乡村封闭、隔绝的状态，使城乡要素能够自由流动，从而实现城乡之间在产业上的协调发展。随着农村小城镇数量的增加、大城市与小城镇及小城镇之间联系的加强，逐渐形成了具有规模的城镇网络。在这个网络中，大城市成为网络中的核心，每一个小城镇成为网络中的"节点"，众多的"节点"把城市和农村有机地衔接起来，从而形成资源要素自由流动的网络系统，最终实现城乡一体化。

3. 以农村综合发展为中心导向模式

提出这种模式的学者以托达罗为代表。他认为，发展中国家城乡发展不均衡、乡村落后的根本原因在于政府对城乡发展的不公平政策，片面强调对城市工业的投资，而忽视农业发展。因此，要缩小城乡发展之间的差距，实现城乡一体化的目标，最根本的问题在于政府制定有利于农业发展的政策。斯多尔和泰勒有关城乡发展的模式，也类似于托达罗的模式，他们进一步提出城

---

① 这里所指的区一级相当于中国县一级。

乡发展的中心应是农村发展，在政策上应该向农村倾斜，如给农村地区更大的自主权，修正价格体系使其有利于农业的发展，重建农村地区基础设施。[①]

（二）从空间形态角度来划分

1. 集中型城乡一体化

基本特征是人口从农村流向城市，科技、信息、资金向城市聚集。在都市化最初时期，由于城市工业化的发展，提供了更多就业机会，大量农村人口流向城市。这是一切国家工业化过程中的必然趋势，也是目前绝大多数发展中国家城乡一体化发展的初级形式。

2. 分散型城乡一体化

基本特征是人口从城市流向郊区，兴建卫星城镇，郊区基础设施不断完善。在都市高度发展时期，中心城区的人口密度超出合理范围，出现过度拥挤现象，引起就业困难、环境污染、交通拥堵和住房紧张等社会经济"并发症"。一批高收入家庭开始向市郊农村或卫星城镇流动，出现市中心人口递减而郊区人口递增的"郊区化运动"。

3. 混合型城乡一体化

基本特征是城乡人口的双向流动，社会经济要素在空间上的不断聚集和扩散等。在都市快速发展时期，产业结构不断调整优化，中心城区不断扩展。都市为充实、发展郊区，把郊区作为都市工业和人口扩散的基地。于是在城乡之间出现人口双向流动，即城市人口回流郊区、郊区人口流向城市。

（三）小结

由上而论，不论是哪一种类型的城乡一体化区域，其产生与

[①] 肖良武，张艳. 城乡一体化理论与实现模式研究 [J]. 贵阳学院学报（社会科学版），2010（2）：46-51.

发展过程的主要内容可做这样的描述，即农业与非农产业通过城乡相互作用的动态适应，使投资与劳动力主要在邻近大都市的农业地区内实行合理配置。动态考察其发育过程，初期阶段以单一的大城市向周围地区的扩张为主；然后出现大城市之间相互作用的互动扩张；最后是大都市区形成后的整体扩张。

四、城乡一体化的动因

中国实施城乡一体化的发展战略，是在城乡分割的二元结构下起步的，它的动因有以下三个方面。

（一）农民的内部推力

中国的人地矛盾是城市化的基本动力源。改革开放以前，由于城乡二元结构制度的刚性安排，出现了剩余劳动力以隐性方式存在于农村。改革开放以后，这一隐性变为显性，大量剩余劳动力在城乡之间快速流动，一部分农村富余劳动力涌向城市，出现了中国特有的民工潮、准市民现象；另一部分富余农村劳动力通过兴办乡镇企业，为小城镇的集聚和发展打下了基础、创造了条件。农村工业化与农村城市化相伴随，不仅表现在时间序列上，而且表现在空间的聚合和集中上。通常是乡镇企业集中发达的地方，常常导致小城镇出现。特别是随着农业技术、农业机械和农业服务社会化的进步，提高了农业生产率，提出了优化农业资源配置的要求，农村一、二、三产业结构调整，其内部推动力已到了快速释放的时期，农村城市化也到了快速发展期。

（二）城市的外部拉力

农村城市化内在的规律和最基本动力就是城市的外部拉力。在中国城乡二元结构下，城镇居民和农村居民存在事实上的收入分配差异、生活方式差异。农民为了以较少劳动耗费取得较多经济成果，在比较利益的驱动下开始向城镇流动。而大中城市的企业以市场为导向，追求规模经济效益，不断向郊区和农村扩散，不仅推动着周边地区的经济发展，而且刺激了农民向城镇的快速流动。可见，随着经济的发展和农民自身观念的变化，人们不仅追求更高劳动报酬，而且渴望受到城市文明的熏陶，以改变封闭、落后的生活条件，是贯穿于整个城乡一体化进程的最根本的内在动力。

（三）政策的引导力

1984年，国家颁发了新的设镇标准，一大批新型的小城镇相继出现。同年，中央提出"允许务工、经商、办服务业的农民自理口粮到集镇落户"，极大地鼓舞了农民进镇的积极性。这些市镇建制建设、人口迁移政策、乡镇企业政策，还有各小城镇制定的人口、土地、产业等集聚政策，都对农村城市化起到了积极作用。20世纪80年代以后，国家颁布了一系列鼓励发展小城镇、推进城市化发展的政策，对推进中国的城市化进程起了积极作用。

党的十七大报告提出形成城乡经济社会发展一体化新格局，具体而言就是从六个方面实现一体化：城乡规划一体化，产业发展一体化，基础设施建设一体化，公共服务一体化，就业市场一体化，社会管理一体化。党的十七届三中全会公报关于农村问题有一个明显的新提法，就是"全会认为，中国总体上已进入以工促农、以城带乡的发展阶段，进入加快改造传统农业、走中国特色农业现代化道路的关键时刻，进入着力破除城乡二元结构、形成城乡经济社会发展一体化新格局的重要时期"。

党的十九大报告指出："实施乡村振兴战略。农业农村农民问题是关系国计民生的根本性问题，必须始终把解决好'三农'问题作为全党工作的重中之重。"

党的二十大报告指出："着力推进城乡融合和区域协调发展，推动经济实现质的有效提升和量的合理增长。"提出：坚持城乡融合发展，畅通城乡要素流动；加快义务教育优质均衡发展和城乡一体化，优化区域教育资源配置；建设覆盖城乡的现代公共法律服务体系；统筹推动文明培育、文明实践、文明创建，推进城乡精神文明建设融合发展；统筹城乡就业政策体系，破除妨碍劳动力、人才流动的体制和政策弊端；健全覆盖全民、统筹城乡、公平统一、安全规范、可持续的多层次社会保障体系；提升环境基础设施建设水平，推进城乡人居环境整治等具体的举措，为新时期城乡一体化指明了方向。

上述一系列政策，逐步推进中国的城乡融合和城乡一体化进程。

第二章　浙江省城乡一体化实践

改革开放以来，浙江省经济发展迅速，但城市化发展比较滞后。进入20世纪90年代，浙江省开始加快推进城市化。习近平同志在浙江省任省委书记期间，将城乡一体化作为"八八战略"的重要战略之一。之后历届省委一届接着一届干，一张蓝图绘到底，持续推进城乡一体化。

一、浙江省有关城市化、城乡一体化的政策演进

凭借着民营经济的先发优势，改革开放以来，浙江省由资源小省一跃成为经济强省，国内生产总值从全国第十二位上升到第四位，但城市化水平与此不相称，城市化进程明显滞后。20世纪90年代，浙江省的城市化水平不但比国际上工业化水平同等的国家和地区落后15~20个百分点，也不如广东、江苏和山东等省。

由于城市化滞后，农村富余劳动力转移迟缓，从而阻碍了农业产业化水平的提高，制约了农民收入增长；乡村工业和以低技术、劳动密集为特征的加工制造业，面临着产业集聚和提升层次难的压力；第三产业比重偏低，三次产业结构不合理，社会有效需求不足，难以拉动经济增长。

加快推进城市化，是浙江省产业结构调整和提升的关键，是扩大内需、促进经济持续快速增长的动力，是解决"三农"问题、有效增加农民收入的根本出路。1998年，中国共产党浙江省第十次代表大会顺势应时，做出了加快推进城市化进程的战略决

策，把城市化作为浙江省提前基本实现现代化的突破口。浙江省委、省政府在2002年5月召开的城市化工作会议上进一步提出，到2005年全省城市化水平要接近50％，2010年达到55％，2020年达到65％。

（一）果断决策，科学规划

由于种种原因，20世纪末浙江省的城市化发展比较滞后，与广东、江苏、山东三省相比，1998年在特大城市、大中城市数量和设市城市总数等11项指标中，只有小城市数量稍多，其余10项都排在最后。

"不失时机地加快城市化进程"是中国共产党浙江省第十次代表大会做出的跨世纪的战略决策。"只要符合三个有利于标准，能发展多快就支持它发展多快，能搞多大就支持它搞多大"，省委主要领导的讲话进一步解放了广大干部群众的思想，城市化浪潮随之在浙江大地迅速涌动。

1. 加强城市化规划

浙江省委、省政府领导多次强调，要科学规划，站得更高，看得更远，经得起历史的检验。1999年编制的《浙江省城镇体系规划（1996—2010年）》成为全国第一个经国务院批准实施的省域城镇体系规划。在此基础上，又制定了《浙江省城市化发展纲要》，各地的规划修订方案也相继完成。全省确定了突出建设杭、甬、温特大城市，加快形成大中小城市布局合理、协调发展的城镇体系。

2. 出台推进城市化的政策

浙江省委、省政府大力提倡用改革的思路和办法，冲破阻碍城市化进程的政策和体制障碍。省政府出台了《关于加快推进浙江城市化若干政策的通知》，各地积极探索，大胆实践，创造出许多新鲜的做法。例如，改革户籍制度，放宽就业和入学限制，加快城市人口集聚；开辟用地渠道，盘活土地存量；改革投融资体制，拓宽城市建设资金来源；运用市场机制，提高经营城市水平等。浙江省上下初步形成了一个有利于生产要素和人口向城市集聚的政策环境。

3. 突出发展大中小城市的战略

浙江省明确提出杭州、宁波、温州要向特大城市发展，地级市乃至经济强县（市）政府驻地城市要因地制宜积极向大中城市迈进。小城镇的发展也要从数量型向质量型转变，重点培育100个中心镇。2001年，萧山、余杭撤市设区，杭州成为长江三角洲地区仅次于上海的第二个区域性大都市；绍兴市区行政区划调整顺利完成，绍兴县城迁至柯桥，改变了"有县无城"的状况；撤销金华县，设立金华市金东区，解决了"一城多府"问题。同时，浙江省乡镇通过区划调整，减少了242个建制镇或乡，平均镇域面积、人口规模都扩大1倍以上。

（二）以城建城，经营城市

在城市化进程中，浙江省各地转变以往"政府统揽"的模式，树立经营城市的理念，积极探索"以城建城"的筹资方式。有的推行以公开招标或拍卖转让为主的土地批租，通过改"毛地"出让为"净地"出让等方式，增加土地批租收入；有的对户外广告标牌经营权、城市设施冠名权等城市无形资产进行转让和租赁或拍卖；有的将道路、桥梁、供水等城市有形资产以托管经营、股权转让等形式推向市场，所得收益均投入了城市再建设。

城市经营的模式也从政府行政管理开始转向公司化。绍兴、杭州、嘉兴等市均成立了城市建设投资公司等经济实体，以公司为载体进行城建资金融通、项目建设、资本经营、综合开发等一系列市场化运作，成功地以少量政府财政先期投入"撬动"了大量社会资金、银行资金参与城市建设。一些地方尝试以"谁投资、谁受益、谁承担风险"的办法，以公有民营、民办公助、股份制等形式吸引社会资本、境外资本投资经营城市基础设施。例如台州市通过股份合作、租赁、参股等方式，使投向城建的民间资金占到了全市城建总投资的80%。

（三）要素集聚，产业提升

小城镇的飞速发展使越来越多的浙江农民走出封闭的村落，农民的生活也因之有了质的变化。正是小城镇的发展为浙江省的城市化进程添加了新的动力。农民们也不再固守那一亩三分地，而是大胆地"走出去"，放眼全国甚至全世界，"浙江农民会做生意""浙江农民敢为天下先"已成为共识。这些"走出去"的农民不仅赚到了钱，而且大力支持家乡的经济建设，使农村的城市化进程进一步加快。

浙江省的一些城镇越来越认识到产业集聚是城乡一体化的关键。"织里童装""大唐袜业""永康五金"等特色产业的充分发展和集聚为城乡一体化奠定了坚实的基础。乡镇企业的发展先后使近800万浙江的"泥腿子"变成了新一代产业工人，成为吸纳农村劳动力的主渠道，21世纪初，乡镇企业工人约占浙江农村劳动力的40%左右。正是由于农村第二、第三产业的发展，尤其是第三产业的日益兴旺，给农村人口，尤其是女性提供了更为广阔的就业空间。另外，土地流转的推行有效地促进了众多工商企业和个私企业主投资效益农业，形成了一批规模生产基地和农业龙头企业，加速了城镇化的进程。

21世纪初，特色园区建设成了浙江省加快推进城乡一体化的突破口。各地将园区建设纳入城市总体规划，以基础设施共享、专业化分工和规范化管理产生的高效率吸引了大批企业。到2000年，全省乡镇以上工业园区已达1153个，销售收入达千亿元。2001年，47个首批省级乡镇工业园区工业总产值超过1600亿元，利润约100亿元。

产业集聚对用工的需求，如同一个巨大的劳动力市场，在给城镇人口提供就业机会的同时，也吸收了大量农村人口。例如义乌市以中国小商品城为依托，引来4000多家知名品牌企业设立总经销、总代理，300多家国内外贸易公司建"分号"，由此吸纳的外来劳动力超过30万人。2010—2020年，义乌市人口增长高达65.54万人，增量在全国各大县域中领跑。义乌市的城区人口比所在地级市金华还多38.5万人，在全国也仅此一例。①

（四）户籍改革，打破藩篱

给户口"松绑"方面，浙江省一直在进行着新的尝试。1994年，中国首座"农民城"——苍南县龙港镇率先允许农民进城办理城镇户口；1997年，浙江省在全国率先推出购房落户政策；2000年年底，浙江省又在全国率先取消进城控制指标和"农转非"计划指标，建立了全省相对统一的户籍改革政策体系。2001年4月，浙江在户籍制度改革上又有新动作，先后出台诸如"县（市、区）及以下地区统一实行按居住地登记户口""婚姻关系确立后一方可将户口迁至配偶常住户口所在地""进一步放宽大中城市购房、投资、纳税的落户标准"等政策。

（五）低保政策，统筹城乡

浙江省从1996年开始实施城乡一体化的最低生活保障制度。2001年，颁布《浙江省最低生活保障办法》（2001年10月1日起实施），在全国第一个以地方法规的形式确保城乡困难群众从政府获得最低生活保障费。浙江省各地在为低保对象提供差额现金补助的基础上，着眼多渠道解决困难群众的实际问题，加大社会化帮扶力度，进一步完善城乡困难群众就医、就学、就业和住房的救助政策。

---

① 上观.28个县级市跻身大中城市，昆山、义乌、慈溪、晋江四县为何成"大城市"？[EB/OL].上观新闻网，2022-10-21.

2002年,浙江省在有条件的县进行最低基本生活、医疗、助学、住房四位一体的救助体系试点,取得经验后在全省推广,最终形成全省以低保制度为主体,其他措施相配套的困难群众救助体系格局。

二、"八八战略"有关城乡一体化的重要论述

习近平同志有丰富的地方工作经历,对基层和农村的情况非常熟悉,在县、地、省、中央不同岗位上的工作历练,使他对经济系统的各个层面都有充分的把握,对微观经济、中观经济、宏观经济也有着深刻的理解。尤其是对"三农"工作更是重情重实干,付出了很多心血。在福建省工作期间,他"结合实践,对中国农村市场化建设、农村摆脱贫困、福建山海联动发展、现代农业理论与实践、福建省发达地区率先基本实现农业现代化、社会主义市场经济和马克思主义经济学的发展与完善、农村市场化建设与中国加入WTO等进行系列研究,著书并发表文章"[1]。

在浙江省工作期间,统筹城乡发展,推进城乡一体化战略是习近平工作的重要内容。2003年7月10日举行的中共浙江省委第十一届四次全体(扩大)会议上,习近平做出了实施"八八战略"的重大决策,其中就包括"进一步发挥浙江的城乡协调发展优势,统筹城乡经济社会发展,加快推进城乡一体化"。把统筹城乡发展作为重要战略举措之一,这在全国行动最早。中央提出统筹城乡发展的战略后,浙江省委、省政府又在2004年制定了《浙江省统筹城乡发展推进城乡一体化纲要》,明确了全省统筹城乡发展的目标、六大任务和七项举措,这也是全国领先。2005年3月5日和2006年3月9日,习近平两次受邀到中央人民广播电台《今日论坛》两会特别节目《做客中央台》,2006年3月25

---

[1] 习近平. 我的上山下乡经历[J]. 学习博览, 2010 (12): 16-17.

日，做客中央电视台《中国经济大讲堂》，在这些场合中，他深度解读了浙江省经济发展的成功经验，系统阐述了浙江省以城乡统筹的方略解决"三农"问题，推进城乡一体化的做法和成效，产生了广泛影响。① 习近平同志有关浙江城乡一体化的论述可以归纳为以下几个方面。

(一) 统筹城乡发展居"五个统筹"之首

习近平在浙江省工作期间，创造性地提出通过统筹城乡和城乡一体化促进区域协调发展的思想，做出了"推进城市化要以城乡一体化为导向"等科学论断。城乡协调是区域协调的重要方面，没有城乡的协调就没有区域的协调。习近平高度重视城乡统筹协调发展，有效推动了浙江省的城乡一体化。2003年1月，在浙江省农村工作会议上，习近平指出，要统筹城乡经济社会发展，努力实现"三农"工作新突破。走以城带乡、城乡一体化的路子，在加快城市化进程、促进农业劳动力转移和农村人口集聚上取得新突破。2003年2月，在浙江省"两个年"活动总结和加强调查研究工作电视电话会议上，习近平要求，统筹城乡经济社会发展，要统筹城乡经济社会结构的调整，深化城乡配套改革，突破城乡二元结构。2003年3月，在传达学习全国两会精神会议上，习近平指出，要围绕城乡统筹，促进全省经济社会协调发展。同年4月，在建德、淳安调研时，习近平要求统筹城乡经济社会发展，使欠发达地区成为新的经济增长点，努力形成以城带乡、以工促农、城乡一体化的发展格局。2004年1月，在浙江省农村工作会议上，习近平强调进一步加深统筹城乡经济社会发展重要性认识。2004年3月，在浙江省统筹城乡发展座谈会上，习近平指出，统筹城乡发展居"五个统筹"之首，是科学发展观的

---

① 赵伟. 习近平统筹城乡发展思想研究 [J]. 井冈山大学学报 (社会科学版), 2014 (6): 65-75.

重要内容和体现。同年4月，在浙江省委常委会一季度经济形势分析会上，习近平再次强调，统筹城乡发展，推进城乡一体化，既是科学发展观的根本要求，也是新时期、新阶段浙江省经济社会发展的必然选择，是解决"三农"问题的根本途径。在2005年的浙江省农村工作会议上，习近平语重心长地指出，务必统筹城乡兴"三农"。城乡一体化的率先实践，使浙江成为全国城乡融合发展最好的省份。①

习近平总书记主持中共十八届中央政治局第二十二次集体学习时强调："推进城乡发展一体化，是工业化、城镇化、农业现代化到一定阶段的必然要求，是国家现代化的重要标志。"②

（二）城乡一体化的重点：解决好"三农"问题

实现城乡发展一体化，必须高度重视"三农"工作，解决好"三农"问题。习近平于2005年在《人民日报》撰文，提出了"执政为民重'三农'"的重要论述。③认为重视"三农"必须牢固确立"三农"问题是中国根本问题的思想，要始终把解决好"三农"问题作为全党工作的重中之重，在任何时候都不动摇，这是从根本上解决"三农"问题必须牢固确立的政治意识。正确处理城乡关系、工农关系，实现第一、第二、第三产业协调发展和城乡共同进步，是现代化进程中最棘手的一大难题，也是关系"三农"发展能否取得成效的重大问题。工业化、城镇化、市场化是推动"三农"发展和现代化建设的强大动力，农业劳动生产率和综合生产能力的不断提高，是工业化、城镇化水平不断提升的必要条件。只有把农村人口和农村劳动力不断有序地转入城镇与第二、第三产业，工业和城市的发展才会有持续的动力，才会充满生

---

① 徐明华，杨大鹏．从山海协作、城乡统筹到实施区域协调发展战略［N］．浙江日报，2018-07-20（5）．
② 习近平．论"三农"工作［M］．北京：中央文献出版社，2022：156．
③ 习近平．把握"两个趋向"解决"三农"问题［N］．人民日报，2005-2-04（3）．

第一篇 总 论
第二章 浙江省城乡一体化实践

机活力。

习近平指出，强调统筹城乡兴"三农"，就是站在经济社会发展全局的高度，确立以统筹城乡发展的方略解决"三农"问题的新思路，实行工业反哺农业、城市支持农村的方针；就是把农业发展放到整个国民经济发展中统筹考虑，把农村的繁荣进步放到整个社会进步中统筹规划，把农民增收放到国民收入分配的总体格局中统筹安排；就是把农村和城镇作为一个有机统一的整体加以统筹协调，形成以城带乡、以工促农、城乡互动、协调发展的体制和机制。近年来，根据中央要求和浙江实际，浙江省做出了统筹城乡发展、推进城乡一体化的战略决策和部署，启动了"千村示范、万村整治"等统筹城乡发展的多项工程，有效地促进了城镇基础设施向农村延伸，城镇公共服务向农村覆盖，城镇现代文明向农村辐射。应进一步深化对统筹城乡发展战略的认识，更加有效地整合工业化、城镇化、农业农村现代化并举的各项政策措施，充分发挥城乡的互动互促作用，努力在推进城乡一体化方面探索出一条新路。[①]

（三）城乡一体化的路径：新农村建设与城镇化双轮驱动

坚持新农村建设与城镇化同步发展，是习近平始终如一的思想。早在2003年习近平担任浙江省委书记时，就提出"从全省4万个村庄中，选择1万个行政村，进行生态环境的全面整治，利用5年时间，把其中1000个中心村建成'全面小康示范村'"的设想，并深入实施。在推进城乡一体化发展的过程中，针对浙江省一些地方的村庄布局由于缺乏规划指导和约束，导致有新房无新村、环境脏乱差等现象普遍存在的问题，2004年习近平提出："我省既有像兰溪的诸葛村、永嘉的芙蓉村、武义的郭洞村这样历史文化内涵丰富的古村落，又有像奉化的滕头村这样体现现代

---

① 习近平. 把握"两个趋向"解决"三农"问题 [N]. 人民日报，2005-2-04（3）.

文明的新农村。我们在实施'千村示范、万村政治'工程中，力争规划和建设一批具有较高水平、能够百世流芳的名村庄。"①"千村示范、万村整治"等统筹城乡发展的多项工程，有效地促进了城镇基础设施向农村延伸，城镇公共服务向农村覆盖，城镇现代文明向农村辐射。浙江省农村的经济社会环境面貌发生了巨大的变化，2006年浙江全省农村全面小康实现度已达68.1%，连续三年位居全国各省（自治区、直辖市）第一位。②

习近平总书记在主持中共十八届中央政治局第二十二次集体学习时强调："要继续推进新农村建设，使之与新型城镇化协调发展、互惠一体，形成双轮驱动。"③再次明确了新农村建设与新型城镇化双轮驱动的城乡发展一体化路径。

（四）城乡一体化的发展机制：以工促农、以城带乡

抓住工业化提升、城市化提速、国际化水平提高的时机，把推进产业结构升级、增长方式转变、社会结构转型、政府职能转换与解决"三农"问题紧密结合起来，加快建立健全以工促农、以城带乡、城乡互促的发展机制，是浙江省实施"八八战略"促进城乡一体化的重要抓手。2005年8月，习近平同志在浙江统筹城乡发展座谈会上指出："以保障农民权益、增进农民利益为核心，着眼于突破城乡二元结构，全面推进城乡配套的体制改革，从八个方面调整城乡关系，建立健全八个机制。"④一是调整城乡产业发展战略，促进城市产业链向农业和农村延伸，建立健全第一、第二、第三产业互促，城乡经济共荣的联动发展机制。二是

---

① 鲍洪俊，袁亚平. 江南千村示范万村整治——浙江落实科学发展观侧记[EB/OL]. 人民网，2004-08-04.
② 张朝伟. 习近平城乡一体化思想解读[M]//汝信，付崇兰. 城乡一体化发展报告（2013）. 北京：社会科学文献出版社，2013：15-30.
③ 习近平. 论"三农"工作[M]. 北京：中央文献出版社，2022：158.
④ 习近平. 大力实施统筹城乡发展方略加快浙江全面建设小康社会进程[J]. 今日浙江，2005（18）：4-7.

调整城乡劳动就业和人口布局结构,充分发挥工业化、城市化吸纳劳动力和优化人口布局的作用,建立健全农业剩余劳动力向第二、第三产业转移、农村人口向城镇集聚的农民转化机制。三是调整国民收入分配格局,正确处理国家与农民利益分配关系,建立健全促进劳资收益公平分配、公共财政加快向农村覆盖的利益调节机制。四是调整国家公共事业建设格局,着眼于改变农村建设和公共服务滞后的状况,建立健全基础设施和社会事业建设重点向农村倾斜的投资建设机制。五是调整建设用地收益分配格局,把土地作为促进农民转产转业和增收致富的重要资本,建立健全土地增值的农民共享机制。六是调整城乡社会文化建设格局,增强文化软实力对农村文明发展的支撑作用,建立健全城市现代文明促进农村生产生活方式转变的辐射带动机制。七是调整生态建设和环境保护思路,突出农业涵养生态和山区生态屏障功能,建立健全城乡联动保护和区域互惠互利的生态补偿机制。八是调整政府管理职能,着力于建设公共服务型和法制型政府,建立健全有利于城乡融合的行政管理机制。

(五)城乡统筹发展的核心:处理好政府和市场的关系

推进城乡要素平等交换和公共资源均衡配置,实现城乡一体化发展最根本的是要建立"市场决定"与"政府统筹"两大核心。习近平指出:"进一步处理好政府和市场关系,实际上就是要处理好在资源配置中市场起决定性作用还是政府起决定性作用这个问题。经济发展就是要提高资源,尤其是稀缺资源的配置效率,以尽可能少的资源投入生产尽可能多的产品、获得尽可能大的效益。理论和实践都证明,市场配置资源是最有效率的形式。市场决定资源配置是市场经济的一般规律,市场经济本质上就是市场决定资源配置的经济。健全社会主义市场经济体制必须遵循这条规律,着力解决市场体系不完善、政府干预过多和监管不到位问题。"① 习近平的这一论述明确了市场在资源配置中的定位,即"使市场在资源配置中起决定性作用"。把市场在资源配置中的"基础性作用"提升为"决定性作用",是我们党根据实践拓展和认识深化所做出的新表述,是十八届三中全会的重大理论创新。

城乡之间的良性互动发展,不仅包含农村要素向城市集聚的过程,也包含城市先进要素向农村扩散的过程。如果单纯依靠市场这只"看不见的手"的作用,城乡经济社会发展的"马太效应"将更加凸显。在市场机制的作用下,受城市和工商业比较收益的驱动,要素从农村流向城市的情况只会加剧而不会减少,农业农村将因更加严重的"失血"而愈加凋敝破败,城乡发展的不平衡也将进一步恶化。这是自由市场力量作用的一个缺陷。因而,推动城乡发展一体化还必须发挥政府这只"看得见的手"的主导作用。在农村创造良好的投资环境和获取较高投资回报率的经济基础与制度保障,以吸引优质资源向农村回流。习近平很早就认识到了这个问题。并对政府在城乡发展一体化进程中的主导作用进行了阐释。2006年3月5日,习近平在做客中央电视台介绍浙江新农村建设经验时,就明确指出:"党政主导,就是要把建设社会主义新农村作为各级党委、政府工作的重中之重,各级党委加强领导,各级政府积极负责,通过加强对各级干部的教育培训来带领广大群众建设社会主义新农村。推进公共资源的投向由城市为主向更多地倾斜农村转变,加大对农村的扶持,在农村的基础设施建设、社会事业发展、粮食安全保障、社会保障等方面应主要由公共财政承担,而不能增加农民负担。"②

---

① 习近平.关于《中共中央关于全面深化改革若干重大问题的决定》的说明 [M]// 中共中央文献研究室.十八大以来重要文献选编(上).北京:中央文献出版社,2014:499.

② 白中华,赵勇.做客中央台:习近平 [EB/OL].中广网,2006-03-05.

三、共同富裕与城乡一体化

历届浙江省委、省政府一任接着一任干,在设施服务建设、基层治理能力提升、城乡居民共享发展成果等方面,持续深化城乡融合发展,持续缩小城乡发展差距。

2022年6月20日至22日召开的中共浙江省第十五次代表大会,为今后浙江省的发展提出了"两个先行"(共同富裕先行和省域现代化先行)的目标,并明确了10个方面的主要任务。其中在着力推进更高水平的城乡一体化方面,将深入实施以人为核心的新型城镇化战略和乡村振兴战略,加快农业农村现代化。

1. 推进以县城为重要载体的城镇化建设

加强县城补短板强弱项,提升发展中心镇、特色小镇,推动千年古城复兴,重塑县域活力,培育现代化城市。推进农业转移人口市民化集成改革,探索建立人地钱挂钩、以人定地、钱随人走制度。

2. 高质量创建乡村振兴示范省

实施"科技强农、机械强农"行动,建设农业科创高地,深化"三位一体"农合联改革,大力发展高效生态农业。落实最严格的耕地保护政策,坚决遏制耕地"非农化"、防止基本农田"非粮化",全力打好粮食安全保卫战。深化以集体经济为核心的强村富民乡村集成改革,稳慎探索农村土地制度改革,打造数字乡村引领区。

3. 健全城乡融合发展体制机制

深化"两进两回",促进城乡要素双向自由流动和公共资源合理配置,加快实现城乡基础设施一体化、公共服务均等化、居民收入均衡化、产业发展融合化。①

---

① 袁家军. 忠实践行"八八战略" 坚决做到"两个维护" 在高质量发展中奋力推进中国特色社会主义共同富裕先行和省域现代化先行——在中国共产党浙江省第十五次代表大会上的报告 [J]. 政策瞭望, 2022 (6): 4-21.

4. 完善城乡治理体系

以数字化改革作为全面深化改革的总抓手,通过打造覆盖省市县三级的一体化、智能化公共数据平台,形成"党建统领7张问题清单""浙里民生关键小事"等一批应用,统筹城乡发展,创新社会治理。

第二篇　比较研究

第三章　国外城乡一体化经验

不论是发达国家还是发展中国家，在其工业起步及发展阶段，城乡居民之间都存在着明显的收入差距，而且这种差距在一定时期会持续扩张，这是一种普遍现象。这种现象直接导致二元经济结构的形成，即工业成为相对发达的产业，而农业则相对落后，其直接表现是农村居民与城市居民存在着相当大的收入差距，并且农村居民的生活水平也极大地落后于城市居民。面对上述现实或可能的趋势，不同的国家或地区采取了不同的措施，或是以平衡增长应对，或是采取不平衡增长的方式。

一、英国城乡一体化经验

英国城市化始于18世纪60年代，与工业革命同步。19世纪初，英国城镇如雨后春笋般拔地而起，小城市变为大城市，大城市形成城市群。当时英国城市的特色非常鲜明，港口、矿山、冶炼、纺织、钢铁、商贸等具有专门功能的城市迅速崛起，伦敦、曼彻斯特、伯明翰、利物浦、谢菲尔德、格拉斯哥等一大批工业城市跻身世界名城。到1851年，英国城市化率为51%；到19世纪末，英国城市人口达到70%，成为世界上第一个真正实现城市化的国家。

英国城市化是不同产业互动的结果。19世纪，英国农业劳动生产率居欧洲首位，农业技术改进和农产品商品化程度的提高，使英国能以较少的农业人口养活日益增多的城市人口，为英国城市化和工业化提供了重要的物质和劳动力保障。科技发明使得各种新机器广泛用于工业生产，各行各业生产规模不断扩大，新工厂不断涌现，必然促使城镇范围不断拓展，并迅速发展为大都市。交通运输革命使得公路、运河、铁路的里程突飞猛进，极大地加强了英国城乡之间的经济联系，促进城乡一体化，而第三产业的配套服务，也是城市化进程深化的助推剂。

（一）以城带乡发展实现城乡一体化

从20世纪60年代开始，随着汽车在家庭的普及，英国人口开始大量向小城镇迁移，大中城市周边的卫星城镇迅速兴起。在城市化过程中，英国通过中小城市的改造和振兴，使大、中、小城市走向精密化，并相互协调，以此带动英国城乡一体化进程。

1. 小城镇发展

英国小城镇的快速发展有三方面的原因：一是特大城市的市区拥挤，环境恶化，降低了市区的吸引力；二是小城镇宽敞的住房，合理的房价，优美的环境，超市、银行、医院、学校、休闲等公共服务的完善配套，提升了生活品质；三是通信及交通的发展，扩大了人们的活动范围。英国政府适时调整了行政区划，出现了大伦敦、大伯明翰、大曼切斯特等地方行政机构。

为进一步带动小城镇的发展，英国政府实施了逆城市化行动，将政府部门或其下属机构向小城镇转移，以期带动小城镇的基础设施建设，推动小城镇整体经济发展，缩小其与大中城市的差距。

20世纪60年代，英国把相应的政府管理部门，如车辆管理局等设在了伦敦以外的中小城市。20世纪后期，英国中央政府机

第二篇 比较研究

第三章 国外城乡一体化经验

构开始迁离首都伦敦，地方政府机构开始迁离市区，如英国外交部的政策研究部门从市中心的总部搬到城外，英国金融管理局由伦敦市区搬到伦敦东部新区，许多政府部门有多个办公地点，市区仅保留部分窗口部门，大量的政策调研、内部行政等部门都搬到了城外的小镇。

英国政府的行动很快得到公共事业单位及企业的响应，高校、研究所、博物馆等公共事业单位紧随政府之后开始了迁移，许多原本在市区的大学纷纷到小城镇设立第二、第三校区。英国大企业总部落户小城镇也渐成趋势，如英国泰晤士水公司总部在斯文登小城，英国燃气公司总部设在了温莎小镇，英国劳斯莱斯公司总部在德比小城，英国航空公司总部在伦敦希斯罗机场附近的哈默兹沃斯小镇。许多跨国企业也把英国总部设在了小城镇，如能源企业 EON 的英国总部在考文垂小城，丰田英国总部在朴次茅斯小城。

2. 城市精密化

英国是世界上最早开始城市化的国家，也是世界上城市化程度最高的国家之一，目前英国的城市化率已达 92%。在英国城乡一体化过程中，中小城市建设战略发挥了重要作用，全国现有 3000 多个中小城镇。

在城市化进程中，由于人口的大量迁移，不同层次的城镇功能发生很大变化，英国城市化理念也逐步发生转变，过去以城市为中心无序发展的状况得到较为彻底的改善。从 20 世纪 80 年代起，通过科学规划，英国大城市分区实行优势互补，各区突出特点，形成城市多功能协调发展；通过精细化设计，中小城市简化主体功能，让市场规律确定其功能产业，与周边大城市协调发展，使各大小城镇更加现代化、精密化，最大限度地满足可持续发展的需要。

伦敦市政府还支持大规模开发新的小城镇。新的小城镇开发通常追求"小而精"而非"大而全",城镇功能较为单一,根据其城市地理位置和特点,以及与中心城市配套,让经济规律决定其城市主体功能产业。①

(二) 实施城乡统筹政策促进城乡一体化

经历了200多年的城市化发展后,英国城乡在基础设施及公共服务方面的差别依然存在。英国政府成立了"农村事务委员会",专门负责研究城乡差别,制定消除差别的政策。毕竟城乡差别的消失才是全面实现城市化,或者是城乡一体化的标杆。

20世纪80年代,英国开始出现城乡一体化现象。第二次世界大战后英国加强了对农业的干预和扶持,国内农产品供给很快改善,农民收入大幅提高,农村一改落后的历史面貌,与城市逐渐接轨。由于英国及时调整农村战略,提倡社会公正,消除社会排斥,逐步实现"乡村城市化"②。2000年,英国出台了《农村白皮书》,提出农村经济、社会、环境可持续发展的愿景。2004年英国又出台《农村战略》,提出三大目标:支持农村企业发展;让农村人和城市人一样享有均等的社会服务和选择机会;提升农村价值,为后代保护环境。《农村战略》还重新定义了英国城乡概念:过去是按土地使用性质区别城乡,而现在是按人口数量划分城乡,人口在1万人以下的地区就是农村。根据新定义,2004年英国19%的人口居住在农村,英国政府预计未来城乡一体化步伐将加快,城乡经济活动及生活方式将进一步趋同。③

1. 大力推行农业规模化经营,鼓励兴办乡村企业

农业规模化经营是英国城乡统筹政策的重要内容,目的在于整合乡村资源,发展地区优势产业。根据英国环境、食品和农村

---

① 王涛.英国城市精密化带动城乡一体化 [N].经济日报,2010-03-27 (8).
② 李亚丽.英国城市化进程的阶段性借鉴 [J].城市发展研究,2013 (8):24-28.
③ UK Department for Environment. Food & Rural Affairs. Rural Strategy 2004 [R]. London: Defra Publications, 2004: 8.

第二篇 比较研究

第三章 国外城乡一体化经验

事务部（Defra）2014年2月的统计数据，在英国农村地区，每万人企业数达520家，小企业（Business）数量比城市地区还多，年营业总额超过3000亿英镑，这说明英国的中小企业大部分集中在农村地区。农林渔企业占英国全国注册企业数的5%，它们是农村地区的主导产业，农林渔企业占英国农村地区注册企业数的17.4%，专业化科技服务业企业占14.8%，批发和零售贸易、机动车修理企业占14.1%，建筑业企业占12.3%。[1] 由于乡村企业的飞速发展，使城乡在就业上的差距得以缩小，这一趋势从20世纪60年代就开始了。20世纪80年代，农村中小企业的就业量已经高于城市企业。此外，英国政府对农村市场的培育，以及对制造业生产工艺创新的鼓励政策，使乡村企业的创新能力得到不断提升。在与城市的互动中，英国农村地区抓住自身优势和政府的优惠政策，积极参与市场竞争，吸引了众多的乡村企业投资者，农村庞大的劳动力市场、众多的独立承包项目和政府优惠政策一直被人们视为投资创业的良好目的地。[2]

2. 政府财政对农村基础设施和公共事业的投入

英国一直重视农村的道路、排灌、水电等基础设施，以及教育、文化、卫生等社会公共事业建设，逐步实现了乡村生活方式的城市化，乡村拥有与城市同等的生活条件。另外，职业教育也是一大重点，英国在全国范围内建立了职业教育网络，根据地方产业特色，实行多元化的农民职业技术教育。[3] 同时，英国政府十分重视农村得天独厚的生态环境优势，认为这是农村的核心竞争力所在。为此，从1978年开始，英国政府已经在全国范围内组

---

[1] UK Department for Environment. Food & Rural Afairs [EB/OL]. 2014-01-30.
[2] 王勇辉，管一凡. 英国城乡统筹政策对我国城乡一体化战略的启示 [J]. 城市观察，2014（5）：150-158.
[3] 王勇辉，等. 农村城镇化与城乡统筹的国际比较 [M]. 北京：中国社会科学出版社，2011：22.

织四次乡村调查（Countryside Survey），对农村地区的水资源、土地利用、生物多样性、植被和地理环境等的变化情况进行长期监控和评估，并建立了农村生态服务系统（Ecosystem Services），在政策制定、资金支持、灾害预防、资源利用等方面为农村生态系统保护提供保障，以充分挖掘农村生态环境的经济价值。

（三）完善土地利用制度，推进城乡一体化

英国在推进城乡一体化的过程中十分注重对土地的有效保护和利用。

1. 实施土地开发许可

英国是典型的土地私有制国家，90%左右的土地为私人所有，土地所有者对土地享有永久业权，包括对地下矿藏的所有权。然而土地所有者要进行土地开发，必须申请取得开发许可，以获得土地发展权，即取得更高强度、更高价值的使用权，并缴纳发展价值税。

2. 实施耕地保护

英国是一个岛国，国土面积狭小，耕地面积所占比重在西欧各国中也是最小的。英国在第二次世界大战以前，对耕地基本不予保护，工业化、城市化所需要的农产品主要依赖国外。第二次世界大战以后，英国进行土地调查、分类定级和科学规划，制定了一系列与土地有关的法令，逐步加强对耕地的保护，严格控制城市建设用地。目前，英国有超过3/4的土地用于农业。

3. 促进规模经营

过去英国庄园上或村社里的每户农民所耕种的可耕田都以条田的形式存在，每块条田大约1英亩，每个农户大约可分得几十块条田。条田的耕种既费时又费力，严重影响了生产效率。后来，英国采取措施进行土地改革和土地整理，大大提高了土地的规模经营度。目前，英国共有42万个农场，平均每个农场拥有72英亩土

地，大多为集中连片土地，而欧盟国家每个农场仅拥有17英亩土地，英国的农业生产效率相较欧盟国家居于领先水平。[①]

（四）加强城乡统筹规划和立法

英国作为最早开展城乡规划立法的国家之一，自1909年颁布第一部关于城乡规划的法律——《住房及城市规划条例》以来，先后颁布了20多部这方面的法律法规，形成了由中央、地区和地方三级组成的完善的规划制定管理体系和完整的规划立法体系。1947年，英国颁布了《英国城镇和乡村规划法》，奠定了英国现代规划体系的基础。1990年，英国颁布新的《城市规划法》，新法以城乡统筹为核心，强调城市和乡村的协调发展，完善了国家、区域、结构和地方规划体系。新法颁布后，政府干预职能得以强化，并建立了城乡规划监控系统，对城乡建设、绿化、房地产开发等行为进行监测。20世纪以来，为了解决城市化快速发展带来的生态环境、社会管理及经济结构转变等问题，英国政府通过创建新城（new town）转移200多万人口，通过产业转移、旧城改造、发展乡村基础设施等措施，将乡村作为城乡规划的重要支点。新城建设体现的是城市和乡村在生产方式和生活方式上的完美结合，是城乡统筹规划的典范。

二、德国城乡一体化经验

第二次世界大战以后，德国大规模重建城市，城市再次成为工业与经济中心。乡村人口向城市集聚，城市将工厂向乡村地区迁移，不断挤压乡村用地，城市与乡村发展产生差距。此时，赛德尔基金会所倡导的"等值化"理念开始发挥作用，它主张通过土地整理、村庄革新等方式，实现"在农村生活，并不代表可以

[①] 陈继红.英国推进统筹城乡一体化的做法经验与启示借鉴[J].重庆经济，2009(3)：38-43.

降低生活质量""与城市生活不同类但等值"的目的,使农村经济与城市经济得以平衡发展。① 这一发展计划于 20 世纪 50 年代在德国的巴伐利亚州开始实施。1965 年,巴伐利亚州制定了《城乡空间发展规划》,将"城乡等值化"确定为区域空间发展和国土规划的战略目标,从法律上明确了这一理念。

"城乡等值化"理念认为在社会融合发展过程中,城市与乡村承载着同等重要的价值,因此不应受空间结构差异的影响,城市与乡村应实现空间均衡发展。也就是说,将城市与乡村作为空间结构中的有机统一整体,在尊重双方差异的基础上,使空间物质与社会两个维度实现均衡发展。其中,空间物质维度主要体现在不同主体平等享有物质、产品的使用、消费、生产等权利;空间社会维度是指不同主体具有相同的生存与发展机会。这一发展理念并不是要求城乡发展的绝对平均与一致,而是一种促进城乡相互协调、相互依存的发展方式,即"不同类但等值"。这种发展理念是在承认城乡形态差异的基础上,通过投资和财政再分配等形式,大力推动农村经济发展、公共服务的基础设施建设等,使农村居民在收入、劳动就业、基础设施、社会保障等方面享有与城镇居民相同的待遇。

(一)科学的乡村建设规划

第二次世界大战后,德国乡村人口逐渐集聚,乡村在现代化手段的改造下失去原有的面貌。乡村发展规划的科学制定和有序实施是德国乡村发展的重要保障。一方面,德国以法律的形式针对德国乡村发展制定相应的政策法规,为德国乡村规划提供科学的法律保障;另一方面,在行政体系上阐明乡村社区与地方政府为平行的行政关系,为强调城乡平等的政治性质,将城市与乡村

---

① 李文荣,陈建伟. 城乡等值化的理论剖析及实践启示 [J]. 城市问题,2012 (1):22-29.

分别称为"密集型空间"和"乡村型空间"。

1. 自下而上的一体化规划体系

德国的乡村建设规划自上而下分为欧盟、联邦、州/区域/城市、地方四级，在不同的层次有不同的目标和任务，具有从宏观到微观、从抽象到具体的特点。在规划的制定过程中，进行了自下而上的调研，充分体现了公众参与的原则，尊重农民和一些公私团体的需求和意见，经过充分的沟通、协商和妥协，最终形成规划。

2. 刚柔相济的互补性规划体系

乡村建设规划刚柔相济，既有法定的刚性规划体系，又有非法定的柔性规划体系。刚性的规划体系具有法定的、强制性的工作任务和要求，柔性的规划体系是对法定规划体系的发展和完善，具有一定的特点和弹性。二者互相补充，共同保证了乡村规划的实施。

3. 具体实用的地方性规划

德国乡村建设规划在区域/社区层面具有很强的可操作性和实用性。例如，1960年开始推行的"我们的乡村应该更美丽"的乡村美化运动，此项目包括三部分内容：农业产品、农业房地产和农业服务。农业产品层面重点是提高农产品质量、增加农产品附加值、发掘农产品销售市场等。农业房地产方面重点是旧房改造、房屋功能结构改造、房屋位置调整等。农业服务方面重点是乡村旅游、自然保护、农村人文保护、电信服务、景观管理、养老院服务等。到了21世纪，为了应对乡村各方面的发展，2004年，德国建立"整合性乡村地区发展框架"，将乡村更新、土地规划等内容与政策整合到一起，共同发展。[1]

---

[1] 高启杰，张沐. 德国城乡等值化的发展理念及其对中国的启示 [J]. 古今农业，2021 (4)：15-23.

（二）全面的土地综合整治

土地权属问题始终是德国土地综合整治的核心。20世纪初，德国的土地权属问题已经凸显，第二次世界大战后，德国土地权属矛盾更加尖锐。同时，人们对城乡空间规划提出了跨专业、均衡发展的新要求，这进一步迫使德国开始制定相关制度，运用现代技术等对土地权属问题及任务目标进行重新调整。

德国的土地整治最早可以追溯到中世纪。中世纪到20世纪初，为了提高农业生产力，确保粮食安全，土地整治的目标是促进土地的集约化，把小块的土地连成大块，促进农业的规模化和机械化经营。20世纪初到20世纪60年代，为了适应城市化的发展，土地整治的目标转移到为高速公路网络和基础设施建设储备地块。20世纪70年代到20世纪末，土地整治开始关注自然生态环境的保护，与村镇改造相结合，维护农村景观。21世纪以来，随着德国土地整治经验的日趋丰富，已经形成了一套系统的、综合的土地整治体系。土地整治也不再仅服务于农业生产，而更加重视农业集约化和科技化、生态环境和水资源保护、乡村景观规划、城乡统筹发展等。可见，随着时代的发展，德国的综合土地整治目标也在逐步更新，内容不断丰富。①

（三）制定"乡村更新"计划，促进乡村振兴

德国还通过制定"乡村更新"计划等一系列政府主导的乡村振兴促进政策，为德国乡村发展提供财政、技术、教育等全方位支持。正是得益于这一系列法律法规与政策框架的保驾护航，德国乡村才得以在不同阶段取得显著效果。

德国注重对乡村产业功能的协调规划，在传统乡村功能之外创出一条产业"逆城市化"的乡村振兴之路。以"城乡等值化"

---

① 高启杰.农村发展理论与实践[M].北京：国家开放大学出版社，2018：74.

第二篇 比较研究
第三章 国外城乡一体化经验

理念为引领，德国政府积极通过各种政策，引导企业向乡村迁移并形成了以乡村为主体的企业布局。

在德国的农村地区，各种大型的生产设施和企业办公场所随处可见。这些设施都分布在离村镇中心不远的田间地头。德国企业当中，仅有极少部分将总部设立在大城市，大量全球领先的冠军企业都将总部和重要的生产设施建立在小镇周边。这种"逆城市化"布局给企业所在地的乡镇创造了大量就业机会，极大地带动了周边相关产业的发展，形成了多层次、多产业的良性互动，全方位促进德国乡村经济可持续发展。

为了增加乡村对企业的吸引力，德国高度重视乡村基础设施及配套服务建设，通过政策引导完善乡村功能布局规划，为企业和就业人口创造合理、高效舒适的工作和生活环境，以此鼓励企业和员工在小乡镇安家落户，从而带动乡村经济发展。与此同时，德国政府还面向企业推出一系列土地和税收优惠，以此吸引企业向乡村迁移。

"乡村更新"计划是德国现代化乡村治理的重要内容。在德国联邦政府的大力支持下，乡村基础设施条件得到改善，并注重可持续发展，创造了更好的乡村生活条件。除了吸引企业向乡村迁移，德国乡村的第三产业近年来也发展迅速。旅游业、文化产业等在"乡村更新"计划的推动下，在德国农村落地生根、开花结果。依托各种自然文化景观的德国"农家乐""远足游"早已成为德国人喜闻乐见的娱乐休闲方式。遇有节假日或在旅游旺季，德国很多村镇人满为患。

文旅产业的蓬勃发展与德国乡村建设的可持续发展理念密不可分。德国在"乡村更新"计划中高度重视乡村的可持续发展，通过土地治理、环境治理、文物保护等一系列综合工程，保证了乡村经济、生态、文化等领域的全方位协调发展，并着力开发乡村的文化价值、休闲价值和生态价值，形成了经济与生态可持续发展的良好环境。①

（四）实施健全统一的社会保障体系

在德国，宪法规定城乡居民在选举、工作、迁徙、就学、社会保障等方面拥有平等权利。因此，在政策上没有农业人口转化的政策门槛，只要农民进城工作，按章纳税，进入社会保障，就成为城市居民。在政策上保障了人口的自由流动和农业人口向城市的转移，大大地降低了城市化的门槛。

20世纪50年代，德国出台了农民卖地退休补贴政策。国家对农民卖地退休者给予额外退休金，使农业用地集中，适合农业向现代化大生产的生产方式转变。② 同时，脱离农业的劳动力转变为工业和服务业劳动者，加速了生产力的转移和城市化进程。

三、韩国城乡一体化经验

第二次世界大战后，韩国作为传统的农业国家，在产业民族化的方针下，政府大力扶持本国工业，尤其是重工业的发展，20世纪70年代，韩国已成功转变为工业发达国家。但在工业发展的同时，韩国也面临着二元经济的严重挑战。1970年，韩国农民年均收入仅为城市居民的61%，工农业失衡已成为韩国的现实问题，并严重制约着韩国经济社会的协调发展。为扭转城乡发展不均衡的局面，韩国政府决定将"工农业均衡发展""农水产经济的开发"放到经济发展三大目标之首。通过实施大规模的"新村运动"、采取反哺农业政策、建立城乡一体的社会保障制度、推进农村教育发展，韩国城乡差距大幅缩小，城乡一体化发展目标顺利实现。③

---

① 谢飞. 德国：城乡协同均衡发展 [N]. 经济日报，2021-05-06 (3).
② 王芳. 德国推进城乡一体化的实践 [J]. 企业文化，2011 (10)：66.
③ 彭景. 城乡统筹发展模式的国内外比较及启示 [J]. 商业时代，2008 (30)：94-95.

第二篇　比较研究

第三章　国外城乡一体化经验

（一）实施大规模"新村运动"

为解决日益严重的城乡差距问题，20世纪70年代，朴正熙政府在韩国3.4万余个村庄开始实施以"勤勉、自助、协同"为口号，以脱贫致富与实现农村现代化为目标的"新村运动"。

韩国的"新村运动"最初是以村庄为单位，依靠政府强有力的政策引导和大量的资金支持展开的自上而下的农村现代化运动，包括农村环境改善、农民增收、精神启蒙等内容。后来逐渐发展为20世纪80年代全国性的社会运动和民族振兴运动，2000年前后发展为以绿色韩国、幸福韩国、智能韩国和全球化为目标的第二次"新村运动"，2010年以后演变为以社会共同体、经济共同体、文化共同体、环境共同体为课题的"新村运动"全新价值海外推广与互建事业。韩国在实施"新村运动"期间，不断致力于农村基础设施建设、农村产业结构调整、新村教育培训、基层治理体系构建等，使韩国农村的经济在短时间内实现了跨越式发展。

1. 大力改善农村基础设施条件

"新村运动"初期，农民迫切要求改变自己的居住条件，因此政府将重心放在农村公路修建、房屋改造、修建河堤等基础设施的修建和改造上；1971—1978年，韩国政府在乡村振兴上投入了大量资金促进农村建设。[①] 在政府援助的基础上，村民自身也通过劳动进行基础设施的建设。政府无偿提供水泥、钢筋等物资，激发农民自主建设新农村的积极性。通过基础设施的建设，农民的茅草屋变成了瓦片屋，居住条件得到改善；修建了多条公路，全国实现了村村通汽车；农民用上了自来水，实现了电气化；村民会馆、敬老院、青少年活动中心等文化建筑遍布乡村；加大农村学费减免力度，提高农村老师待遇；构建了更加合理的

---

① 张薇. 韩国新村运动研究[D]. 长春：吉林大学，2014.

医疗保障体系，农民生活质量得到了提高，农民生活幸福感增强。

2. 调整农村产业结构

韩国"新村运动"特别重视农村产业结构调整，政府根据各时期农业发展所处阶段，结合社会经济状况，致力于建立合理、平衡、发展的农村产业结构。①

（1）"新村运动"初期，韩国政府在提高农业生产科技含量和优化农业生产技术方面下大力气，同时注重不断扩大农业合作，发展多种经营，推广农业科技。例如，韩国农水产部利用农闲时间，面向农民教授果树、蘑菇、芝麻、花生等经济作物的种植技术，以及协同作业、农土栽培等技能。

（2）20世纪70年代中期，韩国政府开始号召并大力支持发展特色农业、农产品加工业和畜牧业。政府投入大量财政专项资金支援各乡村依据自身特点和市场需求，建立专门的特色农业和经济作物区，引领农民发展优势特色产业。例如，韩国农业振兴厅指导建立了154个新村增收示范区，韩国农业协同组合（以下简称农协）提供了地区综合开发所需资金，支援物流基础设施建设及销售渠道拓展等，积极推动各种作物的生产合作等。②

（3）从20世纪70年代末80年代初开始，韩国注重利用农村周边的资源发展旅游业，鼓励非农产业和副业发展。之后推出"六次产业计划"方案，即推动农村第一、第二、第三产业融合发展，在重视种植业的基础上，鼓励农民从事农产品加工业、农业旅游业、服务业。例如，韩国推行"农户副业企业"计划，鼓励农户从事传统手工、副业生产。再如推行"新村工厂"计划，

---

① 张立，王波. 韩国新村运动及其对我国实施乡村振兴战略的启示[J]. 韩国研究论丛，2021（1）：179-191.
② 王志章，陈亮，王静. 韩国乡村反贫困的实践及其启示研究[J]. 世界农业，2020（1）：44-46.

第二篇 比较研究
第三章 国外城乡一体化经验

在农村建设工厂。当时,韩国政府以"一村一厂"为目标,综合考虑地区条件、原料生产及产业效益,指定在经营、技术、销路等各方面具备优势的企业在农村设厂,并且优先设立劳动密集型工厂,如纺织品工厂、食品工厂等;再设立生产一条龙式工厂,如金属、机械、电子等工厂。

(4) 20世纪90年代,韩国政府推动"一村一社"项目,由一个株式会社(企业)扶持一个村庄。例如,韩国三星、现代、LG等大型企业集团,利用雄厚的经济实力和成熟的经营模式,帮助乡村寻找发展出路,培育农业、农村、农民的新增长点,带动农村的全面发展。2000年后,随着韩国信息技术的发展与互联网的全面普及,政府审时度势,积极推行"信息化示范村"方案。依托信息化平台,开展农村电商、休闲农业与乡村旅游的网络宣传工作,促进了韩国乡村经济与社会的发展,也促进了居民观念的改变。[①] 同时,韩国在第二次"新村运动"期间更是以"绿色韩国、智能韩国"等为口号,在农村打造低碳绿色示范村。绿色示范村以村庄为中心,将"绿色生态"理念融入"新村运动"中,追求经济发展与生态环境保护的良性互动。

3. 多举措增加农民收入

韩国政府为了鼓励农业经营和增加农民收入,采取了多种措施。政府免除了部分农业的生产增值税,还对一些困难的农民实施免税费政策。在全国范围内推广"统一系"水稻高产新品种,进行"集团栽培"提高收成。为保护新品种价格,政府还对种植新品种的农民进行财政补贴。同时支持农民种植经济作物,优化农业结构。各村都有自己的农民会馆进行技术交流,最终达到提

---

① 冯献,李瑾. 信息化促进乡村振兴的国际经验与借鉴[J]. 科技管理研究,2020(3):175-177.

高产量、增加经济收入的效果。韩国政府早期成立的农协组织也能够有效地为农民提供知识技能的培训，帮助农户解决市场和供给的问题，保护农户权益。[①]

（二）促进城乡一体化的教育措施

韩国农民教育是促进城乡一体化的重要政策。农民教育始于20世纪60年代，现已形成3个层次，包括4H教育、农渔民后继者教育和专业农民教育。其中4H教育影响最大，其目标是使农民具有聪明的头脑（Head）、健康的心理（Heart）、健康的身体（Health）、较强的动手能力（Hand）。韩国政府从2004年开始实施"农民后继者计划"，每年从新毕业的大学生中选出1000名，国家放贷1亿~3亿韩元，3年免息，让这些大学生到农村去发展。还从大型公司中选出一批退休人员到农村去当里长（村长），工资由政府支付。通过以上政策的实施，现在韩国农村35~55岁的农民后继者有12万人，形成了5万个较有规模的专业户，平均每个村有23个专业户，带动了农村的整体发展。

城乡教师互换制度也有效地促进了韩国的城乡一体化。该政策要求每隔2~4年，韩国教师要在本地城乡学校之间进行调动换班，其作用机制就是通过城乡教师交流互派，加深城乡教育主体对教育对象的了解，起到提升农村教育水平与提高农村教育质量的作用。[②]

（三）推进城乡一体化的城市网络群带建设

20世纪60年代开始，韩国大力推进城乡一体化的城市网络群带建设，实行以城市为中心、以集聚效益为目的的经济区域综合发展战略，在首尔—釜山铁路沿线的中心城市，重点发展劳动

---

① 罗馨茹. 韩国新村运动对我国乡村振兴战略的借鉴［J］. 南方农机，2022（2）：111-113.

② 康佳楠，马晓强. 韩国城乡一体化发展的实践、效果与启示［J］. 生产力研究，2014（7）：58-60.

第二篇 比较研究
第三章 国外城乡一体化经验

密集型出口创汇产业,带动农村劳动力源源不断地进入城市就业;20 世纪 70 年代,韩国又形成了以釜山为中心的东南沿海经济发展区,为进一步吸纳农村劳动力创造了巨大空间;20 世纪 80 年代,韩国由劳动密集型产业向技术知识密集型产业转型,形成了以西海岸和东南沿海城市为核心的经济增长群带。后来,大城市人口又向周边小城镇分散,形成了多个城乡一体化的城市网络群带。

(四) 实施无差别社会保障制度

自由的人口流动制度使得城市化和城市发展过程中,人口和劳动力资源能够通过人口迁移有效地达到最优的配置。建立城乡统一的社会保障制度是与人口的自由流动政策相配套的。韩国社会保障制度经历了先城市后农村的发展过程,目前已经覆盖了城乡所有居民,社会养老保险于 1988 年 1 月开始实行,1998 年开始在全国农村普及,覆盖 90% 的农民;10% 的贫困农民由政府提供医疗救济费用。[1]

四、启示

从英国、德国和韩国的城乡一体化经验不难看出,三国具体的措施不尽相同,但在基本的理念和做法上有着很多相似之处。由此,可以得到以下启示。

(一) 城乡一体化发展路径及政策干预的切入时间

多数国家曾采取城乡有别的政策措施,并在经济发展到一定阶段后逐渐重视农村的发展和农村地区的公共物品供给,最终希望实现城乡无差距的基本公共服务水平,即"城乡发展一体化"。英国和德国的城乡一体化发生在第二次世界大战之后;韩国大规

---

[1] 宋煜凯. 韩国城市化经验与启示 [J]. 辽宁经济,2014 (12):56-57.

模实施"新村运动"则在20世纪70年代。总的来说，都经历过从传统农业国家向工业化国家转变阶段、工业化带动城市化阶段、城乡差距拉大的不平衡发展阶段和以农村复兴、缩小城乡发展差距为目标的时期。我国目前已经实现工业化，已经到了城乡发展一体化时期。

（二）城乡发展不能就城市论城市，也不能就乡村论乡村

从城乡统筹一体化发展的视角看，城市发展必须要有适当的发展规模，城市不可无序蔓延侵占乡村领域，应有适当合理的控制范围。乡村发展也不能单纯从乡村基础设施上着手，还应考虑如何借用城市发展的活力来激活乡村发展的潜力，同时应建设乡村公共服务设施，并制定适宜的控制指标来保障社会公平与公正。

（三）注重从制度层面来保证一体化发展的实现

通过立法来建构城乡发展一体化的制度基础和保证其政策实施的可持续性。通过制度改变和创新，实现公民身份、公民权利和社会管理的一体化，以及治理结构、财政保障制度的一体化。城乡发展一体化首先要解决发展过程中的治理结构问题，给予城乡平等的发展权利、发展地位，建构城乡互动和融合的发展机制与平台，实现城乡一体化治理。尤其是财产权利、就业机会等关系基本生存权利的制度方面，要解决对农村和农民的歧视性和限制性政策。实现城乡市场主体的平等化，在投资、金融、土地等支持政策上一视同仁，对农村的市场主体给予更好的政策和环境。户籍和土地制度及其背后的财政制度是城乡二元制度结构的核心，需要加大土地和户籍制度改革的力度，加快促进城乡发展一体化制度的形成。

第二篇 比较研究
第三章 国外城乡一体化经验

（四）建立城乡均衡和一体化发展的制度基础的关键在于财政等基础性政策

城乡一体化的核心在于城乡公共服务的均等化和基于公民身份的城乡一体的社会保障体系。当工业和服务业占绝对主导地位时，财政支持力度应加大，以保证城乡收入水平和生活福利的均等化发展。也就是在产业结构演进或动态发展中，运用税收递减、财政支持递增的政策来实现城乡公平的发展目标。

第四章　国内城乡一体化模式

20世纪80年代开始，特别是2003年以来，我国先发地区在城乡统筹方面，积累了大量地方实践经验。本章选取上海市、重庆市和广东省，对其城乡一体化模式做一分析。

一、上海市城乡一体化模式

早在20世纪80年代中期，江泽民同志在上海工作期间，就高瞻远瞩地提出城乡一体化发展的战略思路。从此以后，郊区在上海经济发展中的地位，从"一个增长点""组成部分"一直提升到现在的"重要区域"，上海的城乡一体化程度也日益提高。

"九五"期间，上海市按照建设中等规模城市的要求，高起点规划建设郊区城镇，集中建设六个中等规模城市，加快建设一批重点集镇，积极搞好小城镇建设的试点，发展完善上海城镇体系，提高郊区城市化水平。

2010年11月10日，上海市人民政府发布《关于本市加快城乡一体化发展的若干意见》，提出到2020年，基本实现城乡公共资源均衡配置、生产要素自由流动，基本形成产业联动、优势互补的城乡发展格局，建立并完善均等均衡、公平公正的城乡公共服务和社会保障体系，确保城乡人民共创、共享改革发展成果，与上海"四个中心"和社会主义国际化大都市相适应，使上海城乡一体化水平保持全国前列并接近发达国家水平。分析上海市通过郊区城市化来实现城乡一体化的模式，其特点有以下四个方面。

第二篇 比较研究
第四章 国内城乡一体化模式

（一）领导重视，不断改革行政管理体制

历届上海市委、市政府审时度势，与时俱进，不断探索、建立、完善有利于城乡一体化发展的行政管理体制。20世纪80年代，实行财政包干体制，收支包干，额定基数，超额环比上交；90年代初期，进一步明责放权，把项目审批、土地审批、人事安排等权力下放郊区；90年代后期，则进一步推行"三级政府、三级管理"体制。一系列体制改革的关键是"管理重心下移，决策权力下放"，从而大大调动了郊区发展经济的积极性，有力促进了全市经济增长、城市建设、社会稳定和对外开放。郊区工业已由单一的集体企业发展为集体、外资、民营各领风骚的局面。与此同时，撤县建区的工作有条不紊地进行，2016年7月，崇明撤县建区，上海市所有郊区均已经建区。随着撤乡建镇和行政区划调整工作的基本完成，上海市乡镇已从原来的212个压缩至106个镇，2个乡。

（二）抓住机遇，接受中心城区辐射

城乡一体化是上海郊区主动融入上海发展大局，接受中心城区辐射的过程。在20世纪80年代，上海郊区的定位主要坚持郊区农民粮食立足自给、城市鲜活副食品供应立足郊区的"两个立足点"；建设农副产品生产、城市工业扩散、科技中试和出口创汇"四个基地"。20世纪90年代以后，上海郊区功能定位调整为城市鲜活食品供应的基地、城市大工业转移的腹地、市民休闲度假的绿地。进入21世纪，随着生产力布局向郊区转移、城市基础设施重点向郊区转移、经济要素流动向郊区转移"三个转移"的提出，郊区城乡一体化发展进入新阶段。

前所未有的生产力布局大调整始于20世纪90年代中后期，上海郊区相继诞生9个市级工业区、20个区县工业区和180多个经济小区，成为接受中心城区工业转移和引进内外资落户的重要空间。上海9大市级工业区开发建成面积50平方千米，累计批准引进工业项目超过 2100 个，总投资 750 亿元，成为郊区体现实力和水平的重要窗口。这一阶段也正是郊区基础设施建设明显加速的时期，郊区自筹资金 15 亿元以上，重点用于路桥建设。近年来，随着松江新城、安亭、浦江等新城镇建设的陆续启动，郊区城市化建设更上一层楼。

伴随工业化和城市化进程，上海郊区第三产业已形成商业、旅游业、房地产业、仓储业 4 个支柱产业，其中房地产业差不多占全市的半壁江山。作为郊区经济新的增长点，第三产业在郊区三大产业中所占比例不断提升，年均高于郊区工业 2~3 个百分点。第一产业以结构调整为主线，粮经比例已从 6∶4 调整到 4∶6，城郊型农业加速向都市型农业转型。

（三）推进"三集中"，促进土地集约利用

针对土地利用效率低的问题，上海在 20 世纪 90 年代就提出了"三集中"政策，即农业向规模经营集中，工业向园区集中，居住向社区集中。农业向规模经营集中，即通过承包地经营权流转，将农地集中到专业合作社、家庭农场、农业龙头企业等经营者手中；通过推进规模经营，发展现代农业，提高农业生产率，并释放农村剩余劳动力。工业向园区集中，即将乡镇企业集中到工业园区，以提高土地利用效率和加强排污管控。居住向社区集中，即通过宅基地置换等方式，实现农民的集中居住，以降低基础设施和公共服务成本，为提高基础设施水平和实现基本公共服务均等化创造条件。宅基地集中后，可整理出集中成片的农田，有利于发展大规模集中经营的现代农业。

（四）推进"三置换"，促进农民进城

随着工业化的快速发展，大量农民已经不再从事农业生产，客观上已经实现了生产方式的城镇化；但农村资产退出机制的缺失阻碍了其生活方式的城镇化，也造成了资源浪费。对此，上海市出台了"三置换"政策，即农地置换社保、宅基地置换商品房、集体资产置换股权。农地置换社保，即土地承包权、经营权换取"镇保"或"社保"，让社会保险代替农地成为农民的最后保障。宅基地置换商品房，即用宅基地及农村住房置换城市商品房，一方面为农民解决了市民化最困难的住房问题；另一方面在宅基地复垦后通过"城乡土地增减挂钩"为城市提供宝贵的建设用地，而出让建设用地的收益又为置换的商品房提供了资金来源，实现了资源的优化配置。集体资产置换股权，即集体资产所有权、分配权置换社区股份合作社股权，从而建立起农村居民的资产退出机制，希冀消除农村居民城镇化、市民化的体制机制障碍。①

二、重庆市城乡一体化模式

重庆市是我国中西部地区唯一的直辖市，是全国统筹城乡综合配套改革试验区，在促进区域协调发展和推进改革开放大局中具有重要的战略地位。2007年6月7日，经国务院同意，国家发展和改革委员会（以下简称国家发改委）批准设立重庆市全国统筹城乡综合配套改革试验区。2009年2月5日，《国务院关于推进重庆市统筹城乡改革和发展的若干意见》正式发布。党的十八大以来，重庆市紧扣把习近平总书记的殷切嘱托全面落实在重庆大地上这条主线，经济社会发展取得新成效，迈上新台阶。重庆市地区生产总值从2012年的1.16万亿元增至2021年的2.79万亿元，近10年增加1.63万亿元。人均地区生产总值十年翻了一番多，达到8.7万元。② 重庆城乡一体化模式的特点是大城市带动大农村。

---

① 陈晨，方辰昊，陈旭. 从城乡统筹到城乡发展一体化——先发地区实践探索[M]. 北京：中国建筑工业出版社，2018：29-30.
② 王斌来，崔佳，蒋云龙. 重庆高质量发展之路越走越宽广[N]. 人民日报，2022-08-18（2）.

(一)深入推动城市更新提升，大力促进"一区两群"协调发展

重庆市坚持以成渝地区双城经济圈建设为引领，扎实推进以县城为重要载体的城镇化建设，做大做强"一区"、做优做特"两群"，不断提高全市发展的协同性、整体性。坚持"一尊重、五统筹"，敬畏历史、敬畏文化、敬畏生态，进一步实施城市更新提升行动计划，统筹产业园区、生活社区、商贸街区、文旅景区建设，在规划、建设、管理各个环节中进一步贯彻以人民为中心的发展思想，全面提升城市经济品质、人文品质、生态品质、生活品质。增强重庆主城都市区发展能级和综合竞争力，强化中心城区极核功能，做靓一批城市功能新名片，梯次推动中心城区和主城新区功能互补和同城化发展，在建设国际化、绿色化、智能化、人文化现代大都市中更好地发挥引领和示范作用。推动渝东北三峡库区城镇群生态优先、绿色发展，打好"三峡牌"，建好"城镇群"，促进"万开云"[①]同城化发展，探索绿水青山向金山银山增值转化的实现路径，努力实现生态美、产业兴、百姓富有机统一。推进渝东南武陵山区城镇群文旅融合、城乡协同发展，立足生态资源和民族特色，丰富拓展生态康养新业态，打造特色化、绿色化发展新标杆。

健全"一区两群"区县对口协同发展机制，更好发挥"一区"对"两群"的辐射带动功能。推进区县城城镇化补短板、强弱项，支持有条件的区县发展郊区新城，分类引导小城镇发展。全面完善基础设施网络，以更大力度推进交通强市建设，提速发展高速铁路，织密高速公路网络，改善国省干线和农村公路，提升长江上游航运中心功能，加强能源、水利、环保等基础设施建设，加快建设5G、工业互联网、物联网等新基建项目，夯实重庆

[①] "万开云"，指重庆市万州区、开州区、云阳县。2021年重庆市发布《万开云同城化发展实施方案》。2021年，万开云三地地区生产总值达到2216亿元，同比增长9.2%，占渝东北片区的比重达到45.3%。万州成为主城都市区之外首个千亿级城市。

现代化建设硬支撑。

(二) 深入推动乡村振兴, 精心绘就城乡融合发展新画卷

重庆市坚持农业农村优先发展方针, 精准落实"五个振兴"要求, 着力稳住农业基本盘, 加快农业农村现代化, 促进农业高质高效、乡村宜居宜业、农民富裕富足。坚决守住不发生规模性返贫底线, 健全防止返贫监测和帮扶机制, 加强易地扶贫搬迁后续帮扶, 促进脱贫群众就业增收, 持续支持国家乡村振兴重点帮扶县发展, 推动巩固拓展脱贫攻坚成果同全面推进乡村振兴有效衔接。坚决守住粮食安全底线, 落实粮食安全党政同责, 积极践行大食物观, 深入实施种业振兴行动, 促进农业结构调整优化, 全力抓好粮食生产和重要农产品供给。坚决守住耕地保护底线, 落实最严格的耕地保护制度, 强化耕地用途管制, 遏制耕地"非农化", 防止基本农田"非粮化", 大力推进高标准农田建设。加快发展乡村产业, 贯通产加销, 融合农文旅, 完善利益联结机制, 让农民有活干、有钱赚。实施乡村建设行动, 保护传统村落和乡村风貌, 深化农村人居环境整治提升行动, 推进数字乡村建设, 打造生态宜居的美丽乡村。加强和改进乡村治理, 推进农村移风易俗, 培育文明乡风、良好家风、淳朴民风, 深入建设平安乡村。派强管好驻村第一书记和工作队, 吸引各类人才在乡村振兴中建功立业, 激发广大农民参与乡村建设的积极性、主动性、创造性。深化农村"三变"改革, 深入推动"三社"融合发展, 激活农村资源资产, 发展壮大新型集体经济。建立健全城乡一体融合发展的体制机制和政策体系, 推动国家城乡融合发展试验区建设取得更多实效。

(三) 探索地票制度, 促进城乡用地协调发展

重庆地票市场实际上是利用重庆市郊区分散的建设用地资源, 使其价值化、商品化。这些建设用地经过整理以后, 经国土部门丈量, 如是新增的耕地, 就发一张地票, 农民拿着这张地票

就可以到市政府地票市场上进行交易。地票市场设在市政府边上，需要土地的工商业投资者到地票市场买地，价格是市场确定的。买了地以后，由城市的规划部门负责调节用地。地票市场运行以来，取得了四大成效：一是农民把自己分散的建设用地，包括他们的宅基地等整理起来，变成了现金收入，一共有200多亿元的地票出让收入装进了农民的口袋；二是由于形成了土地的价格，银行可以以每亩抵押20万元来贷款，农民通过土地抵押已经拿到了50多亿元的贷款，支持了经济发展；三是满足了重庆市建设用地的需求；四是增加了耕地，耕地面积不是减少了，而是增加了，增加了几万亩耕地。①

地票制度改革成功的关键，一是激活了城乡土地市场，明确了交易和收益的主体；二是国家实行建设用地增减挂钩试点和耕地占补平衡政策，促进了土地利用结构优化。但是，随着国家有关增减挂钩、占补平衡政策的变化，尤其是暂停执行异地占补平衡政策，土地跨区域流转被迫暂停，地票形式推动土地要素流动和配置的作用受到一定程度的限制。

（四）"土地换社保"，实现城乡社会保障一体化

2009年6月24日，国务院决定在全国10%的县（市、区、旗）开展新型农村养老保险试点。7月1日，重庆市城乡居民社会养老保险制度开始在15个区县试点。与全国性试点不同的是，重庆市的试点不仅将使农村居民享受养老保险，还把现行养老保险体系之外的城镇居民也悉数纳入，真正实现城乡居民养老保险制度全覆盖。

随着农民工市民化程度的日益提高，加上农民工能够获得相应的社会保障，部分地区已经将符合城市户籍条件的农民工纳入

---

① 郑新立. 城乡一体化发展的四个探索及其启示 [J]. 农村工作通讯, 2013 (18): 18-20.

第二篇 比较研究

第四章 国内城乡一体化模式

城市户籍中来，并对其土地进行征回，俗称"土地换社保"。重庆市在这方面也走在国内前列，"土地换社保"是"重庆模式"的另一大亮点。2010年，重庆市全面启动了户籍制度改革，力争到2020年全市户籍人口城市化率从28%上升至60%~70%。重庆市有部门和基层组织利用这一历史契机，积极探索土地流转和农村社会保障的有效结合，用土地流转出让金解决农村社会保障的资金筹集难题，并取得良好的效果。

三、广东省城乡一体化模式

"最富的地方在广东，最穷的地方也在广东"，这句话曾是广东区域城乡发展不平衡的写照。如何将乡村发展的短板化为潜力，是广东实现高质量发展的重要课题。广东省下功夫解决城乡二元结构问题，协同推进新型城镇化战略和乡村振兴战略，城乡区域发展协调性明显提高。2020年5月，广东省委、省政府印发《广东省建立健全城乡融合发展体制机制和政策体系的若干措施》。广东省通过强化以工补农、以城带乡，全面推进乡村"五个振兴"，构建起"跨县集群、一县一园、一镇一业、一村一品"现代农业产业体系，所有自然村完成人居环境基础整治，涌现了一批生态宜居美丽乡村，农村集中供水基本实现全覆盖，城乡居民人均收入比从2016年的2.6：1缩小到2021年的2.46：1。[①] 广东省城乡一体化模式是以工业化带动城镇化，具有以下三个特点。

（一）实施"双转移"战略，推动城镇化和落后地区工业化

2008年5月，广东省委、省政府按照"政府引导、市场运作、

---

① 李希.忠诚拥护"两个确立"坚决做到"两个维护"奋力在全面建设社会主义现代化国家新征程中走在全国前列创造新的辉煌——在中国共产党广东省第十三次代表大会上的报告[N].南方日报，2022-05-31（1）.

优势互补、互利共赢"的方针，出台了《关于推动产业转移和劳动力转移的决定》和一系列配套文件，全面部署"双转移"战略，着力推进珠三角地区相关产业加快向粤东西北地区转移，推进农村劳动力向城市和第二、第三产业转移，实现产业转移和劳动力转移有机结合。

"双转移"战略的要点：一是促进珠三角地区劳动密集型产业转移到东西两翼和北部山区，一方面为珠三角的产业升级和城市升级提供空间；另一方面也为东西两翼和北部山区利用本地的劳动力优势加快经济增长提供了条件。二是加快省内高素质劳动力向珠三角地区转移，以满足珠三角地区产业升级的劳动力需求，同时大力推进东西两翼和北部山区农村劳动力就近就业。三是打破城乡二元分割的户籍制度限制，鼓励和激励农民工融入城市。

"双转移"战略实施以来，广东省东西北地区通过承接珠三角的转出产业，加强了与珠三角的产业合作，促进上下游产业错位和配套发展，形成优势互补、互利共赢的产业协作体系；同时通过有针对性的招商引资，大力发展特色经济，加快形成新的产业集群，有力地带动了粤东西北地区的经济发展和产业结构升级，全省区域发展差距扩大的趋势正在得到遏制。

"双转移"战略实施以来，产业转移带动劳动力培训和转移，促使欠发达地区的人口总量和结构改善，初步形成了农村劳动力技能提升、人力资源配置明显优化的局面。产业转移工业园大量吸纳当地农村劳动力，加快了农村劳动力向第二、第三产业转移，新增就业初步实现了"两升两降"，即本省农村劳动力就业上升，外省劳动力就业下降；东西北地区就业上升，珠三角地区就业下降。劳动力有效转移还提高了农民收入。[①]

---

① 吴伟萍."双转移"的初步成效和深化之策[N].南方日报，2011-08-29 (3).

（二）实施乡村振兴战略，促进城乡融合发展

近年来，广东省坚定不移走中国特色社会主义乡村振兴道路，扎实推进实施乡村振兴战略在广东落地生根、开花结果，努力探索一条具有广东特色的乡村振兴发展路子。

1. 抓富民兴村工程，把产业发展摆在优先位置

广东依托丰富的自然资源条件，突出在"特"字上做文章，培育特色产业强镇强村，集中连片发展特色产业。提出以高质量建设现代农业园区为龙头，以"一村一品""一镇一业"建设为龙尾，带动农业全面升级，农村全面发展。推进现代农业园区建设，将有效利用现有土地资源和土地制度改革成果，解决目前农业经营分散、产业化水平低、农业效益低等突出问题，提升全省农业适度规模经营和农业现代化水平，解决小农户与现代农业发展有机衔接的问题，促进农民从生产经营中增效、增收，使农业真正成为有奔头的产业。

2019年以来，广东省共扶持粤东粤西粤北和珠三角部分农业大县共15个地级市、90个县（市、区、街道）、3203个村发展农业特色产业，全省共有20个地级以上市的2278个村被认定为省级"一村一品"专业村，300个镇被认定为专业镇，74个村镇荣获全国"一村一品"示范村镇称号，增量连续三年保持全国第一，332个农产品入选全国名特优新农产品名录，数量居全国前列。[①] 2021年年底，广东省再次启动2.0版现代农业产业园建设，出台《2021—2023年全省现代农业产业园建设工作方案》，计划三年内再投75亿元，建设省级现代农业产业园100个以上。

---

① 佚名. 广东强化现代农业产业体系建设农林牧渔业总产值五年增长40%[N]. 南方日报，2022-04-23（1）.

2. 抓"千村示范、万村整治"工程，把改善人居环境作为第一场硬仗

按照中共中央办公厅、国务院办公厅印发的《农村人居环境整治三年行动方案》要求，广东省提出以点带面、梯次创建、连线成片、示范带动、全域推进人居环境整治工作。近年来，广东累计投入66亿元，分5批建成89个示范片，覆盖393个行政村。[①] 一大批具有产业特色、人文历史、生态资源、民族风情的示范带成为广东农村人居环境整治和美丽乡村建设的"标兵"与"样板"。2017年，广东省印发《关于2277个省定贫困村创建社会主义新农村示范村的实施方案》，部署将新农村建设与脱贫攻坚工作紧密结合，以省定贫困村为突破口，补短板、强弱项，推动"后队"变"前队"。为此，省级财政给予每个省定贫困村1500万元的资金支持。

2022年4月，广东省乡村振兴示范带建设工作电视电话会议召开，标志着广东全面实施乡村振兴战略有了全新"舞台"。所谓乡村振兴示范带，就是以中心村为节点、圩镇为枢纽，串点成线、连线成片、集片成带，同步推进乡村发展、乡村建设、乡村治理的先行示范带，其目标是辐射带动乡村全域全面振兴。示范带建设不仅能最大化公共基础设施建设的溢出效应，同时也能充分整合当地资源，推进当地经济社会发展。

3. 抓"粤菜师傅"工程，推动培育新产业、新业态

广东乡村历史文化底蕴深厚、特色内涵丰富。在饮食文化上，广东有不同区域包括广府、潮州、客家的粤菜风味特色，在全国享有盛名。广东在推进乡村振兴中，利用广府菜、潮州菜、客家菜等地方特色资源，大力实施"粤菜师傅"工程，将资源优势转化为发展优势。出台了《广东省"粤菜师傅"工程实施方

[①] 段凤桂. 广东"三农"，非凡十年 [N]. 南方农村报，2022-08-24 (1).

案》，着力推进品牌行动、产业行动、人才培养、就业创业，加快群众致富，带动农村发展，把"粤菜师傅"工程建设成为富民工程。推动各地依托田园综合体和蔬菜、禽畜优良养殖、土特产食材基地，大力发展"一村一品""一镇一业"，推广乡村本土特色菜，以"美食+美景"推动"粤菜师傅"工程与文化、旅游、农业等深度融合，促进乡村旅游发展，提升乡村振兴发展后劲。

4. 开展综合改革试点，把制度创新放在重要位置

从 2019 年开始，广东省在梅州、惠州、江门、清远市和佛山市三水区部署开展广东省乡村振兴综合改革试点。经过 3 年的探索实践，试点地区形成创新制度成果和经验做法 38 项，入选广东省农村改革 100 例和农业农村改革十大系列典型案例，清远市首创的"乡村新闻官"制度，梅州市探索的山区乡村治理与发展协同推进、创新"六事"治理模式，以及佛山市三水区探索实施村、组两级重要事权清单管理制度等一批经验做法入选全国先进典型案例，梅州市梅县区的"地票制"获中央电视台《焦点访谈》专题报道。

（1）农村土地资源有效盘活。试点地区稳慎推进农村土地制度改革，推动农村承包地"三权分置"，加强农村宅基地规范管理和资源盘活利用，探索推进农村集体经营性建设用地入市。江门市全域推广"两预两委托"流转模式，创建市级农村承包土地经营权流转示范片 12 个，全市承包地流转率达 61.55%。惠州市推行农房简约报建联审联办制度，加大农村拆旧复垦力度，解决农房报建难、建房无序、风貌杂乱等问题。清远市出台农村集体经营性建设用地入市实施办法，探索建立健全"同权同价、流转顺畅、收益共享"入市机制，英德市连樟样板区完成 3 宗首批入市集体经营性建设用地挂牌交易。

（2）农村集体经济不断壮大。试点地区全面推进农村集体产权制度改革，鼓励村集体盘活机动地、"四荒地"和村庄整治、宅基地复垦等结余的土地及其他可利用地，支持村集体创办农业生产类、综合服务类合作社等服务实体，引导有条件的村集体通过探索强村带弱村、村企联手共建、政府定点帮扶、合作开发等多种形式，实现互利共赢。例如，梅州市5个县区获评国家级电子商务进农村综合示范县，建成8个县级电子商务公共服务中心，135个镇级电子商务物流服务站，1228个村级电商务物流服务点。清远市引导村集体与新型农业经营主体合作，深化农村"三变"改革，壮大农村集体经济。

（3）城乡融合发展步入快车道。试点地区牢牢把握城乡融合发展趋势，坚持农业农村优先发展，创新"人、财、地"等保障机制，积极探索基本公共服务均等化有效路径。佛山市三水区首创"政银保"农业合作贷款，累计向农户等生产经营主体贷款超20亿元，撬动金融资本的比例为100倍，成为全省财政资金撬动社会资本投入的标杆地区。惠州市全面推进小规模学校达标建设，农村寄宿制学校和225个百人以下乡村小学教学点达标率均为100%，率先实现门诊医疗救助"一站式服务、一窗口办理、一单制结算"。江门市基本实现每个行政村建有1间公建卫生站并投入使用，实现医联体网格化规划布局全覆盖和县域医共体全覆盖。①

（三）加强职业教育和培训，重视人力资本积累

广东省建立城乡劳动者平等就业制度和城乡统一的劳动力市场，把农民进城就业纳入政府就业管理体系，非公有制经济组织吸纳的人才享受与国有企业同等的政策。

目前在广东珠三角地区，市、镇、村三级就业服务机构将劳动保障业务延伸到农村基层，将农村富余劳动力、城乡新成长劳动力与城镇下岗失业人员一起纳入政府重点帮扶工作对象。

---

① 广东省人民政府. 广东省乡村振兴综合改革试点任务全面完成一批改革经验落地开花结果[EB/OL]. 广东省人民政府网，2022-05-09.

第二篇　比较研究
第四章　国内城乡一体化模式

广东省已建成全国规模最大的职业教育体系。近年来,广东省财政累计投入78.58亿元支持省职教城一、二期建设,提供高职学位约6万个;为支持省属高职院校建设,自2019年以来,广东省累计安排34.43亿元支持其建设发展,提供了3.6万个学位。同时,省财政安排10亿元支持粤东粤西粤北地区新建4所高职院校,新增学位3.2万个,实现全省21个地市高职全覆盖。[①]

---

　①　佚名.广东持续加大财政投入支持职业教育提质培优[N].南方日报,2022-11-15(5).

第三篇　路径研究

第五章　美丽乡村
——以浙江省新农村建设为例

中国农村的社会经济转型始终离不开自己的特殊问题。所谓"三农"问题，概括来说：农业是效率问题，农村是就业问题，农民是权利问题。浙江省通过市场化改革解决了"三农"问题；并通过"千村示范、万村整治"工程，开启了以改善农村生态环境、提高农民生活质量为核心的村庄整治建设大行动，走出了有特色的新农村建设路径。新时代，浙江省提出加快构建"千村未来、万村共富、全域和美"乡村振兴新格局。从"千村示范、万村整治"，到"千村精品、万村美丽"，再到"千村未来、万村共富"的"千万工程"的内涵之变，折射出浙江省乡村发展的需求之变。加快建设宜居宜业和美乡村，"千万工程"正承担起乡村全面振兴、推动共同富裕、重塑城乡关系的新使命。

一、从农村工业化到城乡统筹发展：
浙江省农村发展回顾

1978年以来，浙江省以市场化为改革取向，坚持城乡统筹发展的改革方略，通过干群互动的改革推进方式，较好地解决了"三农"问题。

（一）浙江省农村发展历程

浙江省农村发展与改革的历程大体可以分为以下四个阶段。

1. 农村改革全面起步阶段（1978—1984年）

这一阶段以农业生产经营体制改革为中心内容，浙江省建立了以家庭经营为基础、统分结合的双层经营体制，废除了"一大二公"的人民公社制度。同时，大力发展农村多种经营，全面开放集贸市场，多种成分发展乡镇企业。通过改革，农村劳动生产力得到了空前解放，农民的创业热情得到了充分释放，使农民从被动劳动者转为商品生产的主体、创业的主体。这一时期，催生了中国第一张"个体工商执照"、创设了中国第一家股份合作制企业，崛起了中国第一座农民城龙港镇，形成了遍及全国的10万营销大军，乡镇工业在全省工业经济中三分天下有其一。

2. 市场化改革启动阶段（1985—1991年）

这一阶段围绕加快推进农村市场化、工业化和城镇化，重点实施了农产品统派购制度改革，鼓励发展个体私营经济，兴办各类专业市场，大力发展小城镇。通过改革，实现了从单一的农业生产向多种经营发展、从单一的农业经济向三次产业并举、从单一的集体经济向"国有、集体、民营、个体"四轮驱动、从单一的乡土经济向离土离乡进城办厂务工经商转变，形成了乡镇企业异军突起、小城镇欣欣向荣、专业市场蓬勃发展和千百万农民闯市场的新格局。这一时期，崛起的义乌小商品城、绍兴轻纺城，"温州模式"在争议中发展，乡镇工业占据了全省工业经济的"半壁江山"。

3. 产权制度改革突破阶段（1992—2002年）

这一阶段围绕大力培育市场主体，全面推进乡镇集体企业产权制度改革，基本形成了区域市场经济体制框架。重点实施了粮食购销市场化改革、土地流转机制改革、乡镇行政区划体制改

第三篇 路径研究
第五章 美丽乡村——以浙江省新农村建设为例

革、小城镇综合改革、农村税费制度改革和行政管理与财政体制改革。通过改革，激发了企业活力，拓展了发展空间，优化了发展环境，形成了浙江体制机制的先发优势，民营经济进入了大发展的黄金期。这一时期，培育了一支民营企业家队伍，发展了一群民营大企业集团，催生了一批乡镇特色工业园区，形成了"小企业、大群体""小商品、大市场"和"小产品、大产业"的民营经济发展新格局，率先建立了覆盖城乡的低保制度，率先建立了乡镇企业职工养老保险制度，率先取消了农业特产税，诞生了全国第一家县级综合行政审批服务中心，民营经济在浙江经济中四分天下有其三。

4. 城乡统筹发展阶段（2003年至今）

这一阶段围绕打破城乡二元结构，统筹城乡区域发展，重点是在全国率先出台了《浙江省统筹城乡发展推进城乡一体化纲要》，积极推进城乡一体化规划体制改革、基本公共服务均等化体制改革，尤其是全面实施"千村示范、万村整治""千万农民饮用水""乡村康庄""万里清水河道""山海协作"和"欠发达乡镇奔小康"等一系列"龙头工程"和"民心工程"。通过这些举措，浙江省实现了从自发统筹向自觉统筹和全面统筹的转变，促进了城市基础设施向农村延伸、公共服务向农村覆盖、现代文明向农村辐射，形成了城乡协调发展的新格局。这一时期，率先建立了多层次、全覆盖的大社保体系，率先建立了政策性农业保险和农村住房保险制度，率先出台了农民专业合作社条例，率先开展了城乡统筹发展水平综合评价。

（二）浙江省农村发展的主要经验

浙江省农村大地40余年的巨变，最根本的是从浙江省实际出发，创造性地贯彻落实党的路线方针政策，走出了一条以工哺农、以城带乡的路子。其主要经验可以概括为以下五点。

1. 坚持以农为重的改革目标

中国的问题主要是"三农"问题。浙江省委、省政府始终把解决好"三农"问题作为农村改革的重中之重，审时度势推进改革，跳出"三农"抓"三农"，解放和发展农村生产力，实现农业发展、农民富裕、农村繁荣。

2. 坚持以人为本的改革理念

把增进农民利益、改善农村民生、保障农民权益作为农村改革的出发点和落脚点，实现好、维护好、发展好农民的物质利益和民主权利，做到改革为了农民、改革依靠农民、改革成果农民共享，实现农民全面发展。

3. 坚持以市场为取向的改革方向

凡是市场能解决好的，就让市场去解决，政府尽力为其创造有利条件，最大限度、最大范围地发挥市场在资源配置中的基础性作用，有力促进了经济运行机制的深刻变化，为农村经济发展注入不竭的动力和活力。

4. 坚持城乡统筹发展的改革方略

把城市和农村、工业与农业、市民与农民作为有机整体，统一规划，统筹发展，充分发挥城市对农村的带动作用、工业对农业的反哺作用，加快土地向大户集中、产业向园区集中、人口向城镇集中，实现城乡协调发展、全面发展。

5. 坚持干群互动的改革推进方式

人民群众是创造财富的主体、是改革创新的主体。浙江省各级政府的党员、干部始终站在改革前列，充分尊重人民群众的首创精神，坚持鼓励探索、善待挫折、宽容失败、激励成功，允许试、允许闯，及时总结推广成功的改革经验，激发全社会的创造活力。

二、"千村示范、万村整治"工程

2003年6月,在时任浙江省省委书记习近平同志的倡导和主持下,以农村生产、生活、生态的"三生"环境改善为重点,浙江在全省启动"千村示范、万村整治"(简称"千万工程"),开启了以改善农村生态环境、提高农民生活质量为核心的村庄整治建设大行动。浙江省的"千万工程"持续开展农村人居环境整治行动,建设美丽乡村,为老百姓留住鸟语花香、田园风光,书写了打造美丽浙江的宏伟篇章。

(一)有关"千村示范、万村整治"工程的部署

浙江省委、省政府十分重视实施"千村示范、万村整治"工程,成立了协调小组和办公室。省协调小组根据省委、省政府的部署,组织省有关部门在制定年度计划、研究政策措施、编制建设规划、开展试点建设等方面,做了大量的工作。省委农村工作领导小组办公室(以下简称农办)会同有关部门研究制定了一系列政策文件;省建设厅研究制定了《村庄规划编制导则》,并积极开展基层专业人员技术培训,为各地开展规划编制和整治建设提供支撑;国土资源厅专门制定支持村庄整治和新村建设的土地政策;省财政厅对资金筹措、资金管理、整合财力等问题进行了专题调研和组织落实;省委组织部、省委宣传部等部门也都结合本部门职能,积极参与工程建设工作。全省各地结合实际,在编制规划、制定政策、开展试点等方面做了积极有效的探索。总结工程实施三年来的做法,2005年8月3日,在"千村示范、万村整治"工程嘉兴现场会上,时任省委书记习近平对这一工作进行了部署。[1]

---

[1] 习近平. 干在实处走在前列——推进浙江新发展的思考与实践[M]. 北京:中共中央党校出版社,2006:164-168.

1. 建立健全体现群众愿望、时代特征、与时俱进要求的建设扩容机制

一是从单个村庄的整治建设扩大到连片整乡的整治建设。发达地区和有条件的经济强县（市、区），对所有的村庄都要进行整体的规划整治建设，建设一批全面体现小康水准的农村新社区。二是既要抓村容村貌的改善，又要抓生态环境的长效治理，注重建立城乡联动的垃圾和污水集中处理网络体系。特别是欠发达地区和山区县要把村庄整治建设的重点放到生态环境整治上，推广衢州、丽水的经验，从花钱少、见效快的农村垃圾集中处理、村庄环境清洁卫生入手，推进村庄整治建设。三是把中心村集聚建设与城乡公共服务网络体系建设紧密结合起来。以中心村为重点，建设农民集中居住的农村新社区，以新农村社区为连接点，把城镇的公共交通、医疗卫生、文化教育、电信电视、信息服务等公共服务引入农村新社区。还要开展形式多样的科技文化普及和思想教育活动，提高农民群众的整体素质。四是因地制宜地把村庄整治建设与特色产业的开发结合起来，认真总结推广安吉、临安等地大力开展以优势产业为依托的特色村建设的经验。城郊地区要结合城中村、镇中村改造，自然村整理，中心村建设，引导村集体积极发展物业经济、休闲农业；纯农区、山区、渔区要结合生态富民家园的建设和各乡村的特色优势产业，打响绿色农业村、红色旅游村、蓝色渔乐村、古色古香的文化村等特色村的品牌。

2. 建立健全体现资源节约和城乡一体化导向的科学规划体制

"千村示范、万村整治"工程，一定要走资源节约和城乡一体化发展的建设路子。按照进一步提升城市化水平和推进城乡一体化发展的要求，进一步修编完善现有的城镇体系规划和村庄布局规划。土地利用总体规划的修编一定要与完善后的城镇体系规划和村庄布局规划及整治建设规划相衔接，为今后几年的城镇建设和"千村示范、万村整治"工程打好基础。在完善空间布局规划的同时，按照城乡一体化的要求，进一步完善各类基础设施建设、产业发展、生态环境保护等规划，并做好规划间的衔接工作，切实防止规划与规划的扯皮。

3. 建立健全政府主导、农民主体、社会参与的投资建设机制

推进"千村示范、万村整治"工程既是政府的责任，也是农民自己的事情，社会各界都有参与建设的责任。为此，必须通过建立一个由政府主导、农民主体和社会参与的有效机制来推进工程建设。应该进一步强化党委、政府在工程建设中的主导作用，加大资金投入和政策支持的力度，对村庄整治所需资金，政府要采取从财政预算内安排一部分、从土地出让金中提取一部分，部门项目配套一部分和规费收取减免一部分的办法来解决。在充分发挥政府主导作用的同时，要重视调动农村基层组织和广大农民群众参与整治的积极性，使村庄整治建设成为农民群众的自觉行动，村民和集体都要为建设美好家园做出贡献。投工投劳集资要坚持"自愿、自助"原则，提倡有钱出钱、有力出力，不搞按人头摊派，鼓励先富起来的人多做贡献，鼓励社会力量参与整治建设。

4. 建立健全改革先导、城乡互动、政策配套的制度创新机制

重点是要进一步探索和推进土地制度方面的改革，包括征地补偿制度、宅基地置换流转制度、村级集体留用地制度、土地股份合作制度等方面的改革和政策的完善。要简化村庄整治建设和村庄整理项目立项审批程序，规范和减少有关规费。要积极推进社区股份合作制改革，落实好村集体留地安置政策，大力发展集体物业经营，实现集体有物业，农户有股份，探索建立农民和集体的财产增值与财富积累机制。同时，还要按照农村税费改革的总体要求，积极推进乡镇管理体制综合改革，进一步深化户籍制度、农村社会保障制度、农地流转制度等方面的改革。

5. 建立健全领导挂帅、部门协同、分级负责的工作推进机制

"千村示范、万村整治"是一项综合性系统工程，涉及城乡各个领域，需要多部门、多层次、多环节的紧密配合才能顺利实施。只有党政主要领导亲自抓，才能有效地动员各方力量、整合各种资源、协调各个部门，把工程建设搞得有声有色。一是抓好工作任务和责任落实。年初要做好工作任务部署，明确责任，分解落实到各级各部门；年中要有检查交流；年末要进行总结考核、兑现奖惩。二是抓好政策协调落实，重点解决政府投入资金和土地指标问题。三是抓好工作班子的落实。要配好配强领导小组办公室的力量，依靠这支专门队伍做好综合协调和服务工作，调动各种资源、各方力量推进工程建设。

（二）浙江省实施"千万工程"的经验

浙江省以实施"千万工程"、建设美丽乡村为载体，聚焦目标，突出重点，持续用力，先后经历了示范引领、整体推进、深化提升、转型升级4个阶段，不断推动美丽乡村建设取得新成效。

1. 提档升级，改善农村人居环境

浙江省始终把全面推进农村人居环境整治放在实施乡村振兴战略、建设美丽浙江的突出位置上，人居环境领跑全国。2021年，浙江省基本实现农村无害化卫生厕所全覆盖，生活垃圾分类处理行政村覆盖率达96%，完成农村生活污水处理设施标准化运维1.9万个。20年来，全省上下统筹推进路、水、电、网、气、能等基础设施城乡互联互通、共建共享。具备条件的200人以上的自然村公路通达率达到100%，农村公路优良中等路比例超85%；饮用水达标人口覆盖率超95%，供水工程水质达标率超92%，基本实现城乡同质饮水；行政村4G和光纤全覆盖，重点

乡镇 5G 全覆盖。浙江省农村人居环境持续改善提升，建成全国首个生态省，"诗画江南、山水浙江"美好景象跃然呈现。

2. 绿色宜居，聚焦美丽乡村建设

浙江省深入践行"绿水青山就是金山银山"理念，2021 年，完成造林更新面积 47.49 万亩，建设战略储备林和美丽生态廊道 59.21 万亩，省级以上公益林建设规模 4567 万亩，森林覆盖率达 61.17%，居全国前列。截至 2021 年年底，共创建国家森林城市 18 座，省级森林城镇 703 个，建成"一村万树"示范村 1482 个，全省 50% 以上行政村建成新时代美丽乡村。美丽乡村建设绘就现代版"富春山居图"。

3. 生态宜业，拓宽两山转化通道

浙江省高质量推出景区村庄 2.0 版本，打造新时代旅游休闲乡村，累计建成 A 级景区村庄 11531 个，景区村覆盖率达 56.5%。农家乐民宿快速发展，美丽乡村加速向美丽经济转化。2021 年，全省创建省级休闲乡村 164 个、省级农家乐集聚村 579 个，累计打造中国最美休闲乡村 72 个。全年乡村旅游和休闲农业接待游客 3.9 亿人次、营业总收入 469 亿元，其中农副产品销售收入超 100 亿元、从业人员达 33.4 万人、带动农户 26.4 万户。[①]

4. "千万工程"的坚守与实践

2018 年 9 月 26 日上午，联合国的最高环境荣誉——"地球卫士"颁奖典礼在美国纽约联合国总部举行。浙江省"千村示范、万村整治"工程被联合国授予"地球卫士奖"中的"激励与行动奖"。总结浙江省 20 多年来推动"千万工程"的坚守与实践，主要有以下 7 方面的经验。

（1）始终坚持以绿色发展理念引领农村人居环境综合治理。

---

① 浙江省统计局. 持续擦亮"三农"金名片 奋力谱写乡村振兴新篇章——党的十八大以来浙江经济社会发展成就系列分析之四 [EB/OL]. 浙江省统计局网，2022-09-24.

浙江省通过深入学习和广泛宣传教育，让习近平总书记在浙江提出的"绿水青山就是金山银山"理念深入人心，成为推进"千万工程"的自觉行动。把可持续发展、绿色发展理念贯穿于改善农村人居环境的各阶段、各环节、全过程，扎实持续改善农村人居环境，发展绿色产业，为增加农民收入、提升农民群众生活品质奠定基础，为农民建设幸福家园和美丽乡村注入动力。

(2) 始终坚持高位推动，党政"一把手"亲自抓。习近平总书记在浙江省工作期间，每年都出席全省"千万工程"工作现场会，明确要求凡是"千万工程"中的重大问题，地方党政"一把手"都要亲自过问。浙江省历届党委和政府坚持农村人居环境整治"一把手"责任制，成立由各级主要负责同志挂帅的领导小组，每年召开一次全省高规格现场推进会，省委、省政府主要领导同志到会部署。全省上下形成了党政"一把手"亲自抓、分管领导直接抓、一级抓一级、层层抓落实的工作推进机制。省委、省政府把农村人居环境整治纳入为群众办实事内容，纳入党政干部绩效考核和末位约谈制度，强化监督考核和奖惩激励。注重发挥各级农办的统筹协调作用，发展改革、财政、国土、环保、住建等部门配合，明确责任分工，集中力量办大事。

(3) 始终坚持因地制宜，分类指导。浙江省注重规划先行，从实际出发，实用性与艺术性相统一，历史性与前瞻性相协调；一次性规划与量力而行建设相统筹，专业人员参与与充分听取农民意见相一致。城乡一体编制村庄布局规划，因村制宜编制村庄建设规划，注意把握好整治力度、建设程度，以及推进速度与财力承受度、农民接受度的关系，不搞千村一面，不吊高群众胃口，不提超越发展阶段的目标。坚持问题导向、目标导向和效果导向，针对不同发展阶段的主要矛盾问题，制订针对性解决方案和阶段性工作任务。不照搬城市建设模式，区分不同经济社会发展水平，分区域、分类型、分重点推进，实现改善农村人居环境

第五章 美丽乡村——以浙江省新农村建设为例

与地方经济发展水平相适应、协调发展。

（4）始终坚持有序改善民生福祉，先易后难。浙江省坚持把良好的生态环境作为最公平的公共产品、最普惠的民生福祉。从解决群众反映最强烈的环境脏乱差做起，到改水改厕、村道硬化、污水治理等提升农村生产生活的便利性，再到实施绿化亮化、村庄综合治理提升农村形象，以及到实施产业培育、完善公共服务设施、美丽乡村创建提升农村生活品质，先易后难，逐步延伸。从创建示范村、建设整治村，以点串线，连线成片，再以星火燎原之势全域推进农村人居环境改善，探索农村人居环境整治新路子，实现了从"千万工程"到美丽乡村、再到美丽乡村升级版的跃迁。

（5）始终坚持系统治理，久久为功。浙江省坚持一张蓝图绘到底，一件事情接着一件事情办，一年接着一年干，充分发挥规划在引领发展、指导建设、配置资源等方面的基础作用，充分体现地方特点、文化特色，融田园风光、人文景观和现代文明于一体。坚决克服短期行为，避免造成"前任政绩、后任包袱"。推进"千万工程"注重建管并重，将加强公共基础设施建设和建立长效管护机制同步抓实抓好。坚持硬件与软件建设同步进行，建设与管护同步考虑，通过村规民约、家规家训"挂厅堂、进礼堂、驻心堂"，实现乡村文明提升与环境整治互促互进。

（6）始终坚持真金白银投入，强化要素保障。浙江省建立政府投入引导、农村集体和农民投入相结合、社会力量积极支持的多元化投入机制，省级财政设立专项资金、市级财政配套补助、县级财政纳入年度预算，真金白银投入。积极整合农村水利、农村危房改造、农村环境综合整治等各类资金，下放项目审批、立项权，调动基层政府的积极性和主动性。

（7）始终坚持强化政府引导作用，调动农民主体和市场主体力量。浙江省坚持调动政府、农民和市场三方面的积极性，建立

"政府主导、农民主体、部门配合、社会资助、企业参与、市场运作"的建设机制。政府发挥引导作用，做好规划编制、政策支持、试点示范等，解决单靠一家一户、一村一镇难以解决的问题。注重发动群众、依靠群众，从"清洁庭院"鼓励农户开展房前屋后庭院卫生清理、堆放整洁，到"美丽庭院"绿化因地制宜鼓励农户种植花草果木、提升庭院景观。完善农民参与引导机制，通过"门前三包"、垃圾分类积分制等，激发农民群众的积极性、主动性和创造性。注重发挥基层党组织、工青妇等群团组织贴近农村、贴近农民的优势。同时，通过宣传、表彰等方式，调动引导社会各界和农村先富起来的群体关心支持农村人居环境，广泛动员社会各界力量，形成全社会共同参与推动的大格局。

（三）进一步开展"千万工程"的重点

深化"千村示范、万村整治"工程，习近平总书记有一贯要求，中央有明确部署，浙江有迫切需要。这些年来，浙江省坚持一张蓝图绘到底，持续推进新型城镇化战略，迭代深化"千村示范、万村整治"工程，城乡融合发展取得积极成效，同时也存在一些短板和不足。因此，善谋善为、敢想敢干，加快走出以县域为基本单元的城乡融合发展新路子，努力为全国新型城镇化建设和乡村振兴积累经验、探索新路、提供示范。根据浙江省省长在浙江省实施县城承载能力提升和深化"千村示范、万村整治"工程动员部署会上的要求，进一步开展"千万工程"的重点有以下六个方面。

1. 坚持规划引领，优化县域空间布局

坚持全省一盘棋谋划，一体编制县域国土空间总体规划、详细规划、专项规划，加快实现"多规合一"，构建以县城为中心、以乡镇为节点、以农村为腹地的城乡融合发展空间体系，让县城

第三篇　路径研究
第五章　美丽乡村——以浙江省新农村建设为例

优美舒适、宜居宜业、更具现代气息，让村庄富有田园风貌、乡土特色、乡愁记忆。

2. 坚持因地制宜，发展特色优势产业

突出宜工则工、宜商则商、宜游则游、宜农则农，加快构建各具特色、结构优化、富有竞争力的县域产业体系，努力打造一批制造业强县、服务业强县和现代农业强县。县城要发展特色优势产业，稳定扩大县城就业岗位；农村要围绕"土""特""产"三个字做文章，促进乡村产业振兴。

3. 坚持城乡联动，加快融合发展步伐

把工业与农业、城市与乡村、城镇居民与农村居民的发展作为一个整体来统筹谋划，做到基础设施互联互通、人居环境城乡共美、资源要素双向流动，加快走出一条有浙江特色的城市和农村携手并进、互利共赢的新路。

4. 坚持以人为本，让广大群众受益

把以人民为中心的发展思想贯穿工程实施的全过程，做到群众想什么我们就干什么，千方百计促进农民增收，大力推进公共服务普惠均等可及，使群众的获得感更足、幸福感更可持续、安全感更有保障。

5. 坚持底线思维，切实防范各类风险

统筹发展和安全，保持历史耐心，处理好开发建设与保护利用的关系，严守耕地和生态保护红线、历史文化保护紫线和地方政府债务底线，把风险防范在源头、化解在萌芽之时。

6. 坚持协同联动，强化责任落实

抓好项目攻坚，做好要素保障，加强督导服务，确保工程建设不断取得新成效。[1]

---

[1] 王浩. 加快实现更高水平的城乡共同繁荣 [EB/OL]. 浙江发布，2023-02-24.

三、美丽乡村

美丽乡村建设开始于浙江省安吉县。2007年，该县就已经提出"美丽乡村"的概念。2008年，安吉县全面启动"中国美丽乡村"计划，着力建设宜居、宜业、宜游的美丽乡村。安吉县美丽乡村的建设为我国社会主义新农村建设探索出了一条创新的发展道路。安吉县美丽乡村建设的成功，推动了浙江省美丽乡村建设事业的发展。2010年，制定了《浙江省美丽乡村建设行动计划（2011—2015年）》，成为"千万工程"的2.0版。"千万工程"从美丽生态到美丽经济，再到美好生活，"三美融合"实现生产、生活和生态的"三生融合"，成为美丽乡村建设的成功经验。

（一）美丽乡村建设的特点

根据《浙江省美丽乡村建设行动计划（2011—2015年）》，浙江省继续沿着"绿水青山就是金山银山"的路子走下去，通过实施"六大行动"实现"六美转型"，着力打造美丽乡村发展新空间、新动力、新亮点，绘就浙江美丽乡村新版图。通过实施美丽乡村示范县创建行动，推动美丽乡村建设从"一处美"向"一片美"转型；实施人居环境全面提升行动，推动美丽乡村建设从"一时美"向"持久美"转型；实施特色文化传承保护行动，推动美丽乡村建设从"外在美"向"内在美"转型；实施创业富民强村行动，推动美丽乡村建设从"环境美"向"发展美"转型；实施乡风文明培育行动，推动美丽乡村建设从"风景美"向"风尚美"转型；实施农村改革攻坚行动，推动美丽乡村从"形态美"迈向"制度美"。浙江省以此打造美丽乡村升级版，呈现以下主要特点。

1. 支持保障政策更优

充分整合各类资源要素，健全项目协同机制，推动公共产品

第三篇 路径研究

第五章 美丽乡村——以浙江省新农村建设为例

向农村倾斜配置。在资金投入方面，建立"政府主导、社会参与、农民自筹"的资金筹措机制，省财政进一步增强对美丽乡村建设资金的保障能力，资金使用导向将更加注重连线成片、精品培育。政府大力推进农村金融改革，积极探索推进林权、海域使用权、农房、土地经营权、股份经济合作社股权等抵押贷款，推广建立政府和社会各方入股的新农村建设投融资公司，为农村社区建设提供了重要资金来源。例如，德清县每年安排"中国和美家园"建设专项资金近亿元，对于成功创建"中国和美家园"精品村的行政村县财政一次性补助资金500万元，并每年安排一定数额的长效管理资金，同时部门对口资金、上级项目配套资金、社会资金等都成为德清县建设"中国和美家园"的资金来源，确保了建设任务的顺利推进。

在用地保障方面，将当年可用新增建设用地指标总量的10%以上用于新农村建设，城乡建设用地增减挂钩指标优先满足美丽乡村建设中的农民建房、基础设施和公共服务设施建设等需要。

在建设管理方面，对美丽乡村建设涉及工程招投标和政府统一采购的事项，简化审批手续、开辟绿色通道、优化服务质量。[1]

2. 注重建设的高标准

浙江省在推进美丽乡村建设的过程中，始终坚持较高的建设标准，通过统筹推进农村生态人居体系、环境体系、经济体系和文化体系，形成有利于农村生态环境保护和可持续发展的农村产业结构、生产方式和消费模式，努力建设一批全国一流的宜居、宜业、宜游美丽乡村。各地在具体实施中，注重建设标准和品位，着力打造"美丽乡村"样板。例如，德清县制定了《中国和美家园建设考核标准与计分办法》，按照山水美、农家富、社会

---

[1] 严杰. 打造美丽乡村升级版——《浙江省美丽乡村建设行动计划（2011—2015年）》解读[J]. 今日浙江, 2016（9）: 26-27.

和、机制新的目标要求设定26项指标，评定总分为100分，按80%计入最终考核验收得分（另外20分为建设投入项目和特色工作项目），指标远远高于全国同类标准。桐庐县大力实施"5525"工程，计划用3年时间打造5条美丽乡村风情带，开展5大乡村风情节、重点培育25个风情特色村，努力在推进乡村建设中弘扬乡村文化、繁荣农村经济、富裕当地农民。

3. 突出品牌的特色化

浙江省美丽乡村建设立足农村经济基础、地形地貌、文化传统等实际，突出建设重点，挖掘文化内涵，展现地方特色。各县市在具体实践中，注重结合本地实际，因地制宜，突出特色，打造独具地方特色的美丽乡村品牌。例如，德清县按照"一镇一品牌、一村一特色、一路一景观"的原则，努力建设山水美、农家富、社会和、机制新的"中国和美家园"；淳安县以千岛湖为核心打造"秀水家园、美丽乡村"；桐庐县深入推进"潇洒桐庐、秀美乡村"建设；遂昌县积极打造以"中国最洁净乡村"为特色的"金山林海、仙县遂昌"；仙居县以"人间仙居、美丽乡村"为建设品牌等。围绕地域品牌，各地还培育了许多各具特色的景观带和精品村，如德清县培育了西部环莫干山异国风情休闲景观带、下渚湖湿地公园景观环线、中东部历史人文景观带等。[①]

4. 坚持管理的长效化

浙江省坚持"物的美丽"与"人的美丽"并重，把提升美丽乡村建设水平纳入五水共治、生态省、社会主义新农村考核和各级党政干部政绩考核内容，进一步明确各有关部门的责任。同时建立了长效化机制：一是实施动态管理及奖励制度，明确具体实施范围、责任主体和奖励政策，实行县市、乡镇、行政村三级联

---

① 茅忠明. 新农村建设的实践与思考——以浙江省建设"中国美丽乡村"为例 [J]. 经济研究导刊, 2014 (7): 41-43.

动机制和月督查、月通报、年终考核制度等。二是实施"清洁家园"网格化管理,责任到镇、到村、到组、到人,确保了农村卫生管理全覆盖。三是加强环境卫生的长效管理,建立镇、村、组保洁队伍,从卫生保洁、园林绿化养护、公共设施管理、生活污水处理设施管理等方面进行全方位长效管理。例如,德清县专门出台长效管理考核办法,按照组织管理、山水美、农家富、社会和、机制新、社会评价六方面41个指标进行考核,对于考核一等奖的每年奖励15万元;二等奖的每年奖励10万元;三等奖的每年奖励5万元。一些县市还尝试引进城市物业管理模式,建立"乡镇物业中心",试行物业管理社会化、公司化运作模式,从而提升农村环境长效管理的水平。

(二)案例:打造新时代美丽乡村"诸暨样板"

诸暨市位于浙江省中北部,隶属绍兴市,户籍人口108万,常住人口约150万。2021年,全市实现生产总值1546.6亿元,同比增长9.8%;实现财政总收入154.8亿元,其中一般公共预算收入100.2亿元;城乡居民人均可支配收入分别达77473元、46535元。近年来,诸暨市围绕乡村振兴先行村培育、美丽乡村示范带培育、美丽乡村系列创建、农村人居环境整治提升、历史文化村落保护与利用等工作,创新理念、完善机制、组团联建,进一步提升美丽乡村品质,高质量打造新时代美丽乡村建设的"诸暨样板"[①]。

1. 打造"乡村振兴先行村",探路共富树标杆

2021年,诸暨市集成政策、资金、力量,重点培育了3个有绍兴辨识度、有引领带动作用的特色精品村,即"乡村振兴先行村",分别是枫江—新桔城双子联合体、五泄镇十四都村、枫桥

---

① 本案例取材自:诸暨市农业农村局. 打造新时代美丽乡村"诸暨样板"[EB/OL]. 浙江农业信息网,2022-04-06.

镇杜黄新村，以此来打造新时代美丽乡村的展示之窗和实践范例。诸暨市的"乡村振兴先行村"培育以融合集成和乡村运营为核心，进行系统化、差异化、产业化建设。十四都村、杜黄新村、枫江—新桔城双子联合体依托自身资源禀赋，挖掘有自身特质的先行发展模式，分别确定各自的发展方向为"文脉延续，村庄复兴""田上杜黄""快意湖田·珍美珠乡"。之后引入专业化运营团队，借助整体性、多维度的市场化运作，形成特色产业集聚、区域品牌驱动、新老业态交融、农文旅融合产品畅销的发展格局，使村庄发展更具生命力。

目前，3个村总投资1亿余元的52个项目全部建成落地，累计招引项目42个，总投资2170万元，吸纳乡土人才179人，设计文创产品65类，推出区域性品牌8个，新增业态41个，预计全年每村村集体经营性收入平均增加72万元，带动参与经营的村民286人，为其他美丽乡村打开文化、建设、运营全方位融合通道和探索共同富裕路径提供了参考。

如果说"乡村振兴先行村"是美丽乡村建设的升级，那么美丽乡村景观带就是美丽乡村建设内涵上的拓展。五泄—马剑（十亩之间）共同富裕新时代美丽乡村示范带共覆盖西皇村、十四都村等7个村，枫和里美丽乡村景观带则是连通春风十里小镇、尧舜养心谷和云溪九里小镇等网红景点，两个景观带都是串珠成链，变一个村单打独斗为多个村片区化、组织化发展，实现资源共享、互补短板、美美与共，加快推动农村"三生同步""三产融合""三位一体"发展。

2. 创新举措提质效

为高水平推进新时代美丽乡村建设，诸暨市不断尝试各种创新举措，积极探索特色化发展路径。

（1）以数字化改革为契机，将大数据、云计算、物联网、5G通信等技术融入农村人居环境整治，不断提升监管的数字化水平。在农村生活垃圾分类中，该市投入1200余万元，在绍兴范围内率先建立农村生活垃圾分类大数据监管平台，并首创"亮灯+亮分"双亮模式：利用垃圾桶芯片、GPS、摄像头、大数据平台，对农户垃圾分类质量、收运员收运情况进行芯片感应、打分、拍照，实现"可溯源"的实时"亮分"功能；通过在农村垃圾处置站点安装防爆智能化设备，实现"一看二计三预警"的"亮灯"功能，最终完成农村生活垃圾分、收、集、运、处等的全流程数字化监管。截至2021年年底，该平台已累计覆盖108个行政村。在农村公共厕所管理中，诸暨市在绍兴范围内率先开发使用农村"智慧公厕云平台"系统，实现公厕查询、问题上报、公厕评价等功能，全面提升服务质量。

（2）突破原有垃圾分类政策背后的末端减量逻辑，发力源头减量，提高广大农户的知晓率与参与率。诸暨市委托第三方公司开展了农村生活垃圾分类宣教活动，采用PPT演示、视频讲解、游戏互动、有奖问答等百姓更容易接受的宣教形式，让村民在轻松愉快的氛围中提高分类意识，了解更多垃圾分类常识。目前活动已进行了两个轮次共100场，覆盖全市23个镇街。

3. 久久为功抓长效

近年来，诸暨市持续建设宜居宜业乡村，推动美丽乡村建设从干净整洁向美丽宜居升级，从全面推开向整体提升迈进，从探索建立机制向促进长治长效深化。2021年，诸暨市连续第五年获评浙江省农村生活垃圾分类处理工作优胜县，盛兆坞三村、杜黄新村等4个村获评省级高标准农村生活垃圾分类示范村。

（1）建立常态化巡查机制。诸暨市坚持完善以"一分两清三化"为重点的农村人居环境常态化巡查机制，构建市、镇、村三级联动的工作体系，通过"平时暗访检查、每季排位通报、年度综合奖补"的方式，开展常态化评估检查，并建立发现问题、整改落实、审核认定的闭环管理模式，解决面上不平衡、不充分的问题。

(2) 完善"政地学研"合作机制。近年来，诸暨市发挥"政地学研"合作优势，与浙江理工大学建立长期合作机制，实施历史文化（传统）村落保护，利用提质扩容工程，实现在开发中保护。2021年，新增6个村入库省历史文化（传统）村落保护利用项目村名单。例如，作为第七批省级历史文化（传统）村落保护利用重点村，根据专家评估和建议，暨南街道周村在综合利用古建筑和现有环境的基础上，通过古建筑修复、村内古道修复与改造、绿化与景观建设等项目，逐步重现其600年前历史人文风貌。之后，周村又引入了摄影协会、汉服协会等，打造古装摄影基地，将历史文化与旅游项目融合发展。

(3) 完善工作机制。在"乡村振兴先行村"培育项目建设中，诸暨市制定项目清单、实行挂图作战，深化"日更新+周通报+月例会"工作机制，每日工作动态发布，每周一次工作进度督查通报，每月一次工作例会，实现了"一季度定团队、定思路；二季度见动作；三季度见流量；四季度有成效"的预定目标。

如今的诸暨，美丽乡村建设已入佳境。诸暨将紧扣"打造富裕农村、建设美丽乡村"主线，全面推进"一带两核三村四景"①工程建设，全力实现农业强、农村美、农民富。

四、未来乡村

2019年，浙江省启动城市未来社区建设试点。同年，衢州率先开展未来乡村建设探索，在下辖的6个县（市、区）分别遴选出一个重点村，进行先行先试。此后，杭州、宁波、丽水等地相

---

① "一带"，即省级新时代美丽乡村示范带；"两核"，即美丽乡村和农村人居环境；"三村"，即先行村、历史文化村、未来乡村；"四景"，即风景、夜景、场景、愿景。

第三篇 路径研究

第五章 美丽乡村——以浙江省新农村建设为例

继启动了未来乡村建设的探索。

2022年1月27日，浙江省农业农村厅、浙江省财政厅、浙江省城乡风貌整治提升工作专班办公室印发《关于公布第一批未来乡村建设试点名单的通知》，公布2021年第一批未来乡村建设试点村100个，其中：杭州市12个、宁波市11个、温州市13个、嘉兴市8个、湖州市6个、绍兴市7个、金华市10个、衢州市8个、舟山市5个、台州市10个、丽水市10个。

2022年1月28日，浙江省人民政府办公厅印发《关于开展未来乡村建设的指导意见》。2022年5月5日，浙江省农业农村厅、浙江省财政厅、浙江省城乡风貌整治提升工作专班办公室印发《浙江省未来乡村创建成效评价办法（试行）》。2022年5月12日，浙江省标准化协会发布《未来乡村建设规范》。浙江省未来乡村建设发展势头良好。

（一）未来乡村是新时代美丽乡村和数字乡村的递进版

关于未来乡村是什么，作为一项创新性、前瞻性的工作，无先例可循，现已基本达成共识的是，未来乡村是新时代美丽乡村和数字乡村的递进版。从未来系列的衍生概念及乡村振兴战略对乡村发展的要求来看，未来乡村是以"人的生活场景"的营造为核心，注重人与自然和谐共生、人与社会和谐共存、人与人和谐共富等，主要表现是"产业蓬勃兴旺、环境秀美宜居、文化潜移默化、农民怡然自得"的新型乡村形态。从狭义上讲，未来乡村是指以村、镇和片区（跨镇）为单位载体，推进乡村发展空间布局有机更新，打造主题特色鲜明、主导产业突出、功能布局完善、公共服务健全、治理机制科学、区域边界合理、共同富裕坚实的未来乡村。[1]

---

[1] 刘昱如，解斌，罗雅. 浙江省"未来乡村"的实践探索[J]. 城乡建设，2021(13)：46.

根据浙江省人民政府办公厅《关于开展未来乡村建设的指导意见》（以下简称《未来乡村建设的指导意见》），未来乡村建设将以党建为统领，以人本化、生态化、数字化为建设方向，以原乡人、归乡人、新乡人为建设主体，以造场景、造邻里、造产业为建设途径，以有人来、有活干、有钱赚为建设定位，以乡土味、乡亲味、乡愁味为建设特色，本着缺什么补什么、需要什么建什么的原则，打造未来产业、风貌、文化、邻里、健康、低碳、交通、智慧、治理等场景，集成"美丽乡村+数字乡村+共富乡村+人文乡村+善治乡村"建设，着力构建引领数字生活体验、呈现未来元素、彰显江南韵味的乡村新社区。

在"十四五"时期，浙江省将在有农村区域的县（市、区）每年开展1~3个未来乡村建设。自2022年开始，全省每年建设200个以上未来乡村。到2025年，全省建设1000个以上未来乡村。

（二）未来乡村建设工作重点

未来乡村是新生事物，各地在探索中形成了有特色的工作体系。例如，杭州提出未来乡村的"五化十场景"，即通过聚焦人本化、生态化、数智化、共享化、现代化价值取向，聚力未来"党建、平安、共享、生态、产业、乡建、互助、双创、人文、治理"十大场景。[1] 根据《未来乡村建设的指导意见》，未来乡村建设将形成如下工作体系。[2]

1. 打造未来产业场景

实施科技强农、机械强农行动，培育提升一批农业龙头企业、农民专业合作社、家庭农场、农创客和农业服务组织等经营主体，提升农业生产效率，全面推进农业高质量发展。推进大中

---

[1] 娄火明. 未来乡村建设的愿景及实现路径探究[J]. 新农村，2021（2）：5-6.
[2] 浙江省人民政府办公厅. 关于开展未来乡村建设的指导意见（浙政办发〔2022〕4号）[EB/OL]. 浙江省政府网，2022-02-07.

型灌区节水改造，更新升级农田灌溉泵站机埠、堰坝水闸，推进永久基本农田集中连片整治，发展生态农业、休闲农业、创意农业、体验农业。推广强村公司做法。支持符合条件的项目村建设特色产业园、小微创业园，利用闲置厂房、农房等建设共享办公、共享创业空间，吸引年轻人回来、城里人进来。加快三产融合、产村融合，做优做强农家乐民宿，壮大电子商务、养生养老、文化创意、运动健康、乡村旅游等业态。做强村庄品牌、农产品品牌、活动品牌，提倡市场化举办农事节庆、体育赛事和音乐、美食等活动。

2. 打造未来风貌场景

健全"县域乡村建设规划+村庄布点规划、村庄规划、村庄设计、农房设计+农村特色风貌规划"乡村规划建设体系，加强乡村建设规划许可管理。尊重乡土风貌和地域特色，保留村庄原有纹理，以"绣花"功夫推进乡村微改造、精提升。加强对新建农房式样、体量、色彩、高度等的引导，迭代优化农房设计通用图集。着力打造美丽河湖、美丽水站、美丽山塘、绿色水电站，持续推进村庄环境综合整治，抓实美丽庭院、杆线序化等工作。

3. 打造未来文化场景

开展文明村、文明家庭、身边好人等选树活动，积极参与"浙江有礼"省域品牌培育。全面提升农村文化礼堂，配置新时代文明实践站、乡贤馆、百姓戏台等，推动县级图书馆、文化馆在乡村设立服务点。建好乡村文艺传承队伍，培育好乡村文化产业，打响"我们的村晚""我们的村歌""我们的村运动会"等乡村文化品牌。推进历史文化（传统）村落和二十四节气等农耕文化保护利用。鼓励高校、艺术团体在乡村设立实践基地。高水平建设等级幼儿园、义务教育标准化学校。依托乡镇成人学校（社区学校）建设农民学校、老年学校（学堂）、家长学校等。

4. 打造未来邻里场景

利用公共空间和场所，改造提升配套设施，建好村民茶余饭后互动交流的"乡村会客厅"。弘扬邻里团结、守望相助的传统美德，加强对优抚对象、困难家庭、独居老人、残疾人等的帮扶。完善购物、餐饮、金融、电信等生活配套，打造15分钟幸福生活圈。依法完善村规民约和自治章程，推广邻里贡献积分等机制，让有德者有所得。

5. 打造未来健康场景

健全农村疫情常态化防控机制，高水平开展爱国卫生运动，科学防治病媒生物，保障饮用水与食品安全，提高农民群众健康素养。加强政府办村卫生室规范化、标准化建设，全面落实乡村一体化管理，打造20分钟医疗圈，高质量供给公共卫生服务和全生命周期健康管理。完善体育健身设施配置，开展全民健身活动，建成15分钟健身圈。实施困难老年人家庭适老化改造，提供紧急呼叫等智能化服务，扩大居家养老服务中心覆盖面，打造15分钟养老圈。

6. 打造未来低碳场景

全面保护和修复生态环境，使绿水青山成为未来乡村最显著的标志。推广"一村万树"做法，发展乡土树、珍贵树、彩色树、经济树，建设森林村庄。夯实农村供水县级统管机制，健全农村人居环境长效管护机制，全面普及生活垃圾分类，深入开展农村生活污水治理"强基增效双提标"行动和厕所革命。加快农业绿色发展，深化"肥药两制"改革，加强畜禽养殖污染防控。扎实做好农业农村领域节能减排工作，大力提倡节约用水，积极发展太阳能、天然气、风能等可再生能源，优化电网、气网等基础设施布局，提高乡村生产生活的电气化、清洁化水平。弘扬生态文化，建设生态文化基地和生态文化村。倡导取之有度、用之有节的低碳理念。

7. 打造未来交通场景

高水平建设"四好农村路",建制村公路原则上达到双向车道以上。加密城乡公交班次,推广公交数字化服务应用,提升城乡公交一体化水平。重视村内支路建设,科学布设停车场(位),户均车位达到1个以上,建设新能源汽车充电设施。设立快递综合服务点,收寄快递不出村。

8. 打造未来智慧场景

加快推进乡村新基建,实现千兆光纤网络、5G移动网络全覆盖。推动更多农业生产、经营、服务、监管等多跨场景落地应用,形成"乡村大脑+产业地图+数字农业工厂(基地)"发展格局。完善农村电子商务配套设施,壮大社交电子商务、直播电子商务等新业态。迭代乡村教育、健康、养老、文化、旅游、住房、供水、灌溉等数字化应用场景,推动城乡公共服务同质化,基本实现村民办事不出村。建设乡村气象、水文、地质、山洪、旱情等数据实时发布和预警应用,实现农村应急广播和"雪亮工程"全覆盖。

9. 打造未来治理场景

坚持和发展新时代"枫桥经验",顺应基层治理体系变革,全面实施阳光治理工程,深入开展平安乡村建设和省级善治示范村创建,规范提升全科网格建设,推动自治、法治、德治、智治融合。广泛实行群众自我管理、自我服务、自我教育、自我监督,发挥好各类社会组织作用,强化农村集体"三资"(资金、资产、资源)云监管、"三务"(党务、村务、财务)云公开。大力推进移风易俗,有效革除陈规陋习。引导乡贤在党组织领导下依法依规参与乡村治理,促进项目回归、人才回乡、资金回流、技术回援、文化回润、公益回扶。加快补齐基本公共服务短板,加快实现幼有善育、学有优教、劳有厚得、病有良医、老有颐养、住有宜居、弱有众扶。

浙江省城乡风貌整治提升工作专班办公室将统筹制定未来乡村建设导则和评价办法,合理设置约束性、引导性指标和共性、个性指标,系统构建评价指标体系,增强评价的科学性。坚持数据、成果共享,直接运用美丽乡村精品村、3A级景区村庄、数字乡村、文明村、善治村等建设成果。评价手段以实地检查和群众访问为主,减少台账资料。同时,加强评价结果运用,把评价结果作为乡村振兴考核的重要依据。

(三)案例:衢江区以未来乡村建设引领共同富裕

浙江省衢州市衢江区在深化"千村示范、万村整治"工程和建设新时代美丽乡村的基础上,着眼于乡村高质量振兴和共同富裕主题主线,坚持生产、生活、生态"三生"融合,聚焦"五化十场景"(人本化、数字化、融合化、生态化、共享化,未来邻里、文化、健康、低碳、产业、风貌、交通、智慧、治理、党建),探索推进未来乡村建设,着力打造以人为核心的乡村现代化基本单元,建成未来乡村3个,正在建设中的有5个。其中莲花未来乡村2020年度人均可支配收入30099元。高于全区平均水平25%以上,是全国首个建成的田园型未来乡村。"乡村未来社区引领共同富裕新征程"入选浙江省共同富裕现代化基本单元典型案例。① 未来乡村已成为推动乡村高质量振兴和共同富裕的有效路径和重要平台。

1. 试点先行,探索未来乡村新体系

2019年,衢江区依托莲花省级现代农业园区,以及涧峰村、五坦村、西山下村3个美丽乡村和芝溪的区位、产业、环境等优

---

① 衢州市衢江区发展改革局.以未来乡村建设引领共同富裕[EB/OL].国家发展改革委网,2021-12-20.

第三篇 路径研究

第五章 美丽乡村——以浙江省新农村建设为例

势,"一溪一园三村"连片抱团发展,谋划建设总面积16.8平方千米、核心区面积8平方千米的莲花未来乡村,先行先试推进未来乡村建设。聚焦未来乡村"五化十场景",通过场景塑造、产业再造和社群营造,推动乡村基础设施、公共服务、乡村产业、乡村文化、基层治理、数字乡村建设全面提质、提效、提能,发布了全国首个未来乡村指标体系与建设指南,其中4项为全国首创、3项独具衢江本土特色,启动编制全国首个《未来乡村评价导则》,探索构建未来乡村标准体系,为系统全面推进未来乡村建设提供指引。

莲花国际未来乡村创建突出共同富裕实践、国际标准导入、乡村邻里营造、数字智慧应用、服务治理集成、党建联盟构建,经过近两年的努力,一个生产、生活、生态"三生"高度融合的未来新乡村已初步呈现,共富通道已进一步打开。2020年,共有各类产业经营主体150家,常住人口达到9400人,全年吸引旅居游客30万人次以上。[1]

2. 全域推进,建设各美其美新单元

在莲花国际未来乡村试点建设取得初步成效的基础上,2021年,衢江区制定《衢江区全域推进乡村未来社区创建实施方案》,按照"1+2+5+N"工作布局全域推进乡村未来社区创建。其中"1"是首批试点莲花国际未来乡村;"2"是第二批试点横路贺邵溪未来乡村和高家盈川未来乡村;"5"是后溪镇泉井边村、云溪乡孟姜村、杜泽镇西庄村、湖南镇白坞口村、太真乡王家山村5个精品村;"N"是在上述8个乡镇创建点的基础上,全域推进未来乡村创建,通过"三生为基、共富为核、产业为纲、善治为要、文化为魂、数字赋能",试点先行、示范引领、全域推进,

---

[1] 佚名."三生融合"模式打造未来乡村开启共同富裕新征程[EB/OL].浙江农业信息网,2021-12-22.

全力推动美丽乡村向美丽产业、美好生活转化，着力打造一批兼具"自然味、烟火味、人情味、生活味、乡韵味、人文味、农业味、诗画味、科技味"的高品质未来乡村，使未来乡村成为康养衢江大花园最靓丽的风景。

3. 产业融合，拓宽生态共富新通道

衢江区发展现代农业，落实科技强农、机械强农行动，推动26家农业主体转型升级，重点培育一批科技含量高、经营模式新的新型农业项目。例如，霞光科技农业园采用科技设施调温、调湿的水肥一体应用，降本增效，每亩收益可达10万元以上。开展"两山银行"改革，盘活山、水、田、闲置农房等资源，村民可获得固定利息、投资收益和盈利分红。例如，莲花未来乡村通过收储一批闲置农房，引进铺里·九宫格、铺里·鹊巢等5家主题民宿，每年可为村民增收2万元以上。建立"政府+企业+村民"的利益联结机制，推动"政府主导、企业主营、村民主体"的项目运行模式，推行和支持"自主创业，土地（投资）入股、就地就业、扶持低收入农户"等增收模式，形成"租金+股金+薪金"的财富分配机制，4000余人实现就地就近就业，175户低收入农户每年增收超过1000元。

4. 数字赋能，共享智慧和谐新生活

优化智慧生活服务，建成智慧自行车慢行系统、智慧停车场、智慧厕所、智慧导览系统等"智慧+"项目，手机端上线"我要建房""慢病守护""医保问答""智守护""助残一件事"等5个应用，落实无人超市、浙江政务服务网和最多跑一次自助服务终端机等数字服务终端，形成15分钟智慧便捷生活圈，全面提升群众生活的便捷度和幸福感。优化邻里共享服务，以"共享"为主线，建成乡村客厅、南孔书屋、盒子空间、共享餐厅、乡贤工作室、小而美市集等邻里活动场所，为各类人群提供了邻里交

第五章 美丽乡村——以浙江省新农村建设为例

流、文化沟通、情感分享的平台。优化基层治理服务，积极探索良法善治在乡村的广泛应用，按照"自治、法治、德治、智治"四治融合总要求，创新探索"线上+线下"的村民自治评分体系。线上，在衢江村情通中开设"未来乡村"版块，以"莲里看、莲里抢、莲里助、莲里建、莲里办"为五大场景，通过完成任务获取莲花分。线下，通过衢州有礼"八个一"、乡村振兴、邻里和睦等7大方面评分算出村民每月的莲花分。莲花分可在兑换超市中进行日用品兑换，目前已建成兑换超市3处，每月兑换物品价值超1000元。

第六章　产业融合与数字农业
——以浙江省农业现代化为例

近年来，浙江省坚持习近平倡导的高效生态农业发展方向，深入推进农业供给侧结构性改革，加快农业现代化转型，现代农业蓬勃发展。从物联网应用于农业生产，到电子商务带动农产品热销，再到直播带货，农业数字经济"一号工程"全面推进，移动支付、数字工厂等一批数字产业、数字技术加速布局。2020年，浙江省县域农产品网络零售额达940.6亿元，位居全国第二；淘宝村和淘宝镇数量分别为2203个、318个，位居全国第一；农产品网络零售占比37.5%，高于全国平均水平23.7个百分点，位居全国第一。2020年，有电子商务配送站点（不包括不提供配送服务的快递代收点）村数占比55.5%，比上年提高8.2个百分点。2020年，浙江省农业农村信息化发展总体水平达66.7%，远超全国37.9%和东部地区41%的发展水平，居全国各省（自治区、直辖市）首位；农业生产信息化水平达41.6%，高于全国平均水平19.1个百分点，位居全国第二。[①]

一、农村产业融合

顺应传统农业向现代农业转变的趋势和经济社会可持续发展的要求，任浙江省委书记时，习近平就审时度势地做出了大力发展高效生态农业的重大决策。2003年1月13日，在浙江省农村

[①] 胡永芳，胡婷婷. 浙江省第十四次党代会以来经济社会发展成就之乡村振兴篇[J]. 统计科学与实践，2022（5）：25-28.

第三篇 路径研究

第六章 产业融合与数字农业——以浙江省农业现代化为例

工作会议上,习近平指出:"要引入现代工业的理念来指导现代农业,努力形成贸工农一体化的现代农业经营体制。"① 2005年1月7日,在浙江省农村工作会议上,习近平强调:"以绿色消费需求为导向,以农业工业化和经济生态化理念为指导,以提高农业市场竞争力和可持续发展能力为核心,深入推进农业结构的战略性调整。"②

习近平对农业现代化发展规律的深刻认识,推动了浙江省农业现代化内涵的重大拓展,也促进了浙江省农村一、二、三产业融合。这些年来,浙江省坚定不移推进农业供给侧结构性改革,果断打出现代生态循环农业、畜牧业绿色发展、化肥农药减量增效、渔业转型促治水、农业"两区"(粮食生产功能区、现代农业园区)土壤污染防治等农业生态建设组合拳,不断深化农业"两区"建设,大力培育农业新型经营主体、农业品牌,加快推进农业产业化、信息化、农产品电商化,农业市场竞争力迅速增强,实现了从资源小省向农业强省的飞跃。③

(一)浙江省推动农村产业融合发展的主要特点

遵照习近平同志的指示,浙江省通过农村产业融合发展加快推进乡村产业振兴。2016年12月,浙江省发布《关于加快推进农村一二三产业融合发展的实施意见》(浙政办发〔2016〕158号),要求以市场需求为导向,以农业全产业链发展为基础,构建农业与第二、第三产业交叉融合的现代产业体系,加快形成城乡一体化的农村发展新格局。

---

① 习近平.干在实处走在前列——推进浙江省新发展的思考与实践[M].北京:中共中央党校出版社,2006:183.
② 习近平.干在实处走在前列——推进浙江省新发展的思考与实践[M].北京:中共中央党校出版社,2016:182.
③ 本部分为2018年度浙江省社科规划"三农"专项课题《以农村产业融合发展推进乡村产业振兴研究》研究成果。感谢课题合作者浙江发展规划研究院宏观经济研究所何垒副所长。

1. 坚持绿色发展理念，夯实农村产业融合发展基础

一直以来，浙江省践行"绿水青山就是金山银山"理念，把建设"两美浙江"和推动农村产业融合相结合，依托美丽乡村建设，发展"美丽产业"。如德清县围绕"创浙江省美丽乡村示范县、建国际化山水图田园城市"目标，打造了"全域美丽、城乡一体、乡风文明、生活美好"的美丽乡村升级版。

2. 突出特色开发，提升农村产业融合发展质量

一是开展"电子商务进万村"工程。2014年，浙江省开始建设农村电子商务服务点，着力培育以"淘宝村"为代表的电子商务专业村。全省现有506个"淘宝村"和51个"淘宝镇"，分别占全国的38.6%和37.8%，以绝对优势稳居全国第一。二是培育特色产业。如德清县推动农业农村与国际化休闲旅游融合，打造了"洋家乐"精品民宿品牌；仙居县把杨梅产业作为主导特色产业来抓，围绕杨梅种植、采摘、加工、观光构建全产业链，"仙居杨梅"品牌价值达16.31亿元，在农产品区域公用品牌杨梅类中排名全国第一。

3. 聚焦平台建设，树立农村产业融合发展标杆

浙江省各地把平台作为推动工作的重要抓手，集聚政策和资源要素，积极推动示范乡镇、示范村和现代农业园区建设。如武义县以省山海协作生态旅游文化产业园为重点，探索农产品生产、加工、销售与旅游、健康、文化、信息等产业融合发展新模式，打造产业深度融合发展的大平台。

4. 强化主体培育，增强农村产业融合发展动力

重视龙头企业、农民合作社、示范家庭农场、供销联社、农业协会及农业产业联盟等多元化主体建设，注重发挥各类主体的优势作用，共同推动产业融合发展。如武义县依托寿仙谷药业、骆驼九龙、田歌等龙头骨干企业推进农村产业融合试验点建设。

第三篇 路径研究
第六章 产业融合与数字农业——以浙江省农业现代化为例

其中寿仙谷药业在上海证券交易所上市，串联起 15 家中药种植、加工、销售企业，20 余家中药材专业合作社和 2 家中药饮片生产企业，带动了整个产业创新发展。

5. 深化改革创新，破解农村产业融合发展瓶颈

积极探索有利于农村产业融合发展的体制机制，从土地供给、财政支农、信贷支农等全方位破解农村产业融合发展的要素瓶颈，不断增强农业农村经济发展的活力。如德清县在农地入市、农村综合产权保证保险贷款等方面开展探索工作，有效激发农村要素活力；武义县对产业用地和设施用地实行单列指标、分类管理，破解用地要素瓶颈，为全省乃至全国提供了借鉴和示范。

（二）浙江省推动农村产业融合发展存在的问题

1. 对农村产业融合发展的理解认识还有差异

当前浙江省上下对推进农村产业融合发展普遍具有积极性，但仍有部分干部尚未把握其准确内涵，认为在农村、农地上有工业、服务业，可以提高产出收益就是农村产业融合发展，偏离了农村产业融合发展根本上要服务农业、农村、农民发展这个基础。干部对农村产业融合发展理解有差异，容易形成部门分割、各自为政的局面。

2. 农村产业融合发展的利益联结机制建设相对滞后

完善利益联结机制是推进农村产业融合发展的核心内容。在调研中发现，有些地方对惠农利益联结机制建设考虑不足，多数采用流转承包收取农村土地经营权租金的方式，真正采取股份制或股份合作制的还很少。

3. 农村产业融合发展的规模和水平仍待提高

多数新型农业经营主体的资本实力和经营规模相对偏小，功能比较单一，类型主要集中在农旅融合、农产品加工等领域，新技术、新业态、新模式应用偏少，同质化倾向逐步显现，反映出社会资本和先进成熟技术等高端生产要素向农业、农村渗透扩散缓慢。

4. 农村产业融合发展的要素供需矛盾较为突出

现有用地政策与农村产业融合发展对基础设施改造、二三产业和科研功能拓展的空间需要不相适应；农业经营主体拥有的农村资产不具有抵押物和担保物属性，造成融资难、融资成本高；城市化推进加剧农村青壮年流失，复合型技术管理人才缺乏等。这些问题都迫切需要政府在相关政策中予以支持。

（三）加快浙江省农村产业融合发展的对策建议

1. 健全农村产业融合工作推进机制

（1）健全组织协调机制。农村产业融合发展往往涉及众多部门，因此，整合力量、协同推进显得尤为重要。建议由省农业农村厅牵头，联合相关部门建立联席会议制度，统一协调推进浙江省农村产业融合发展，发挥好政府宏观指导作用。

（2）搭建"互联网+农村产业融合"综合信息平台。充分发挥浙江数字经济优势，综合运用云计算、大数据、移动互联网等技术，利用农民信箱等现有农业网络资源，构建由农村产业融合数据层、农村产业融合资源层、农村产业融合应用层等组成的"互联网+农村产业融合"综合信息服务平台。

（3）统筹全省试点示范工作。建议制定农村产业融合发展试点示范工作计划，筛选试点示范县（区）和园区进行扶持。组织召开试点示范县（区）经验交流会，总结宣传农村产业融合发展商业模式和利益联结模式，推动试点示范工作由点到面发展。

2. 强化农村产业融合发展资源要素保障

（1）加大农村产业融合发展用地供给。首先，对农村产业融

第三篇 路径研究
第六章 产业融合与数字农业——以浙江省农业现代化为例

合发展项目建设用地给予倾斜。对农产品产地初加工、仓储物流、产地批发市场、农产品电商、乡村旅游等农村产业融合项目，实行用地计划指标单列。在征得农村集体经济组织同意和不改变土地性质的前提下，新型农业经营主体可依法使用农村工矿、学校废弃用地、闲置宅基地等农村集体建设用地和"四荒地"，发展农村产业融合发展项目。其次，研究用好设施农业用地政策。在合理控制附属设施和配套设施用地占比和规模的基础上，将农产品冷链烘干、初加工、休闲采摘设施等纳入设施农业用地范围。

(2) 完善农村金融保险政策。首先，加大农村基础金融服务。完善农村金融服务体系，进一步开放农村金融市场，降低社会资本进入门槛，优化县域金融机构网点布局。其次，拓宽融资渠道。鼓励社会资本参与农村产业融合发展，加大对涉农企业发行企业债、中小企业私募债、集合债等的支持力度，探索建立农村产业融合发展投资基金。完善落实农村信贷抵押担保政策。推进农村资产产权抵押贷款试点，拓展贷款抵押物范围和抵押担保方式。鼓励各类担保机构提供融资担保和再担保服务，支持龙头企业通过自身信用或产品订单为联结农户进行贷款担保。

3. 完善农村产业融合发展经营体系

(1) 加快培育新型农业经营主体。一是强化家庭农场和农民专业合作社的基础地位。加快推动专业合作社规范化建设，开展示范性家庭农场创建活动，促进家庭农场转型升级。二是支持龙头企业发挥引领示范作用。引导和支持农业龙头企业重点发展农产品加工流通、电子商务和农业社会化服务，参与示范性农业全产业链建设，并通过购并重组、参股控股、改制上市、发行债券等形式发展壮大。三是培育多元社会化服务组织。探索建立政府购买农业公益性服务机制，鼓励龙头企业、农民合作社、家庭农场、涉农院校和科研院所成立产业联盟，实现信息互通、优势互补。

(2) 开展利益联结共享模式探索。一是在农旅融合等功能拓展型中推广股份合作模式。引导农民将承包土地、林地、宅基地等资产以入股方式参与开发休闲农业和乡村旅游项目，分享项目开发的增值收益。二是在产加销融合产业链延伸型中推广"订单合同+服务协作"复合模式。重点发展农民专业合作社、股份合作农场与农业龙头企业的订单农业，通过龙头企业全过程参与农业生产服务，密切与农户的纽带关系，稳定供销合同关系，保障农民农业生产的效益。三是在智慧农业等新技术渗透型中推广流转聘用模式。引导农民将土地集中流转到产业融合项目，积极从事技术工作，通过转让收益、技术工资等提高收入水平。

4. 优化农村产业融合发展的服务体系

(1) 加强农村基础设施建设。结合小城市、中心镇、中心村建设，促进城乡基础设施互联互通。深入推进农村环境综合整治，改善农村医疗卫生、文化娱乐设施，配套建设游客服务设施。

(2) 加强新型职业农民培养。以家庭农场主、农民合作社带头人、农业龙头企业骨干和农业社会化服务能手为重点，培养一批懂技术、善经营、会管理的农业"土专家"。打造农民创业实训基地、农民工返乡创业园、农村电子商务创业园、农村创业指导中心等平台，引导科技特派员、大中专毕业生、返乡农民工、大学生村主任等在农村创新创业。

(3) 加强农业科技创新能力建设。大力推动农业科研创新平台建设，重点加强设施农业、信息农业、精深加工、贮藏保鲜等关键技术的联合攻关，提升产业发展技术支撑水平。支持农业龙头企业建立技术研发机构和研发基地，加快新品种、新设施、新技术、新模式的引进和推广应用，提高产业核心竞争力。

二、数字农业模式

数字乡村建设是深入实施乡村振兴战略的具体行动，是推动农业农村现代化的有力抓手。近年来，浙江省以数字化改革为牵引，以共同富裕为出发点和落脚点，深入实施新时代浙江省"三农"工作"369"行动，为浙江省建设全球数字变革高地贡献"三农"力量。山区 26 县[1]是浙江省高质量发展建设共同富裕示范区的突破口和关键点，在数字化改革浪潮下，数字赋能为山区跨越式高质量发展插上了"数字翅膀"。我们在对山区 26 县调研的基础上，梳理了数字赋能山区特色农业的三种典型模式，并就农业数字化转型过程中的相关问题提出改进对策。[2]

(一) 数字赋能山区特色农业的主要模式

1. 产销精准化溯源模式

产销信息不对称是制约农产品标准化生产、降低市场交易效率、增加交易成本的主要原因，会引发市场"逆向选择"行为，造成"劣币驱逐良币"的现象。而精准化溯源则是打破供给侧和需求侧信息差，保障农产品质量安全，增加市场交易透明度，重塑市场交易秩序和诚信体系的有效方法。数字赋能产销精准化溯源模式是通过信息化手段构建溯源系统，对农产品生产记录全程进行"电子化"管理，为农产品建立透明"身份档案"，从而实现"知根溯源"的农业现代化管理模式。浙江省山区 26 县中，松阳最早引进大数据和数字化管理模式，在全国率先推出了"茶叶

---

[1] 浙江省山区 26 县分别是：淳安县、永嘉县、平阳县、苍南县、文成县、泰顺县、武义县、磐安县、柯城区、衢江区、江山市、常山县、开化县、龙游县、三门县、天台县、仙居县、莲都区、龙泉市、青田县、云和县、庆元县、缙云县、遂昌县、松阳县、景宁畲族自治县。

[2] 本部分为浙江省社科规划课题《数字赋能山区特色农业发展的模式与改进对策》（22FNSQ16YB）研究成果，感谢课题合作者徐依婷博士。

溯源卡",并持续对茶叶溯源数字化系统进行改进和优化。

茶产业是松阳农业支柱产业,全县40%的人口从事茶产业,50%的农民收入来自茶产业,60%的农业产值来自茶产业,茶园面积15.3万亩,拥有全国最大的绿茶交易市场——浙南茶叶市场,茶叶全产业链总产值突破130亿元。松阳数字赋能产销精准化溯源的主要做法包括：一是首创以"茶叶溯源卡"和"茶青溯源卡"为核心的"双卡溯源"数字化系统。该系统通过识别茶农、茶商真实身份及查询交易记录,构建茶农—茶叶加工户—茶商三级茶叶溯源架构,实现茶叶质量安全全流程、全链条立体监管。二是构建农资溯源数字化系统,推进"肥药两制"改革。运用数字化手段搭建管理系统,通过农业投入品进入的备案审查、动态实时监管、购销和使用实名登记、产品质量的追溯等制度和手段,推行农药实名制和化肥施用定额制,实现农业投入品全周期闭环管理,维护茶园生态环境的天然健康,促进茶叶高质量发展。

2. 全产业链覆盖模式

农业产业链包含前端的种植、中端的生产加工和后端经营销售等产业部门,涵盖了从"田间到餐桌"的全过程。农业全产业链数字化覆盖模式是指以数据为关键要素,以现代信息技术为创新动力,对农业生产、加工、流通、销售、消费等全产业链进行全方位、多层次的数字赋能,发挥优化资源配置、预测预警等功能,进而释放数据经济价值、提高农业生产率、促进农业高质量发展的现代农业生产经营模式。仙居数字赋能推动杨梅产业全链式转型的做法是这一模式的典范。

仙居被誉为"中国杨梅之乡",多年来坚持发展"酸甜经济",一举走出杨梅富民新路子。2021年,全县杨梅种植面积14.08万亩,全产业链产值22.4亿元,直接带动梅农户均增收3.2万元。仙居数字赋能杨梅产业全链式转型主要包括以下四个方面。

第六章 产业融合与数字农业——以浙江省农业现代化为例

（1）"产业大脑""一条龙"。打造"亲农在线"应用，创建全国首个杨梅产业地图，推进政策性保险、杨梅贷、有机肥补贴、掌上开票等杨梅产业服务"一件事"集成改革，为农民提供从生产、加工、流通到贷款、保险、销售的全链条服务，实现全周期"最多跑一次"。

（2）数字种植"一盘棋"。推广建设杨梅智能化种植示范基地，开展杨梅数字化灌溉系统示范项目和智能化栽培示范项目，形成一套集科学种植、智能研判、产销联动的综合管理体系。

（3）数字加工"一股绳"。通过消费市场大数据分析，有针对性地开发、创新杨梅衍生产品，扶持酒类、饮品、食品三个系列智慧化精深加工示范项目，提高杨梅原料使用、制作工艺的数字化和标准化水平，提升杨梅深加工产品的品质与效益，让农民更多分享产业增值带来的收益。

（4）数字销售"一张网"。打造"梅农+电商+社交平台"运营模式，引领梅农从果园走进直播间，建立杨梅线上分销平台及数据分析反馈系统，实现"销售自主、产品互通、数据共享"，不断探索数字化销售新模式。

3. 林权制度数字化改革模式

浙江省山区 26 县平均森林覆盖率达到 70% 以上，如何有效利用林地资源直接关系到林农生计和农村社会发展。而林地产权问题已成为掣肘山区县林业高质量发展的关键瓶颈，存在着"落界难、变现难、林权不清、资金错发"等现实问题。数字赋能林权制度改革的新模式为解决这一系列问题提供了新思路。该模式的主要特点在于：依托数字技术开展林地产权界定、高效流转、生态贷款等一系列林权制度改革，精准赋能林业生态产品价值转化，助推城乡共同富裕和山区跨越式高质量发展。其中，以龙泉"益林富农"案例最为典型。

龙泉森林覆盖率高达84.4%，森林蓄积量居全省首位，林地面积398万亩，占市域面积的86.7%，其中公益林173万亩，林农人口占全市总人口的67.5%，林业收入占农民人均可支配收入的51.1%。龙泉乘数字化改革东风，率先以公益林数字化改革为突破口，创新推出"益林富农"多跨场景应用。"益林共富"多跨场景应用横向联动17个部门，集成98项业务数据，纵向贯通7个层级，以需求为导向、以用户为目标、依职能定模块、按业务建功能，依据"分类统筹、清单管理、应用推广、开放共享、风险防范"的工作机制，建设"一舱两端"，即驾驶舱、服务端、管理端；同时新增数据采集应用端，其中服务端包括网页端和手机端；以需求为导向，打造全新的线上便民服务中心，增加业务办理、供需平台、政策解读、新闻宣传等界面，进一步提升林农林企获得感。

龙泉数字赋能林权制度改革的具体实施方法可归纳为以下三个方面：一是权责明确，破解"落界管理难"问题。制定公益林权属落界及信息获取与表达技术规范，将以往"指山为界+文字描述"的模糊表述变为"数字智能落界+矢量表达"的精准定位，破解传统落界方法"成本高、耗时长、落界难"的问题。明晰公益林的权属，精准发放补偿金，山林纠纷相比2019年下降99.3%。目前，已完成180.4万亩公益林和16万多亩商品林权属落界工作，计划用2~3年时间完成全市林地数字化管理，真正全面实现山场坐落清楚，面积准确无误。二是活权赋能，破解"绿色金融难"问题。将收益权从物权中剥离出来，明确公益林面积、地点、补偿金等信息到户，发放"益林证"作为公益林流转和涉林贷款的权益证明。以补偿收益权作为质押物，推出"益林贷"，为生态产品价值转化注入金融力量。三是搭建平台，破解"经营流转难"问题。建立生态资源流转中心，通过线上集成发布、系统职能评估、供需精准对接，推动林地资源高效流转，实

第六章 产业融合与数字农业——以浙江省农业现代化为例

现从"个体碎片化经营、低效化管理"到"集约化经营、高效化管理"的转变。自上线以来，发布找地和找林信息 170 件、15270 亩；供地和供林信息 119 件、3658 亩；流转成功 153 件、3 万余亩。这有力推动了林下经济、森林康养等产业的发展。①

（二）农业数字化转型中存在的主要问题

数字赋能产销精准化溯源、全产业链覆盖、林权制度改革是依据山区资源禀赋优势、农业产业发展需要探索得到的具有山区特色、适应山区发展的农业数字化转型新模式、新路径，有利于推动山区农业的高质量发展。不过，在实际的运行过程中，也存在以下一些问题。

1. 数字农业基础设施建设缓慢

山区县人口密度小、地形复杂，引致网络基础设施搭建成本高、搭建难度大等问题，农业数字化平台的建设、系统开发、技术应用、设施改造缺乏持续资金支持，匹配"三农"特征的信息终端、移动互联网应用软件的开发存在缺口。

2. 数字技术与农业深度融合不足

智慧农业技术产品适用性有待提高，多跨场景应用有待拓展和升级，农业数字技术成果应用有待优化。

3. 农业数字化服务体系不够完善

农业科技信息服务平台仍需完善，农业信息技术专家规模仍需拓展，有待为农业生产经营者提供全方位、多领域、深层次的支持服务。

4. 劳动力数字技能不足

有文化、懂技术、善经营、会管理、视野开阔、勇于尝试的

---

① 佚名. 丽水唯一！龙泉这个项目入选浙江数字乡村"金翼奖"十佳应用! [EB/OL]. 龙泉发布, 2022-09-03.

"新农人"群体发育仍然不充分，制约着数字农业的转型升级。

（三）改进对策

自2003年浙江省开启"数字浙江"建设以来，作为数字经济的先行地，浙江数字乡村建设一直走在全国前列。特别是近年来，以数字化改革为牵引，浙江加快推动数字乡村高质量发展，赋能乡村全面振兴和农业农村现代化先行。2023年2月，中共中央网络安全和信息化委员会办公室（以下简称中央网信办）、农业农村部和浙江省人民政府正式签署了共建数字乡村引领区合作备忘录。这也是目前全国唯一的数字乡村引领区称号。以此为契机，建议从以下几方面进一步推进浙江数字农业建设。

1. 推进数字农业"新基建"

一是谋划实施一批乡村数字"新基建"项目，推进城乡同网同速，加快乡村宽带、5G基站建设进度，加强智能化农产品仓储保鲜冷链设施建设。二是加强区域农机综合服务中心和数字农机应用示范基地建设，提升山区特色产业农机综合服务能力和数字化水平。支持农田宜机化改造，加快山区农机作业道路建设。三是开展山区适用机具试验示范，完善农机购置补贴政策，扩大丘陵山区适用农（林）业机械补贴范围。增加水利投入，提高水旱灾害防治标准，提升自然灾害防御能力。

2. 推动数字技术与农业深度融合

一是推动多跨协同，打通各层级、各部门"数据壁垒"，依托浙江省数字三农协同应用平台，支持市县界面开发和"三农"驾驶舱建设，实现重要资源环境、生产、运营、管理、服务等跨地区、全要素、多层次的数据收集和处理。二是以拓展丰富山区特色智慧农业应用场景为着力点，构建起包括基础、特色、特殊情况的应用场景体系，加快山区特色智慧农业发展，因地制宜开展规模种养基地数字化改造，优先支持建设一批数字农场、数字植物工厂、数字牧场、数字渔场，有效提升农业综合生产力和竞争力。三是打造"产业大脑+未来农场"的数字化新业态、新模式，以农业"双强行动"为抓手，创新结合物联网、人工智能等技术，打造"四化六高"未来农场，联动"产业大脑"推进生产经营全链条数字化蝶变。

3. 完善农业全链条数字化服务体系

一是深化智慧气象服务，建设集实景观测、实时监测、预报预警、信息发布、设施管理为一体的气象数字化服务平台，整合降水、日照、土壤墒情等气象观测数据，发展基于物联网的"智慧气象+农业"服务体系。二是提供多渠道、多环节的技术指导服务，考虑产前、产中、产后不同阶段的差异化需求，搭建技术专家数据库，依据农户需求，除定期开展技术培训外，提供实时在线"云指导"服务。三是推动农产品销售触网、服务在线，利用大数据等信息技术进行精准识别、精准分析、精准推送，提高产销对接的有效性，强化质量安全监管和市场信息研判，合理引导市场预期。

4. 提高涉农经营主体数字化素养

实现农业高质量数字化转型，需要强化人才的智力支撑，从引进和培育两方面着手，提高涉农主体数字技能。一是鼓励受教育水平高、知识结构合理的高素质人才参与农业数字化转型，创新数字资本化收益分配制度，充分调动数字素养较高的"新农人"的积极性和主动性，在增量层面为农业高质量数字化转型注入新动力。二是加快提高现有农业生产者和经营者的数字素养，鼓励他们融入农业数字化进程中，做到不排斥、不抗拒农业数字化转型，在存量层面为农业高质量数字化转型夯实人才支撑。三是以农业为主战场、以高校科研院所为合作平台，构建产学研紧密结合的农业人才培养体系,强化农业底色,增加科技含量,形成全过程的数字化农业人才培育机制。

三、未来农场

未来农场是指应用新一代信息技术装备与管理理念,系统性地对农业生产管理、经营模式、分配体系优化重构,实现农业要素集约化、生产智能化、产业生态化、管理高效化、功能多样化,旨在进一步提升农业综合效益和产业竞争力,促进农民农村共同富裕的农业现代化新型组织。到2025年,浙江省将力争在全省认定50家左右未来农场,将按照科技引领型、产业引领型、共富引领型三大方向,引导、支持各地建设、培育未来农场。

(一)建设架构

根据浙江省农业农村厅印发的《浙江省未来农场建设导则(1.0版)》,未来农场的建设可概括为"3+5+N","3"为农业产业大脑、"浙农"系列应用、未来农场数字化管理应用3个关键支撑;"5"为5项能力建设;"N"为未来农场、未来牧场、未来渔场等N个应用场景。未来农场建设构架如图6-1所示。

(二)建设内容

1. 要素集约化

优化土地资源、设施装备、种质种源、水肥营养、疫苗农药、科学技术、专业人才等生产要素的配置,健全科技人才和技术培训等科技创新机制,发展社会化服务,提高要素质量、增加要素含量、集中要素投入、优化要素组合等,缩小管理时空、增强应变能力和增加综合效益。

2. 生产智能化

开展农业生产全过程宜机化改造,构建全程机械化作业体

第三篇 路径研究

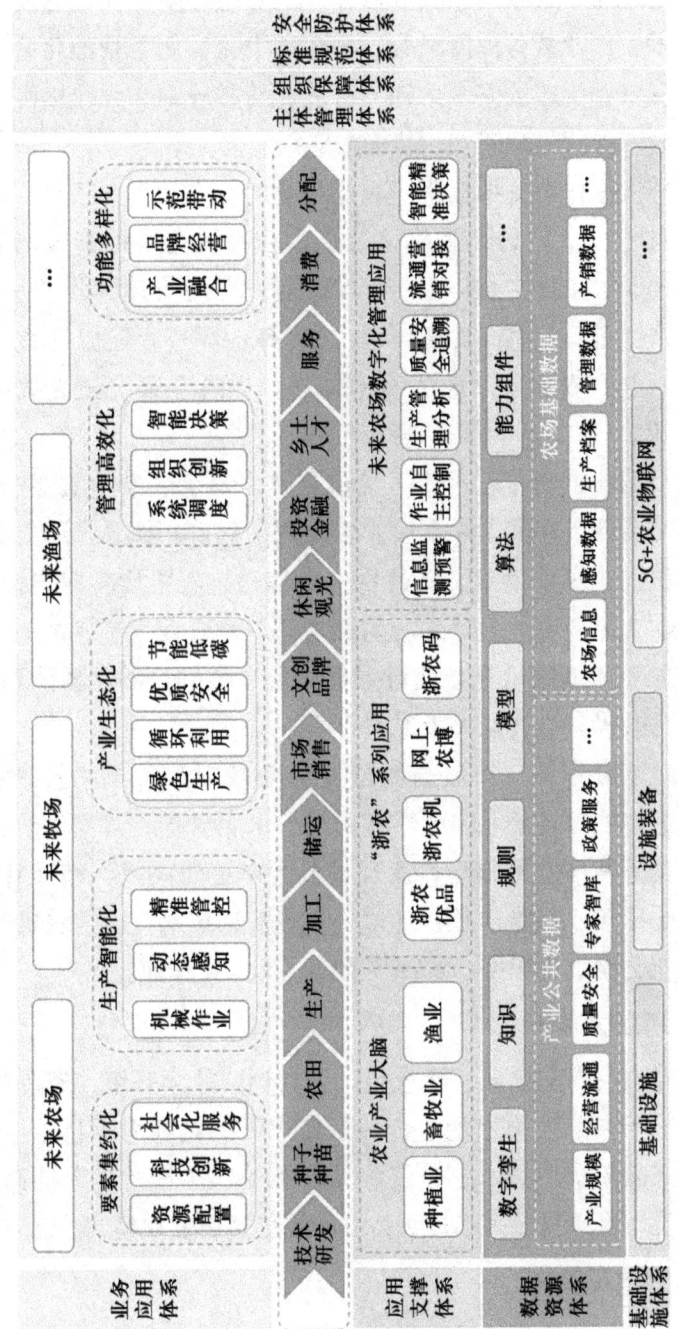

第六章 产业融合与数字农业——以浙江省农业现代化为例

图6-1 未来农场建设构架

系。推进北斗、物联网、大数据、人工智能等新一代信息技术与农业技术、作业装备深度融合，构建数字化监测与精准化管控体系，实现农业生产的安全感知与智能化管控作业。强化信息安全监管机制，保障信息感知、传输与应用安全。

（1）机械作业。根据不同农业产业的特点和生产条件，开展品种、农艺技术和场地宜机化改造，在种植业耕种管收，畜禽水产养殖环境调控、投饲、消毒防疫、粪便清理、收获分级，以及农产品储运、加工、废弃物处理等各环节，配置适宜的农机装备；建立农机安全监管技术体系，实现全程安全高效的机械化作业。

（2）动态感知。应用新一代信息技术与生物技术贯穿产前、产中、产后各个环节，建立农业多源数字化监测体系，形成农产品个体识别、农情信息、动植物生命信息、农机设备状态信息、农产品加工流通等信息感知与监测体系，对农业生产、加工、销售与流通等环节进行全产业链数据采集、数据分析、预测预警，为产业高效管理与智能决策提供依据。

（3）精准管控。以监测数据资源为基础，融合农艺、大数据、人工智能等技术，构建环境调控、水肥管理、营养供给、病虫害防控等精准管控模型，实现农业生产智能决策与精准管控。运用北斗导航、智能控制、自动监测等信息技术，提升农机作业的自动化、精准化程度，实现少人化、无人化作业。

3. 产业生态化

以农产品安全优质、绿色生态为目标，兼顾环境、资源和经济效益等因素，强化绿色生产、废弃物资源化利用等技术应用，保障农产品质量安全，促进资源循环利用和生产过程节能高效，降低单位产品碳排放，形成可持续的绿色生态发展模式。

4. 管理高效化

广泛应用数字化技术，通过未来农场数字化管理系统与各级管理部门产业服务应用的互联共享,加强全产业链、全生产过程,以及产品全生命周期的要素信息集成管理和统一调度,开展数据挖掘与分析处理,形成智能决策体系,构建社会化服务能力,提升产业管理效率与管理水平。

5. 功能多样化

立足现有产业发展模式,通过全场景的"农业+"延伸服务,促进农业产业多业态跨界融合,创新组织模式,探索新型投入分配机制与管理模式,强化科技赋能,形成以产业融合为引领,带动周边农民及农业主体,实现共同富裕的示范能力。

(1)产业融合。提升产业融合能力,立足农业生产和美丽田园,提供农业科普、农事体验、农业旅游、农业康养等增值、跨界和全场景的"农业+"延伸服务,推进全产业链开发、全价值链提升,形成集群发展新格局和市场竞争新优势,推动产城融合发展、产村融合发展,形成综合服务功能强、宜居宜业的乡村产业综合体。

(2)品牌经营。以消费者对农产品的体验感知及对品牌符号的体验等要素为核心,构建系统生产、品牌经营的价值与信用体系,形成特定的消费群体、消费联想和优质优价的品牌化经营能力,保障产品质量,提高效益,提升未来农场核心竞争力。

(3)示范带动。创新产业发展思路,科学调整产业结构、生产方式、经营机制,进一步提高产品质量,丰富产品结构,延伸产业链,提升价值链,实现农业全产业链提质增效,形成科技赋能、产业引领的典型示范样板,辐射带动农业产业高质量发展,有效促进农民农村共同富裕。

2022年7月,浙江省农业农村厅公布了第一批未来农场认定名单,华腾石湾未来猪场、青莲未来牧场、陌桑现代茧业人工饲料数字化养蚕未来农场、桐信种苗未来农场、慈溪正大蛋业未来牧场、绿迹未来农场、吴兴弘鑫立体数字渔业未来渔场、水木未来农场、熊猫猪猪未来牧场、南浔星光农业旧馆高品质粮油未来农场10家单位入选。例如，海盐县的青莲未来牧场，通过全产业链数字化打造优质食品，形成"一加四加N"模式，实现了"未来牧场"与"畜牧产业大脑"的数据共享和协同联动；深化生猪全产业链发展模式，猪种优质率从65%上升到95%，每万头养殖用人工数从25人减少至3人；实现了长三角地区"当日下单、当日生产、次日送达"的精细化配送。

2023年3月，浙江省经济和信息化厅正式印发《关于同意成立浙江省未来农场产业技术联盟的复函》。浙农集团股份有限公司为联盟首届理事长单位，将进一步牵头发挥联盟的平台优势，充分发挥浙农集团在农业全产业链服务、全域土地综合整治、现代农业示范园区及浙农耘农场（未来农场）建设等方面的优势，积极营造未来农场建设的创新发展环境，助力浙江农业现代化发展。

四、案例：常山县推进胡柚产业一二三产业融合发展

浙江省衢州市常山县，被誉为"中国常山胡柚之乡"。常山胡柚获得中国驰名商标、国家地理标志产品、中国农产品地域产品保护认证、中国最具影响力区域农业公用品牌目录等荣誉。

近年来，常山胡柚产业积极转型，从鲜果销售向精深加工、农文旅融合等方向发展，产业再度被盘活，成为撬动农民增收致富，实现乡村振兴的有力支点。截至2021年，常山县种植胡柚12.5万亩，建成"共富果园"27个，累计培育优质种苗120万株，良种覆盖率95%，精品果率和产量均提升30%以上，亩均增收2000元，胡柚公用品牌价值12.25亿元，跻身全国百强。胡柚从业人员达10万余人，总产值突破35亿元，2021年农民人均可支配收入同比增长11.9%。此外，双柚汁饮品引领快销品市场，销售量同比增长15倍，单品年销售额突破5亿元，胡柚鲜果销售

快递量从2020年的72万单激增至2021年的185万单。①

（一）老树新生，让常山胡柚品质跃升

常山县以打造"两柚一茶"为重点的生态产业富民实践地为引领，专门成立由县委、县政府主要领导担任双组长的"两柚一茶"产业发展工作领导小组，与浙江大学、浙江工业大学、中国农业科学院柑桔研究所（西南大学柑桔研究所）等高校院所建立合作关系，制定《常山县"两柚一茶"产业高质量发展（2021—2025年）行动方案》，目标是到"十四五"期末，"两柚一茶"产业纵横融合、三产有机融合水平全面提高，全产业总产值力争达到100亿元以上。

聚焦全程管理，从百姓自行嫁接向种苗科学繁育升级、从千家万户种植向"共富果园"迭代、从果农各自为战向公用品牌整合，做到育好苗、建好园、种好果，让百年老树全面焕发新生机。

（二）全果利用，让常山胡柚全身变宝

近年来，常山以工业的理念抓农业，培育"两柚一茶"主导产业，主打胡柚与香柚结合的双柚汁饮品并引领快销品市场，推动胡柚青果入选《中国药典》，开发胡柚饮料、精油面膜等76款U系列产品，全面提升常山胡柚新价值。聚焦"两柚一茶"全产业链发展，不断研发胡柚深加工产品，已开发出"饮、食、健、美、药、香、料、茶"八大系列70多种产品，直接带动农民增收10亿元以上。在胡柚生产加工龙头企业的带动下，2022年常山全县双柚产业总产值达30亿元。

（三）跨界融合，让常山胡柚更加时尚

与此同时，常山系统谋划，探索文旅融合、旅农融合、文旅康融合等模式，大力发展常山胡柚特色旅游产业，拓展胡柚休闲

---

① 童子遇. 常山在全省农业高质量发展大会上作交流发言 [EB/OL]. 常山发布，2022-09-16.

文化功能，促进一二三产业深度融合。例如，聚焦多元赋能，与"文"共舞，解码胡柚文化基因，促进胡柚向文创产业延伸，讲好胡柚故事；与"旅"相融，培育胡柚景观树，将胡柚元素融入城市空间，建设柚香谷、太公山等农文旅融合新业态，彰显城市特质；与"商"同兴，建立村播基地，布点"乡村物流U驿站"，推动胡柚饮品进驻鲜辣餐饮门店，培育消费新宠，全面绽放产业生态新魅力。在柚香谷"万亩香柚共富果园"，火车特色餐厅、高端民宿已经建成，集生态养殖、农业观光、农事体验和度假休闲为一体的新的网红打卡点将对外开放。胡柚文化主题公园、休闲度假区等一批"YOUYOU"主题精品旅游线路正在谋划中。

第七章　小城市与美丽城镇
——以浙江省新型城镇化为例

小城市是在中心镇的基础上，按照城市的理念、形态和标准进行培育建设，集聚度和功能性高于中心镇的城市形态。党中央历来高度重视中心镇发展和小城市建设问题。浙江省是我国城市化起步较早、发展较快的省份之一，加快中心镇的建设发展，不断提高对农村的集聚辐射带动能力，是浙江省历届省委、省政府非常重视的一个重大课题。本章将以小城市培育与美丽城镇建设为主线，分析浙江省新型城镇化路径。

一、中心镇培育小城市

改革开放以来，随着农村工业化和城乡一体化进程的加速推进，我国沿海地区涌现出一批经济综合实力强、初具小城市形态的特大型中心镇。通过推进产业集聚、人口集中、功能集成，把这些中心镇进一步培育成功能定位清晰、空间布局合理、服务功能完备、生态环境优美的现代化小城市是推进新型城镇化的一条有效的路径。浙江省地处我国沿海发达地区，民营经济发展较快，城市化起步也较早。2005年年底，浙江省开始试点"中心镇培育工程"；2007年，出台了《关于加快推进中心镇培育工程的若干意见》；2010年，又做出了开展小城市培育试点的战略部署。赋予杭州市萧山区瓜沥镇、宁波市象山县石浦镇、嘉兴市桐乡市崇福镇、舟山市普陀区六横镇、温州市苍南县龙港镇等27个镇与县级相当的经济社会管理权限，开启了以提升质量为主的新型城镇化的一条有效路径。

(一) 小城市培育试点的主要路径

为贯彻落实浙江省委、省政府有关小城市培育的决策部署，2011年12月，浙江省发展和改革委员会出台了《关于支持小城市培育试点工作的实施意见》，全力助推小城市培育发展；会同省财政厅出台了《关于省小城市培育试点专项资金管理若干问题的通知》；会同省委机构编制委员会办公室、省人民政府法制办公室出台了《浙江省强镇扩权改革指导意见》；会同省工商局出台了《关于下放部分工商行政管理权限支持小城市培育试点的若干意见》。在省级部门政策的推动下，各试点市、县（市、区）、镇党委、政府高度重视，在推进农民集中式居住、强化要素保障、提升公共服务能力等多方面对小城市培育进行了探索创新。

1. 推进土地集约和人口集聚

浙江省各试点镇紧紧围绕"城乡一体化、农村城市化、农业现代化、农民城市化"的目标，积极创新体制机制，切实推进土地集约和人口集聚。例如，嘉善县姚庄镇启动开展"两分两换"试点工作，即宅基地与承包地分开，搬迁与流转分开；以农村住房置换城镇房产，以承包权置换社会保障。姚庄镇农村新社区采取"一次整体规划、分期推进建设、逐步完善功能"的建设思路和"整体自愿置换为主、零星自愿置换为辅"的建设要求来推进。农户全部自愿置换后，新增建设用地指标3800亩左右。慈溪市周巷镇提出"一村一点、一区（社区）多点"的设想，扎实推进"村庄整理型、整体拆迁型、新建集聚型、迁移拆迁型"等"农房两改"模式，引导农民由分散式居住向适度集中式居住转变，形成7个农民集中居住片，共357.9亩。

2. 强化发展要素保障

土地和资金是小城市发展的两大要素，在培育试点中各地采取了一系列保障措施。一是加强用地保障。27个试点镇所在县（市、区）政府均下文承诺每年用于试点镇的用地指标数，镇均达到555亩。同时建立城乡建设用地增减挂钩试点结余指标全额留镇制度，加大对试点镇项目建设用地支持力度。二是加强资金保障。试点镇所在县（市、区）均建立了"一定三年、超收分成"的一级财政体制，并按照与省级财政不低于3:1的比例积极落实地方专项扶持资金，平均每年约32亿元。为进一步拓宽融资渠道，强化融资功能，试点镇着力规范和提升融资平台，鼓励和引导社会资本参与小城市建设。例如，诸暨市店口镇以公共区域广告经营权公开招标、对城市道路冠名等形式多渠道筹措城市建设资金，以建设—经营—转让方式（BOT）、特许权融资方式（BO）等形式共引导30多亿元民间资本投资建设各类公共设施。再如，苍南县政府授权龙港镇政府履行出资人资格，组建龙港镇国有资产投资营运公司，管理3家全资子公司。

3. 提升区域公共服务能力

各试点镇积极推进综合管理和公共服务平台建设，提升政府服务水平。例如，余姚市建立了市行政审批中心泗门镇分中心，进驻部门20个，其中10个由市级部门直接进驻，10个由镇派驻，目前既能受理又能办理的审批事项达234项，服务区域扩大到周边4个乡镇。再如，义乌市在试点的佛堂镇设立综合行政执法办公室，与综合行政执法局佛堂大队合署办公。撤销其他各相关部门在佛堂镇区域内设立的实施行政处罚职能的机构，相应的人员编制予以核销；在执法人员编制总量不增加的前提下，增加综合行政执法专项编制35名。

4. 推进行政区划调整

行政区划的调整有利于试点镇扩大辐射范围，强化对周边乡镇的带动作用，为小城市发展预留足够的空间。温州的乐清市、平阳县、苍南县，金华的东阳市，衢州的江山市，以及杭州市萧山区等地在试点镇行政区划调整方面均已经开展了有效的工作。例如，乐清市柳市镇并入"2镇1区"，面积增加46平方千米，人口增加10万人，达46.5万人，其中户籍人口为21.5万人。

（二）小城市培育试点的成效及其存在的主要问题

2013年3月，浙江省小城市培育试点领导小组办公室对27个小城市试点镇的经济发展实力、公共服务能力、城市形态魅力、政策体制活力等进行了综合考核。考核结果显示，面对严峻复杂的经济环境，小城市试点镇咬定目标，奋力拼搏，加大投入、加快建设、加速发展，较好地完成了年度目标任务。小城市培育试点的主要成效有以下4个方面。

1. 经济发展实力不断增强

一是GDP快速增长。2012年，27个试点镇实现GDP总量2131.1亿元（镇均78.9亿元），占全省GDP的比重为6.16%，同比提高了0.36个百分点。有7个镇超百亿元。二是财政不断增收。27个试点镇完成财政总收入280.4亿元（镇均10.4亿元），占全省财政收入的比重为4.38%，比上年提高了0.12个百分点；税收占财政收入比重为85.27%，比上年提高了3.7个百分点。有13个镇超10亿元。三是投资持续增长。27个试点镇完成限额以上投资1135.7亿元，占全省投资额的比重为6.64%，比上年提高了0.49个百分点。其中完成工业经济投入529.5亿元，占总投资的43.1%，高出全省平均水平7.7个百分点；新增上市企业4家、规模以上（以下简称规上）企业241家。四是第三产业增加值占比明显提高。27个试点镇第三产业占比为33.5%，比上年提高了2.4个百分点；完成第三产业增加值713亿元，同比增长22.3%，高出GDP增速8.6个百分点。五是城乡居民差距持续缩小。27个试点镇二、三产业从业人员比重为90.2%，城乡居民收入比为

第三篇　路径研究
第七章　小城市与美丽城镇——以浙江省新型城镇化为例

1.79,同比缩小了0.05倍。其中,农村居民人均收入为19081元,高出全省4529元,增速快于城镇居民人均收入3.06个百分点。①

2. 公共服务能力显著增强

一是行政审批中心高效服务。2012年,27个试点镇镇均设立窗口34个,拥有工作人员47人,能办理事项193项,镇均日办理事项224项,办结率达99.4%。二是就业保障中心集成服务。27个试点镇的中心全部与县(市、区)中心实现了信息的联网共享,召开了就业招聘会140场,介绍就业143561人,完成年度目标的143%,调解劳资纠纷6192起。三是行政执法中心规范服务。2012年,27个试点镇镇均有执法资格人员23人,能行使执法事项455项,共拆除各种违章建筑390.6万平方米,立案查处违法事项42666起,办结率达96.2%。四是应急维稳中心及时服务。2012年,27个试点镇全部建立了现代信息技术和专业队伍相结合、反应灵敏的高效机制。五是教育医疗服务能力加快提高,27个试点镇新建2所高中,学前教育普及率、初中毕业生升学率、高中段毛入学率分别达99.2%、98.3%、98.1%;新增医院床位1553张,千人医院床位数为3.35张,提高了0.72张,千人医生数为2.68人,增加了0.23人。六是社会保障覆盖面不断扩大,城乡居民、城镇职工养老医疗保险参保率分别达97.1%、91.8%,分别提高了3.5、3.2个百分点;新增养老床位1564张,总床位数达9214张。②

3. 城市形态魅力开始显现

一是城市规划体系基本建立。2012年,27个试点镇在全面完成总体规划编制修编的基础上,投入经费9631万元,新编控制性详细规划129个、专项规划58个、城市设计63个,其中控制

---

①② 王立军,诸晓蓓. 新型城市化与统筹城乡发展的有机结合——浙江省小城市培育的探索[J]. 中共宁波市委党校学报,2012(3):71-75.

性详细规划覆盖率达 84.6%，有 10 个试点镇已实现 100%。二是城市建设初具形态。2012 年竣工的 8 层以上高层建筑 423 幢、432.9 万平方米，新开工 8 层以上高层建筑 616 幢、1156.5 万平方米；新建成大型商场和专业市场面积 65.4 万平方米，新开工建设大型商场和专业市场面积 88.4 万平方米；新增餐饮企业 1342 家，三星级以上宾馆的床位 3562 张；新建公共停车泊位 9979 个；建成区绿化覆盖率为 23.4%，同比提高了 4.9 个百分点，建成区人均公共绿地面积为 8.5 平方米；实施亮化道路占城市道路比重为 88.7%，镇均亮化电费支出为 158.3 万元。三是城市公建设施提升完善。27 个试点镇新建城市道路 244 千米、数字化管理城市道路 199 千米，新建成有物业管理的集中居住区面积 537.9 万平方米，新开工建设集中居住区面积 1303 万平方米；新建成 2 个污水处理厂，建成区污水集中处理率达 75.5%，同比提高了 15.5 个百分点，垃圾集中处理率为 97.3%。四是城镇化质量不断提升。27 个试点镇城镇化率为 62.8%，同比提高了 2.9 个百分点，建成区人口密度为 8521 人/平方千米，增加了 324 人，人口城镇化速度比土地城镇化快 4.7 个百分点。

4. 政策体制活力不断激发

一是财政扶持机制增添发展实力。2012 年，在全面建立一级财政体制的基础上，有 22 个县（市、区）对试点镇实施了财政超收 100% 返还，5 个县（市、区）实行按比例返还。土地出让金净收益、城镇建设配套费实现了 100% 返还，共返给试点镇土地出让金 26.8 亿元、城镇基础设施配套费 1.4 亿元。二是省级专项资金"四两拨千斤"拉动有效投资，24 个县（市、区）、3 个欠发达县（区）分别给予试点镇不低于 3∶1 和 1∶1 的省级专项配套资金，共到位 34.7 亿元。2012 年，10 亿元省级专项扶持撬动了 279 亿元的地方财政配套资金，拉动了 1229 亿元的全社会投入。三是用地倾斜机制保障建设发展。按照 5000 万元省级专项资金配

第三篇　路径研究

第七章　小城市与美丽城镇——以浙江省新型城镇化为例

套 300 亩、4000 万元配套 250 亩、3000 万元配套 200 亩的要求，26 个县（市、区）给予试点镇的土地指标及时足额到位。四是领导职级高配增强统筹协调能力。2012 年，27 个试点镇的党委书记职级高配全部到位，2012 年新增 4 个，其中 17 个高配为县（市、区）委常委；11 个镇长实现了职级高配，2012 年新增 4 个。五是投融资体制改革吸引社会资本投资。27 个试点镇社会资本占总投资比重为 74.1%，其中有 22.1 亿元以 BT、BOT 等方式投资试点镇的 34 个基础设施项目，有 11.7 亿元投资发展试点镇的现代农业。六是农民市民化改革加速城镇化进程。27 个试点镇出台宅基地换城镇房等改革举措加快人口集聚。①

在看到小城市培育所取得的成绩的同时，我们也必须清醒地认识到，加快中心镇向小城市跨越是一项新课题，有不少问题需要在实践中不断探索与完善。从目前的实际情况来看，其存在的问题主要表现为以下 5 个突出矛盾：一是小城市培育重要地位与传统的乡镇建设管理观念滞后之间的突出矛盾；二是小城市培育建设投资需求与其自身财力保障之间的突出矛盾；三是土地需求与可用指标之间的突出矛盾；四是产业发展与现有平台之间的突出矛盾；五是中心镇管理权限与小城市公共服务之间的突出矛盾。

（三）进一步推进小城市培育的对策建议

要破解上述的矛盾和问题，必须以人口城镇化为核心，以小城市为主体形态，以综合承载能力为支撑，以体制机制创新为保障，促进产业发展、就业转移和人口集聚相统一，走以人为本、集约高效、绿色智能、四化同步的有浙江特色的新型城镇化道路。

---

① 王立军，诸晓蓓. 新型城市化与统筹城乡发展的有机结合——浙江省小城市培育的探索 [J]. 中共宁波市委党校学报，2012（3）：71-75.

1. 明确功能定位，完善规划布局

将中心镇培育为小城市，要把加强规划编制管理作为小城市培育试点和中心镇发展改革的重要前提。从全省层面看，要从长三角城市群发展的高度对小城市培育进行总体考虑，将其纳入全省国民经济和社会发展规划体系，制定全省小城市培育总体规划，科学规划小城市布局，并通过调整行政区划、优化空间布局、扩大管理权限等措施，加快中心镇升级为小城市。从县、市层面看，要加快完善试点中心镇的经济社会发展规划、土地利用总体规划、城市总体规划和建设规划，实现规划的全覆盖。从中心镇自身层面看，要按照小城市建设理念，明确功能定位，合理确定城市道路、产业园区、商贸设施、住宅小区及公共事业等的规划布局。同时，建立健全"规划一张图、审批一支笔、建设一盘棋"的规划管理实施机制，强化规划的刚性。

2. 推进产业转型，发展城市经济

把加快推进产业转型升级，发展城市经济作为小城市培育试点的核心内容。一是加快工业转型升级。在提升改造传统产业，做大做强特色产业的基础上，积极引进战略性新兴产业，增强区域经济发展实力。大力扶持龙头骨干企业，积极培育科技型中小企业，搭建产业共性技术服务平台，增强企业创新能力。二是大力发展第三产业，重点发展生产性服务业，加快商业特色街、大型商场（商贸综合体）和商贸集聚区建设，积极吸引商场、宾馆、酒店、院线等商贸企业落户，扶持培育一批适合小城市发展的服务业。三是大力推进农业现代化，推进适度规模经营、集约化标准化生产，提高农业效益。

3. 加大政策扶持，强化要素保障

土地、资金、人才等要素保障是小城市培育试点和中心镇发展改革的重要内容。为此，一是要加大财政扶持。完善中心镇财

第三篇　路径研究

第七章　小城市与美丽城镇——以浙江省新型城镇化为例

政体制，建立"划定税种、核定基数、超收分成"的中心镇一级财政体制，允许有条件的中心镇设立财政金库。设立小城市培育专项资金，并建立随财力增长适度增加的机制。加大中心镇规费返还优惠力度，对中心镇上缴的有关规费留县、市部分，建议全额返还，上缴于省和设区市的规费应给予较大比例返还。二是要强化资金保障。加快建立重大建设项目投入县、镇两级分担机制，完善市、县（市、区）小城市培育试点专项资金配套制度，及时拨付专项资金，提高资金使用效率。支持有条件的小城市培育试点镇设立创业投资引导基金、村镇银行和小额贷款公司，发行小城市债券，强化资金保障。三是要深化投融资体制改革，引导推动浙商回归，引进更多社会投资参与小城市培育试点镇和中心镇建设发展。四是要调增土地指标。建议适当调减中心镇农保率指标，建立中心镇建设用地计划单列制度，每年下达一定数量的建设用地指标给中心镇。五是要建立健全专业技术人才引进、培养、使用机制，着力推进省市、县、镇专业技术干部下派上挂，强化人才支撑。

4. 推进基本公共服务均等化，提高管理水平

小城市培育试点镇要加快推进基本公共服务均等化，努力实现义务教育、就业服务、社会保障、基本医疗、保障性住房等覆盖城镇常住人口。重点抓好服务平台运行机制和管理制度建设。一是建立服务平台运行机制。加快建立"权责一致、集中办理、运作顺畅、便民高效"的审批服务机制，"有法可依、有章可循、便捷高效"的行政执法体制，"源头治理、动态管理、应急处理"的应急维稳机制，以及城乡一体的就业保障服务机制。二是完善城市管理。在试点镇推行城市综合执法改革，将原来分散在各个行政部门的城市管理执法权力划归一个部门统一行使，实现城市管理的责权利有机统一，提升综合管理服务水平。

5. 深化体制创新，释放改革红利

加大各领域体制机制创新力度，释放改革红利。一是继续推进扩权强镇改革，分期分批扩大管理权限，对地市审批的对外交通项目管理权限，建立试点镇直接审批制度，并协调解决项目资金和土地问题。二是继续推进镇域行政区划调整，提升试点镇的辐射功能。适当扩大中心镇行政区域，拓展其发展空间，增强区域资源集聚能力。三是深化农村户籍制度改革，促进人口合理有序流动。加强立法、政策等方面的顶层设计，消除农民的利益顾虑，促进农民进城逐步转化为市民。①

二、新时代美丽城镇建设

围绕推进"美丽浙江"建设，浙江省不断拓展和提升建设内涵和品质，推动美丽建设由城市向农村、城镇延伸，走出了一条立足美丽生态、催生美丽经济、共创美好生活的道路。建设新时代美丽城镇，是习近平同志在浙江省工作时提出的推进欠发达乡镇奔小康、培育中心镇和小城镇等工作的集成深化，不只是小城镇环境综合整治的升级版，更是小城镇高质量发展的现代版，是新时代浙江省城镇工作的总抓手。

（一）新时代美丽城镇建设目标："五美"

推进新时代美丽城镇建设，必须牢牢把握小城镇高质量发展的工作导向。一要尊重规律，处理好城镇与城市、乡村的关系。二要以人为核心，处理好人、产、城、文、景的关系。三要统筹兼顾，处理好样板与整体的关系。四要因镇制宜，处理好共性与特色的关系。五要稳中求进，处理好积极作为与循序渐进的关系。

推进新时代美丽城镇建设，总的目标要求是：环境美、生活

---

① 王立军，诸晓蓓．新型城市化与统筹城乡发展的有机结合——浙江省小城市培育的探索 [J]．中共宁波市委党校学报，2012（3）：71-75．

第三篇　路径研究

第七章　小城市与美丽城镇——以浙江省新型城镇化为例

美、产业美、人文美、治理美。这"五美"是"五位一体"总体布局在美丽城镇建设中的体现，是相辅相成、耦合联动的。①

1. 环境美，关键是塑造既有清丽山水，又有净美人居的城镇风景

首先要打造大中城市提供不了的优美生态和宜居环境。浙江省许多城镇具有典型的江南山水、"富春山居"风貌。要倍加珍惜、精心呵护大自然赋予的这片秀美山水，系统修复与综合治理生态环境，把"一江清水""座座青山"融入城镇。将小城镇环境综合整治和"三改一拆"行动进行到底，扎实抓好厕所、垃圾、污水"三大革命"，深入抓好治危拆违，坚决整治违建别墅，统筹抓好"大棚房"清理整治和乡村旅游提质发展，做到防控治理长效化。按照镇景融合的理念打造小城镇，凸显自然山水格局、城镇肌理风格与历史人文特色，塑造人与自然和谐共生的栖居空间。美丽城镇建成区力争建成 A 级景区，样板镇建成 3A 级以上景区镇，鼓励创建旅游风情小镇。把美丽城镇建设融入大花园总体布局，突出连接城乡的交通网和绿道网建设，打造现代版的"富春山居图"。沿新安江、富春江、兰江三江两岸打造国际化的全域美丽样板区，形成展现美丽中国形象的重要窗口。

2. 生活美，关键是创造既有城市文明，又有田园诗意的城镇品质

小城镇处于城乡交会点，最有条件打造成为宜居宜业宜游的田园城市。关键要优化服务供给，创造更加舒适便利的小镇生活。突出镇村联动打造生活圈，统筹建设 15 分钟建成区生活圈、30 分钟辖区生活圈，保障公共服务城乡全域覆盖。有条件的小城镇要建设"邻里中心"，提供"一站式"社区公共服务。突出供

---

① 车俊. 全面推进新时代美丽城镇建设 把初心使命书写在城乡大地上 [J]. 政策瞭望, 2019 (9): 4-7.

需相适补短板，重点建设"十个一"标志性工程，不断增强综合承载力。同时，突出人口集聚抓安居，提升小城镇住房保障水平。增强土地管理灵活性，对产业基础好、人口集聚意愿强的小城镇，适当增加商住用地供给，提升住房供给品质，满足居民安居乐业的需求。抓好老旧小区和镇中村、镇郊村改造，探索群众认可、多方共赢的改造模式，让家园更加美好。

3. 产业美，关键是培育既有特色集群，又有新兴业态的城镇经济

新时代美丽城镇，既要有魅力，更要有活力；既要宜居，更要宜业。小城镇作为块状经济孕育发展的主阵地，是传统产业集中集聚的地方。要深入抓好传统产业改造提升，对"低散乱"企业坚决整治，对特色产业集群全力扶持改造，统筹推进产业、园区有机更新，高质量建设小微企业园和产业创新服务综合体，走小而精、特而强的产业高质量发展之路。同时也要看到，新时代小城镇必须有新产业、新业态。要高质量推进特色小镇建设，培育数字经济、先进制造、文化创意、健康养生等新业态，形成新的支柱产业。小城镇还是一二三产业融合发展的枢纽。要积极发展农产品加工，构建覆盖城乡的现代物流体系，推进农村电子商务发展和"快递下乡"，延长农业产业链和价值链，发挥带动乡村产业振兴的龙头作用。有条件的小城镇可建设"小镇客厅"。"小镇客厅"关键要能带动镇村发展，要有特色，不一定都新建，鼓励利用现有设施改造。

4. 人文美，关键是讲好既有乡愁古韵，又有文明新风的城镇故事

坚定文化自信，传承文化基因，提升文化价值，塑造城镇辨识度。历史文化是城镇的灵魂，是生生不息的根脉。要保护和利用好历史文化名镇名村，加强历史文化遗产保护，挖掘文化内

第七章 小城市与美丽城镇——以浙江省新型城镇化为例

涵,打造有乡愁的小镇、有记忆的街区。坚决防止急功近利的破坏性开发,做历史文化的守护者、传承者。街巷建筑是凝固的艺术,是可以触摸的记忆。要整体保护城镇空间格局、景观风貌、街巷系统和空间尺度,推广"浙派民居",注重风貌协调,让传统与现代交融共辉。文明新风是美丽城镇最好的标注,是最美的气质。要大力建设文明乡镇,弘扬社会主义核心价值观,深化新时代文明实践,丰富群众精神文化生活。把文体综合服务中心建设好、使用好,打造城镇居民精神家园。引导城镇居民养成良好生活方式和行为习惯,以"最美人物"塑造城镇"最美形象"。

5. 治理美,关键是实现既有党建统领,又有"三治融合"的城镇善治

坚持和发展新时代"枫桥经验",加快推进基层治理现代化,以高水平治理推进高质量发展。坚持把加强党建作为贯穿基层治理的红线,完善"党建+"模式,把基层党组织建成领导基层治理的坚强战斗堡垒。深入推进"最多跑一次"改革向镇村延伸,全面深化"基层治理四平台"建设,整合基层审批服务执法力量,实现群众化解矛盾、信访"最多跑一地",确保基层事情基层办、基层权力给基层、基层事情有人办。构建基层治理长效机制,发挥法治保障、德治教化作用,引导企业、居民参与共治,变"要我做"为"一起做",推进环境整治、秩序维护、乡风文明等城镇管理长效化。提升基层治理智能化水平,加强城镇管理数字化平台建设,实现"一端在手、全网通办",积极推进平安乡村、智安小区建设和出租房"旅馆式"管理,促进城镇治理精细化。

(二)高水平推进美丽城镇建设的具体举措

1. 上下联动,强化合力

浙江省城乡环境整治工作领导小组及美丽城镇建设办公室充分发挥组织协调作用,省直有关部门协同加强政策支持,着眼

"五位一体"总体布局要求，抓实抓好全省美丽城镇建设工作。各设区市要把美丽城镇建设纳入"四大建设"和中心城市发展布局中，充分发挥市级统筹作用。美丽城镇是"特富美安"新县域建设的主载体和突破口。各县（市、区）是美丽城镇建设的主体责任人，承担组织领导、政策供给和宣传发动职能。乡镇（街道）是实施主体，主抓工作落实，确保各项任务落细落准落地。

2. 规划引领，久久为功

加快国土空间规划编制，厘清小城镇功能、地位与作用。推行美丽城镇建设首席设计师和驻镇规划师制度，充分发挥专家作用，引导其用匠心打造城镇。强化规划设计实施刚性，充分发挥引领管控作用。领导干部要树立正确的政绩观，以钉钉子精神推进新时代美丽城镇建设。探索新时代美丽城镇建设标准，为全国提供可借鉴的制度性成果。

3. 聚力改革，完善市场

充分发挥市场机制的作用，向改革要动力，依靠改革解难题。一是实施鼓励性的落户政策，吸引有意愿、稳定就业能力强的居民在小城镇落户，全面落实与吸纳农业转移人口落户数量挂钩的财政政策和用地政策。稳步把有条件的规模特大村培育成为小城镇。二是认真贯彻《中华人民共和国土地管理法》，在全面推进农村土地制度改革上下功夫，在深化全域土地综合整治上下功夫，在盘活闲置资源、推进低效用地再开发上下功夫，优化城乡土地资源配置，形成以盘活存量、优化结构为主的用地保障机制。三是在稳控债务前提下积极加大投入，发挥财政资金"四两拨千斤"的作用，创新金融服务，用好专项债。始终树立过紧日子的思想，绷紧防范化解地方债务风险这根弦，既不错失机遇，也不能搞过度负债开发，学会花小钱办大事。四是广开社会资本参与渠道，积极鼓励企业、产业基金等参与美丽城镇项目建设运

第七章 小城市与美丽城镇——以浙江省新型城镇化为例

营,构建多元可持续的投入保障机制。

4. 激发基层,关爱基层

广大基层干部要把建设美丽城镇作为践行初心使命、实现人生价值的舞台,充分发挥主动性、积极性、创造性,知重负重,实现事业成就感和群众获得感的统一。健全容错纠错机制,旗帜鲜明地为敢于担当的干部撑腰鼓劲。工作落到基层,关爱也要传到基层。确保中央、省委为基层减负的政策措施不折不扣落到实处,确保"三服务"送到家、做到位、抓到底。各地各部门要全面落实有关政策,让基层干部对组织的关心关爱有实实在在的获得感。

5. 发动群众,共建共享

充分发挥媒体的舆论引导作用,广泛宣传建设美丽城镇的重大意义、目标任务和成功范例,营造良好社会氛围。把问需于民、问计于民、问效于民贯穿城镇建设全过程,做到人人尽责、人人享有。要结合旅游推广活动,以市场化方式组织开展"诗画浙江·最美小镇"评选,让市场来检验和评价美丽城镇建设成效,打响美丽城镇品牌,持续扩大社会影响。

2020年以来,浙江省全面启动全省1010个美丽城镇建设,按照每年打造100个省级样板的既定目标稳步推进。自美丽城镇建设开展以来,浙江省各地打造"五美"与共、各美其美的城镇样板。"两山理念"引领环境美,全域推进城乡风貌提升和未来社区建设。新建绿道11033千米、新增城镇道路7413千米、污水管网3.23万千米、停车位44.5万个;"生活圈"圈出生活美,建设"十个一"标志性工程,推进教育、医疗等公共服务均等化。新建居住小区5.14万平方米、农房集聚区9556万平方米、邻里中心681个。"产城融合"塑造产业美,实施"名镇名企"战略,不断增强城镇发展的内生动力。累计新增龙头企业306个、智能无人工厂466个、市级以上创新创业基地1002个。"以文化人"

展现人文美，深入挖掘文化内涵、提升文化价值，塑造独一无二的城镇辨识度。改造提升历史街区和特色街区1041个、新增"小镇客厅"和休闲广场2507个、推广创建3A级以上景区镇135个。"整体智治"推进治理美，以数字化改革推进美丽城镇多领域场景应用。①

三、案例：德清县新市镇打造高品位小城市

德清县新市镇是著名的江南水乡古镇，至今已有1700多年的历史，是浙北地区的经济、商贸、文化重镇。新市镇不仅经济发达，而且历史悠久、人文荟萃。镇内河道纵横、古桥林立、小桥流水人家、粉墙黛瓦，一派江南水乡风情。改革开放以来，新市镇经济社会发展迅速，相继被确定为全国重点镇，全国小城镇综合发展千强镇，全国环境优美乡镇，浙江省中心镇，湖州市十强乡镇，德清县副中心城市。2010年，新市镇被列为浙江省首批小城市培育试点。

（一）打造运河古镇·海派水乡

德清县人民政府于2020年8月发布了《关于加快推进新市镇小城市第四轮培育试点工作的若干意见》，通过3年培育，全力打造"杭州都市圈运河古镇·海派水乡"，经济发展实力显著提升，综合承载能力不断增强，要素产出水平集约高效，新市古镇新颜日益彰显，城乡统筹水平不断提高。到2022年，地区生产总值实现100亿元、年均增长7%左右，人均GDP实现10.8万元。城镇居民人均可支配收入达7.3万元，农村居民人均可支配收入达4.5万元。②

---

① 魏光华，陈秋杰.奔驰在美丽富饶的康庄大道上——浙江高质量全面推进美丽城镇建设纪实［N］.中国建设报，2021-12-27（3）.
② 德清县人民政府.关于加快推进新市镇小城市第四轮培育试点工作的若干意见［EB/OL］.德清县人民政府网，2020-08-24.

第七章 小城市与美丽城镇——以浙江省新型城镇化为例

1. "区镇合一"引领，开创产城发展新布局

高标准规划引领德清经济开发区与新市镇建设，充分发挥新市镇的自然资源禀赋，科学谋划开发区东部片区产业规划与空间整合。深入推进经济开发区创新发展，加速平台高质量转型，打造数字园区、美丽园区、创新园区"三张名片"。

2. 全力复兴运河古镇，打造文旅经济新高度

加快新市古镇旅游景点和配套服务设施建设，争创 4A 级景区，打造"一镇一心一带三组团"的旅游空间格局，深化与县文旅集团、县经开集团深度合作，加快古镇文旅开发，提升运河文化品质，打造运河诗路文化带，唱响古镇文旅品牌。

3. 全力推进"融杭"发展，开创高质量发展新局面

抢抓"融杭"发展有利时机，实现高水平融入杭州"1 小时经济圈"目标。创新驱动引领，精准承接高端要素溢出。着力推进 35 个工业投资类项目建设，精准融入杭州都市圈。

4. 全力完善公共服务，建设品质生活新高地

完善基础设施和市政设施，不断优化社会保障。到 2022 年，实现全社会基本养老保险参保率 98.5%，居民电子健康档案覆盖率 97%。全面提高群众生活幸福感和获得感。

5. 全力建设美丽城镇，营造"三生融合"新环境

高质量推进乡村振兴，创新集体经济发展方式，提升农村人居环境质量，持续整治镇容镇貌。持续全面推进"三改一拆"，有效落实长效管控机制。大力维护生态环境，实现城乡垃圾分类处理全覆盖。

6. 全面推进体制创新，激发农村一二三产业融合联动新活力

推进基层综合行政执法改革，基本建立分工合理、职责清晰、协同高效的"综合行政执法+部门专业执法+联合执法"的执法体系。深入实施创新驱动发展战略,探索科技成果转移转化模式。积极探索产城、产村融合模式创新,全面推进农村一二三产业融合联动发展。

(二)小城市培育的支撑措施

1. 进一步扩大管理权限

根据"最多跑一次""最多跑一地"要求,全面梳理涉企审批事项,推进涉企审批全程网办,根据行政服务分中心(新市中心)的承接能力,分别梳理能放尽放、见章跟章和电子签章的审批清单。加快推进区域评价全覆盖,深化承诺制改革,确保承诺即办,落实优化施工图审查及环评办理等改革举措。设立企业投资项目综合受理窗口,建立企业投资项目服务经理制度,提供"事前谋划、事中代办、事后配套服务"的全程代办服务。扩大新市镇公共资源交易中心招标权限,新市镇公共资源交易中心的工程建设项目进场交易限额标准为500万元。

2. 建立一级财政体制

按照财权与事权相匹配、财力适度向基层倾斜的原则,建立"划分类型、确定收支范围、核定收支基数、超收分类分成"的财政管理体制。

3. 推进德清经济开发区发展

完善德清经济开发区管委会体制机制,进一步扩大德清经济开发区管理委员会管理权限,打造"县区深度整合、区镇深度融合、镇镇深度耦合"的园区治理现代化先行地。

4. 加快农村产权制度改革

推动农村土地承包经营权、宅基地用益物权与农民住房财产权、农村集体经济股权流转交易。大力开展农村土地综合整治和农村住房改造,探索建立宅基地跨村置换机制,推进农村居民跨村集聚与新型社区建设,促进农村人口向小城市集中。

5. 建立专项扶持资金

德清县财政每年安排小城市培育试点专项资金,用于推进新市镇小城市产业平台、基础设施和公共服务设施建设,以及融资贴息和体制机制创新。

6. 实行规费优惠

新市镇规划区内城镇建设土地出让收入净收益、拆迁补偿支出、土地开发支出予以全额补助;规划区内收取的城市建设维护税,按省、县体制结算规定实行分成。规划区内增值税(包括营改增)收入、所得税收入和一般收入(包括印花税、房产税、土地使用税)超基数县得部分分成由原来的50%调增到80%;教育费附加及地方教育附加收入分成20%。

7. 强化用地保障

德清县每年安排用地300～500亩,专项用于新市镇的经济社会发展。新市镇自行组织实施的建设用地复垦项目所获取的城乡建设用地增减挂钩指标,70%用于小城市建设,项目按照"先复垦,后挂钩"的原则执行,确保耕地数量不减少、质量不降低。

四、案例:杭州市美丽城镇建设

2019年9月,浙江省首次美丽城镇建设现场会在建德市梅城镇召开,拉开了杭州乃至全省的美镇"序幕"。2019年年底,杭州市出台《杭州市高质量建设美丽城镇实施方案》,美丽城镇建设第一轮3年行动全面展开。3年来,围绕"功能便民环境美、共享乐民生活美、兴业富民产业美、魅力亲民人文美、善治为民治理美"的"五美"目标,杭州市共有119个乡镇(街道)积极开展美丽城镇创建工作。[①] 从2023年起，杭州市将推进现代化美丽城镇建设，全面提升小城镇品质，按照"全域推进、阶梯发展"，每年打造10个以上省级现代化美丽城镇，联动推进美丽县城建设。到2035年，杭州市小城镇高质量全面建成现代化美丽城镇，全市县城高质量全面建成美丽县城。[②]

（一）以全域发展建设美丽城镇

杭州坚持不以大小论美丽，关注品质求发展。美丽城镇的全域美，不是指创建数量的覆盖面，而是指勾连畅通、强化服务、协同互补的共赢之美。以文旅型美丽城镇建设为例，成片打造发展可以将零散分布的旅游点连点成线，连线成网，开拓新的旅游项目，打造新的旅游服务体系，激发美丽新动能。共同富裕的建设同样如此，在淳安县临岐镇，周围3个乡镇联合组建了淳北中药材产业联盟，编制《淳北区块产业发展五年规划》，共建中药材产业链条，打造中药材溯源基地14个，全年交易额达3亿元，彻底盘活产业。该联盟利用不同乡镇之间的产业带开发文化旅游点，推出"淳北联盟润养身心"旅游路线，年接待游客20万人次，进一步打通了美丽城镇文旅资源和经济发展之间的转换通道。

（二）以数字化发展建设美丽城镇

数字化发展是高质量发展的必由之路。为了进一步提升乡镇的治理和服务效能，在浙江省数字化改革大背景下，自2020年开始，在生产、生活、生态"三生融合"理念的基础上，杭州市推出了乡镇级智慧化平台——"乡村小脑"，兼具管理与服务功能，为乡镇（街道）打通数据壁垒、实现互联互通、降低管理成本发

[①] 杭州市美丽城镇办.杭州美丽城镇建设加快创新探索［N］.浙江省建设信息港，2022-12-12.

[②] 陈丽丹，魏华，郑少午.目标定了！每年创10个省样板！杭州现代化美丽城镇创建吹响集结号［EB/OL］.浙江在线，2023-02-17.

第七章 小城市与美丽城镇——以浙江省新型城镇化为例

挥了很大作用。从便捷生产上来看，桐庐县富春江镇"民宿智脑"、萧山楼塔镇"楼塔驿"分别推出产业交流、招商平台；从服务生活上来看，桐庐县合村乡"暖宝卫士"平台依托一氧化碳报警器和远程视频语音设备，用小服务保障大安全，以小民生实现大幸福；从保护生态上来看，"乡村小脑"对垃圾分类、污水零直排、空气质量等生态数据开展实时监测，以"数字+"不断优化乡镇生态圈。杭州"乡村小脑"融入"风貌智汇通"，并将与农房、农污、绿道等系统实现整合，语言、标准、接口、体系"四个统一"的成效得到充分体现。

（三）以共建共治建设美丽城镇

首席设计师、驻镇规划师的"双师"制度已在杭州市逐步健全，"双师"会全程参与美丽城镇的规划设计和建设。在此基础上，杭州市又先后创新提出发展师、体验师，形成建设全过程闭环服务、评价。通过组织一批美丽城镇体验师，旨在努力打造以"体验师深度参与、积极献策，建设各方虚心听取、完善提升"为特征的工作链条，持续完善美丽城镇共建共治共享工作体系，全力打造"以人民为中心"的美丽城镇。通过体验活动，杭州市积极推动形成"全景体验—问题发现—处理反馈—结果评价"的闭环体验管理体系，促成体验师和市美丽城镇办公室、各县（市、区）、乡镇（街道）各方的常态化、实景化、无阻断良性互动，有效形成发现问题、分析问题、解决问题的管理体系。体验师作为美丽城镇建设成果的"评价员"、为民发声的"发言人"、发现问题的"监督者"的作用得到有效发挥，体验师发现美、体验美、评价美的效用得到不断体现。同时，积极开展满意度评价、体验师操作手册编制等工作，为实现美丽城镇共建共治共享打造一个闭环的评价机制。

第八章 都市区建设
——以浙江省城市群为例

县域经济在浙江省经济起飞的过程中做出了巨大的历史性贡献。从城市化的规律来看,都市区的出现是大城市郊区化、辐射扩散与相邻城市之间相互作用的产物,通俗地讲,其形成机制就是中心城市产业、人口转移到农村,而农村人口集聚到中心城市。进入21世纪,在浙江省的杭州、宁波、温州、金华、义乌等大城市,城与乡的边界越来越模糊。这种区域中心城市与附近地区的良性互动发展,符合大都市区的一般发展规律。

一、从县域经济向都市区经济转型

改革开放以来,浙江省经济蓬勃发展,主要经历了3个发展阶段:"农村经济"阶段、"乡镇经济"阶段、"县域经济"阶段。[1] 20世纪90年代开始,浙江省突破以建制镇为重点的小城镇建设的局限,转向以县城和中心镇建设为重点,全面建设经济开发区,推动县域城市化和工业化之后,通过体制和管理权限改革,完善"省直管县"体制,较大地推动了县域经济的长足发展。然而,随着经济社会发展进入新阶段,县域经济的先天局限性逐步显现。要进一步提升区域经济竞争力,必须突破"县域经济"的小格局,拓展以中心城市为龙头的"都市区经济"大布局,以更大的空间尺度来整合优化配置资源。也就是说,浙江省

---

[1] 林金荣. 经济发展模式的演化趋势及转变对策 [J]. 政策瞭望,2014 (5): 30-31.

第三篇 路径研究
第八章 都市区建设——以浙江省城市群为例

需要加快从"县域经济"向"都市区经济"转型。

（一）转型的必要性

县域经济是指以县级行政区划为边界的区域经济。县域经济作为浙江省经济发展的基本单元，在改革开放的大潮中创新实践，取得了令人瞩目的成就。随着经济社会发展进入新阶段和竞争格局的变化，县域经济的先天局限性逐步显现。

1. 区域分割严重，产业升级转型难

县市之间的独立和竞争，在改革开放市场经济发展的起步时期相互促进，推动浙江省各县市之间的竞争发展，但随着经济发展的逐步成熟，市场配置和要素禀赋的变化，加之"省管市"等一系列措施的推行，地级市的权威与作用减弱，加之县域自主权力的扩大，刺激着各县为了地区经济的发展而盲目地趋利避短，忽视了与周围各县之间的资源分配与统筹分工，阻碍了市场要素的分配流动，造成市场分割和恶性竞争。

2. 资源浪费严重，整合性差

浙江省的县域经济发展模式就是典型的"前店后厂"模式。企业就地办厂，呈分散式的布局，集生产、销售为一体，在发展的初期，这种模式能有效地节约生产和销售成本，带动县域企业成片发展，但从长期来看，分散的布局和不合理的规划导致环境污染和土地资源严重浪费。这种碎片零散式的布局缺乏跨区域产业链的延伸与区域间的合作分工，导致各县之间产业并存，造成严重的利益竞争。县级行政主体在整合自身资源、引进大企业时会受制于资源要素的限制，导致县域经济企业的起点低、规模小、技术含量低。由于土地资源有限，人才与技术创新不足，从而较难引进大型的企业，也很难与更高级的行政区域竞争。

3. 资源共享性差，高级要素难以集聚

在区域发展格局中，区域中心城市是最重要的增长极，发挥着集聚、辐射、共享区域要素的作用。但县域经济发展模式与大中型城市联系不够密切，导致大中型城市的人才、技术、资源辐射效应难以形成。中心城市的扩张使得周围县域的人口、资金、产业大量流入，一方面减弱了县域的吸引力；另一方面又对中心城市的交通、环境、治安造成重大的隐患。从20世纪90年代开始，浙江省大量的民营企业由于自身所处县域无法满足其对人才、资金、技术的需求而大量地向外省迁移，一方面是由于本地劳动力、土地成本提高；另一方面是因为省内多数中心城市缺乏高级要素的集中。①

世界城市联盟和加拿大科瑞澳公司对中国大都市区的一项研究表明，大都市区的形成和发展对中国城市化发展具有非常重要的意义②：①高效的大都市区可形成庞大的消费市场，往往都是消费者的集中地。②大都市区拥有规模巨大的劳动力市场，劳动力有高度流动性，企业更容易降低成本。劳动力的集聚产生很大的持续性教育和培训的需求，因此大都市区人力资本通常是比较成熟的。③大都市区土地市场比较发达，可为企业提供更多的区位选择机会。相对而言，外资进入长三角、珠三角时，选择的区位就比较灵活。④大都市区的市场高度融合，可为企业提供更为充分的生产资料。⑤大都市区是就业岗位最为集中的地区，就业岗位的选择和机会比其他地区要多，因此也是外来人口最为向往的地区。⑥大都市区为居民生活提供更多的选择，能为各个阶层的居民提供更宽的居住选择面，能吸引外来人口聚集。⑦从社会发展的角度来说，大都市区具有社会包容性，外来人口更容易在大都市区聚集，更加容易融入城市生活。⑧大都市区基础设施等

---

① 金建军. 浙江省县域经济向中心都市经济转型分析 [J]. 农村经济与科技, 2016 (13): 155-156.

② 佚名. 大都市区对中国城市化发展的意义 [EB/OL]. 浙江省发展和改革委员会网, 2008-09-02.

第三篇　路径研究
第八章　都市区建设——以浙江省城市群为例

公共服务实现规模效应的条件优越，特别是公共交通、环境保护，以及区域性的基础设施更容易产生需求，大型港口、机场往往在大都市区产生。

浙江省在新经济形势下想要获得新一轮发展，必须突破县域行政区划的框架，从原来的"县域经济"为主导转变为"都市区经济"为主导，周围县域的产业发展向中心城市转移，再由中心城市向县域进行产业扩散，从而加快产业升级转型，优化空间结构布局，形成区域内要素自由流动，区域布局合理，资源配置均衡，产业优劣互补的都市经济区。

（二）转型面临的困难

虽然从"县域经济"向"都市区经济"转型是必然趋势，但是转型也面临着一些现实的困难。

1. 县域强而多，中心弱而少

众所周知，浙江省的百强县众多，而真正算得上大城市的就只有杭州和宁波两个副省级城市，然而仅依靠杭州和宁波不足以带动整个省中心都市区的成型和协调发展，其他的中心城市又远未达到能吸引周边县市集聚的条件，这种县域经济过于强大的状况，极大地阻碍了中心都市的形成，大面积地造成了"县不服市""市难管县"的局面。

2. 产业低端，转型缺乏资金技术保障

浙江省民营经济占据主导地位，然而民营经济小而分散，传统产业占比大，且大多为较为低端的产业，利润不高，产业如果向中心都市转移或者升级，企业就要付出更多的劳动报酬和土地租金，这极大地打击了各中小企业的积极性。尽管省政府出台文件，提出要向高附加值、高新技术产业转型，而且还出台了税费减免、用地建设、技术财政支持的专项政策，但从实际情况来看，政策与资金的支持相对于众多的中小型企业来说只是杯水车薪。企业产业链短，产业低端，融资困难，技术有限，转型困难重重。

3. 地方保护主义制约要素流动

"县域经济"向"都市区经济"转型是一种趋势，然而这种趋势的产生和扩大会在长期内造成县域当地人口、资金、劳动力的大量流出，会弱化当地的吸引力，会对县域当地的企业发展与经济发展造成影响，地方保护主义的壁垒就会悄然建立。地方政府与企业的"不买账"就会造成中心都市的一厢情愿，使其"孤掌难鸣"①。

二、以大都市区带动城乡区域协调发展

党的二十大报告指出："以城市群、都市圈为依托构建大中小城市协调发展格局，推进以县城为重要载体的城镇化建设。"浙江省在以大都市区带动城乡区域协调发展方面部署较早。2013年11月，浙江省委十三届四次全体会议提出，要推动县域经济向都市区经济转型，核心是要推进产业集聚、要素集约、功能集成、产城融合，要着眼于推进城乡发展一体化、联动推进新型城市化和新农村建设，统筹城乡综合配套改革，大力推进城乡基本公共服务均等化，率先形成以工促农、以城带乡、工农互惠、城乡一体的新型工农城乡关系。2018年，浙江省政府工作报告提出"全面实施富民强省十大行动计划"，其中的"大湾区大花园大通道大都市区建设行动计划"就包括了大都市区的建设计划。2020年4月16日，浙江省省长在全省"四大建设"联席会议上指出，实施大都市区是浙江的新高地，必须以大都市区带动城乡区域协调发展。②

---

① 金建军. 浙江省县域经济向中心都市经济转型分析 [J]. 农村经济与科技，2016 (13)：155-156.

② 袁家军. 加快推进大湾区大花园大通道大都市区建设 [EB/OL]. 浙江新闻客户端，2020-04-17.

第三篇 路径研究

第八章 都市区建设——以浙江省城市群为例

（一）大都市区建设目标

全面实施"大湾区大花园大通道大都市区建设"是浙江省委、省政府的重大决策部署。大都市区是大湾区的主引擎、大花园的主支撑、大通道的主枢纽，是浙江省现代化发展引领极。围绕高质量推进面向未来的大都市区建设，着力打造体现现代化特征、具备核心竞争力和强大发展能级的大都市区，浙江省委、省政府对大都市区建设进行了系统谋划部署。[1]

高起点谋划大都市区建设目标定位。浙江省大都市区建设的总目标是"努力成为长三角世界级城市群一体化发展金南翼"，具体目标是"打造参与全球竞争主阵地、打造长三角高质量发展示范区、打造浙江现代化发展引领极"。

到 2022 年，全省大都市区的综合实力明显提高、特色优势更加鲜明、核心功能更加集聚、联系互动更为紧密、辐射带动更为显著。大都市区核心区 GDP 总量占全省的 78% 以上，常住人口总量占全省的 72% 以上，第三产业增加值占 GDP 的比重达到 60%，各类人才总量超过 1000 万人，城市轨道交通运营里程达到 850 千米以上，城市智慧大脑服务面积覆盖率达到 30% 以上。

到 2035 年，四大都市区全面建成充满活力的创新之城、闻名国际的开放之城、互联畅通的便捷之城、包容共享的宜居之城、绿色低碳的花园之城、安全高效的智慧之城、魅力幸福的人文之城，全省城乡实现高水平一体化发展，在长三角世界级城市群中的功能地位进一步提升，成为长三角最具影响力的战略资源配置中心、最具活力的新经济创新创业高地、最具吸引力的美丽城乡示范区，国际竞争力显著增强，达到世界创新型地区领先水平。

推进大都市区建设，应坚持以人为本，处理好"人与城"的

---

[1] 浙江省发改委城镇处. 浙江省大都市区建设新闻发布会在杭举行 [EB/OL]. 浙江省发展和改革委员会网, 2019-02-25.

关系，以人的城市化为核心，同步推进城的都市化；突出核心带动，处理好"主与辅"的关系，注重发挥中心城市与周边节点城市的积极性；注重面向未来，处理好"新与旧"的关系，注重未来城市谋划打造和现有城市转型提升；强化合力推进，处理好"统与分"的关系，注重发挥政府规划引导与市场化主导推进合力。

（二）分层次优化大都市区建设空间格局

全省形成以杭州、宁波、温州、金义四大都市区核心区为中心带动，以环杭州湾、甬台温、杭金衢、金丽温四大城市连绵带为轴线延伸，以四大都市经济圈为辐射拓展的"四核、四带、四圈"网络型城市群空间格局。

1. 强化"四核"

提升四大都市区核心区的极核功能，打造长三角城市群中心城市和重要增长极，充分发挥杭州数字经济、宁波港口开放、温州民营经济、金义商贸物流等特色优势，加快实施城市品质提升行动，全面建设高品质宜居宜业宜学宜游之都。

2. 联动"四带"

全面对接融入长三角一体化发展，构建贯通大都市区的北部环杭州湾、东部甬台温、中部杭金衢、南部金丽温四大城市群连绵带，突出杭绍甬一体化发展，充分发挥湖州、嘉兴、绍兴、衢州、舟山、台州、丽水等战略性节点城市及重要县域中心城市的特色作用，合力共建协同创新大走廊、海陆开放大通道、产业合作大平台、绿色生态经济带，强化区域创新链、产业链、生态链分工协作和深度融合。

3. 辐射"四圈"

以杭州都市区为核心，构建辐射全省乃至省际相邻区域的杭州都市圈，推动衢州等地有机融入；以宁波都市区为核心，涵盖绍兴嵊新组团，加强甬绍舟台紧密联动，构建海洋与内陆腹地双向辐射的宁波都市圈；以温州都市区为核心，涵盖乐清湾区域，构建与台州、丽水紧密联动的温州都市圈；以金义都市区为核心，构建与衢州、丽水紧密联动的金义都市圈。进一步加强大都市核心区与都市圈域的资源共享、产业共兴、交通共联、生态共保，在更大范围形成优势互补、互促共进、均衡协调的一体化发展格局。

（三）全方位落实大都市建设

1. **建设充满活力的创新之城**

以G60科创大走廊为统领，打造一批科技创新发展带和高质量发展的科技城。支持浙江（杭州、宁波）创建全国综合性产业创新中心，构筑高端人才集聚高地，构建现代产业体系、推进各类开发园区整合提升、强化创新创业服务体系建设。

2. **建设闻名国际的开放之城**

以"一带一路"为统领，高水平建设中国（浙江）自由贸易试验区、电子世界贸易平台（eWTP）、宁波"一带一路"建设综合试验区等特色板块建设，打造长三角更高层次对外开放新高地、新型国际贸易金融中心，构建一流国际营商环境，建设一批国际社区，全面加快四大都市区城市国际化、企业国际化、人才国际化进程。

3. **建设互联畅通的便捷之城**

以构建省际省会城市、省域中心城市、市域城镇节点、城区点对点4个"1小时"交通圈为引领，重点建设杭州、宁波、温州空港枢纽，以及杭州城西、宁波西、温州东、金义综合交通枢纽，建设"轨道上的都市"、打造交通门户枢纽、构建城际快速通道、优化城区交通组织、发展未来智能交通。

4. 建设包容共享的宜居之城

突出公共服务同城化发展，着力提升大都市区吸纳集聚能力、有序推进农业人口转移转化、提升公共服务品质水平、建立便捷生活服务圈、建设老幼友好型城市社区，重点建设杭州钱江新城—钱江世纪城、宁波东部新城—东钱湖新城、温州瓯江口新区、金义都市新区等城市功能平台。

5. 建设绿色低碳的花园之城

重点保护千岛湖—钱塘江生态安全带、杭州湾生态保护圈、浙北生态湿地、浙东沿海生态走廊、浙中生态廊道，构建大都市区生态景观带、推进区域生态协同治理、推动城市空间集约开发、推行低碳节能的生产生活方式。

6. 建设安全高效的智慧之城

建设高速泛在的信息基础设施网，建设信息共享数据大平台、高水平建设城市大脑系统、打造安全智能防灾减灾体系，推进建设一批绿色智慧未来社区试点。

7. 建设魅力幸福的人文之城

着力振兴大运河、钱塘江、浙东唐诗之路、瓯江山水四大诗路文化带，打造城市文化金名片，建设浙派特色文化风貌，重点建设之江文化产业带、宁波文创港、横店影视文化产业集聚区等文化产业平台，扩大国际文化影响力，激发城市文化发展活力。

三、四大都市区发展方向

浙江省的杭州、宁波、温州、金义四大都市区，根据各自的区域发展特点，形成了各自的发展方向。

（一）杭州都市区

杭州都市区是浙江省综合实力最强的都市区。杭州都市区建

第三篇　路径研究

第八章　都市区建设——以浙江省城市群为例

设以数字经济为特色、独特韵味的世界名城，重点打造杭州城西科创大走廊、钱塘江金融港湾、沿湾智造大走廊等功能平台。2020年6月，杭州市、湖州市、嘉兴市和绍兴市人民政府联合印发《杭州湖州嘉兴绍兴共建杭州都市区行动计划》，明确了未来杭州都市区发展方向。

到2022年，都市区"1小时通勤圈"基本建成，环境污染联防联治机制进一步完善，公共服务共建共享机制不断健全，创新引领的区域产业体系和协同创新体系基本形成，一体化发展先行区建设取得实质性突破，都市区综合实力、创新能力和国际影响力明显增强，基本建成一体化程度较高、具有较强影响力和竞争力的国家级现代化都市区。

到2035年，成为具有全球影响力的数字经济中心、"互联网+"科创中心、世界级先进制造中心、国际金融科技中心、国际文化创意中心、国际重要的休闲旅游中心，在长三角城市群中的功能地位进一步提升，达到世界创新型地区领先水平，成为具有全球影响力的都市区。[1]

杭州都市区将围绕推进"七个之城"建设，着眼"顶层机制、先行板块、标志项目、民生普惠"等关键环节，不断增强都市区能级和竞争力，加快重点区域高质量一体化，学习借鉴长三角生态绿色一体化示范区区域合作试点经验，优化实体化运作的都市区协同机制，建立工作联席会议机制，形成"1+1+1+1＞4"的合力。其主要任务为：一是打造数字经济和新制造业"双引擎"，建设充满活力的创新之城；二是持续提升城市国际化水平，建设闻名国际的开放之城；三是加快构筑一体化综合交通网络，建设直连直通的便捷之城；四是坚定践行"两山"理念，建设绿

---

[1] 杭州市人民政府，湖州市人民政府，嘉兴市人民政府，绍兴市人民政府.关于印发杭州湖州嘉兴绍兴共建杭州都市区行动计划的通知（杭政函〔2020〕58号）[EB/OL].杭州市政府网，2020-06-24.

色低碳的花园之城；五是共同推进文化兴盛行动，建设魅力幸福的人文之城；六是提升城市治理现代化水平，建设安全高效的智慧之城；七是高品质增进民生福祉，建设包容共享的宜居之城；八是以一体化发展先行区为先导，共建空间融合的城乡，共建杭嘉、嘉湖、杭绍一体化先行区。

（二）宁波都市区

宁波都市区是浙江省四大都市区的重要组成部分，也是长三角城市群五大都市圈之一。2021年2月，宁波、舟山、台州三地人民政府联合发布《宁波都市区建设行动方案》，明确宁波都市区包括宁波市域、舟山市域和台州市域，延伸至绍兴市新昌县、嵊州市等周边区域。

宁波都市区建设以开放创新为特色的国际港口名城，重点打造甬舟开放大通道、北翼产业制造大走廊、甬江科创大走廊、环象山港—三门港—台州湾海洋经济平台等功能平台。

根据《宁波都市区建设行动方案》，宁波都市区将努力构建"一主一副四片两带"空间结构，建设成为以开放创新为特色的国际港口名城，打造全球综合枢纽、国际港航贸易中心、国家智造创新中心、亚太文化交往中心、幸福宜居美丽家园，在推进新型城镇化、构建对外开放新格局和长三角一体化发展方面发挥示范引领作用。

宁波都市区将构建"一主一副四片两带"空间结构，"一主"指甬舟主中心，"一副"指台州副中心，"四片"指宁象三门片、岱嵊片、天仙临片、玉温片，"两带"指甬舟开放发展带和东部海洋海岛发展带。

宁波都市区将建设五大体系：通过打造重大创新平台载体、培育一批万千亿级现代产业集群、建设高端人才集聚高地、强化创新创业服务体系建设，建设现代化产业创新体系。通过深度参与"一带一路"建设、高水平建设浙江自由贸易试验区、发展更

第三篇 路径研究
第八章 都市区建设——以浙江省城市群为例

高水平的开放型经济、打造国际一流营商环境等,建设现代化开放体系。通过打造宁波舟山港一体化2.0、建设综合交通门户枢纽、构建都市区对外便捷交通、构筑都市区内部快速路网、优化都市区公交网络、强化其他基础设施共建,建设现代化交通体系。通过构建一体化旅游网络、推动文化产业联动发展、共同打造文旅体"金名片"、加快建设一体化文旅体市场,建设现代化文旅体系。通过共同建设智慧城市、合作共享公共服务、共筑舒适生活环境、共治共保生态环境、探索推进政务服务同城化,建设现代化城市品质体系。①

(三) 温州都市区

温州都市区范围包括温州市域、丽水市青田县。核心区范围包括温州市区、乐清市、瑞安市、永嘉县、平阳县、苍南县、龙港市。2019年12月,温州、丽水两市联合发布的《温州都市区建设行动方案》②,为未来温州城市发展指明了方向。

其建设目标是:对标长三角先进城市,围绕"百万人才、千万人口、万亿GDP"的奋斗目标,打造以国际时尚智造为特色的中国民营经济之都,建设中国时尚产业智造中心、世界华商综合发展交流中心、东南沿海医疗康养中心、全国性综合交通枢纽、浙南闽北区域中心城市。到2022年,都市区经济总量达到8000亿元左右,形成都市区、市域、城区3个"1小时交通圈",成为长三角一体化发展重要"南大门"和对接闽台的"桥头堡",温州都市区作为全省经济增长第三极的地位得到夯实。到2035年,全面建成充满活力的创新之城、闻名国际的开放之城、互联畅通的便捷之城、包容共享的宜居之城、绿色低碳的花园之城、安全高效的智慧之城、魅力幸福的人文之城和智造发达的时尚之城,

---

① 易鹤,叶翔.宁波都市区建设行动方案印发[N].宁波日报,2021-02-26(A1).
② 温州市人民政府,丽水市人民政府.关于印发温州都市区建设行动方案的通知(温政发〔2019〕18号)[EB/OL].温州市政府网,2019-12-12.

跻身全国沿海城市先进行列。

1. 优化都市区空间格局

（1）构建"一主两副三轴四带"空间格局。温州都市区范围包括温州市域、丽水市青田县；核心区范围包括温州市区、乐清市、瑞安市、永嘉县、平阳县、苍南县、龙港市，逐步实现核心区范围市域全覆盖。都市区以"环山、跨江、面海"为主要方向，构建"一主两副三轴四带"的总体空间格局。主中心以环大罗山区域为中心，北跨瓯江，与永嘉瓯北、三江、黄田片一体化发展，南跨飞云江，与瑞安一体化发展；主中心南北分别以乐清和平阳、苍南、龙港为有力两翼，打造支撑都市区发展的副中心；沿中部沿江发展轴、东部沿海发展轴、西部生态发展轴三条轴，聚力发展沿海先进智造产业带、环大罗山科创产业带、西部生态休闲产业带、瓯江山水诗路文化产业带四条产业带，提升都市区产业竞争力。

（2）建设浙南闽北赣东都市圈。以温州都市区为核心，涵盖乐清湾区域，构建与台州、丽水紧密联动的温州都市圈。以甬台温城市群连绵带、金丽温城市群连绵带为重点，加强空港、海港、陆港、信息港"四港"联动，推进与台州、丽水、衢州、宁德、南平、上饶等周边地区节点城市的互联互通。以打造温台民营经济创新示范区为目标，以乐清湾区域统筹发展为重点，建立健全以乐清、温岭、玉环为重点的温台合作交流机制，开展温台跨区域发展政策协同试点。以瓯江山水诗路和浙西南生态旅游带建设为契机，加强与丽水、衢州的合作，共创浙皖闽赣国家生态旅游协作区。

2. 推进都市区协同发展

（1）推进主中心一体化。优先打造中心城区核心区，加快"大拆大整"后城市空间全域谋划开发，推动功能性区块、标志性项目、地标性景观建设,打造最能体现温州核心竞争力的城市核心区。加快中心城区"向东面海"发展,深化瓯洞一体化,推进瓯江口和浙南产业集聚区产城融合,优化调整东部空间和功能布局。破除现有行政区划分割,统筹谋划和推进资源要素配置、公共设施建设和生产力布局,推进中心城区扩容提质。深化瓯江两岸和温瑞平原一体化,推动温州中心城区向南北扩展,加速都市区主中心一体化发展。

(2) 加快建设南北副中心。加快建设乐清副中心,统筹推进柳市新区(柳白新城)、经济开发区、滨海新区、乐清湾港区、雁荡山旅游区五大区块发展,统筹推进雁楠一体化和乐清湾建设,形成辐射环乐清湾城镇群的门户。培育发展南部副中心,推进鳌江流域一体化发展,聚力建设平阳滨海新兴产业园、龙港新城产业区等产业平台,建设美丽浙江"南大门"。

(3) 打造西部重要发展极。加快永嘉、文成、泰顺、青田县城建设,推动县城和中心镇联动发展,大力推进人口向县城和中心镇集聚。全面实施乡村振兴战略,差别化推进中心镇建设,因地制宜推动小城镇发展,有序推进边远村镇整合集聚发展,建设各具特色的小城镇。

3. 提升中心城区首位度

(1) 加快城市有机更新。高质量、高标准改善城市居住条件,加快市区3万亩的重点拆改区块的"清零",启动老旧住宅小区改造,实施市区新一轮安置提速行动。滚动实施中心城区工业企业3年搬迁改造计划,基本完成限制发展区范围工业企业搬迁,实现市区工业企业向平台集聚。

(2) 优化提升城市功能平台。加大"两线三片"和17个区级重点区块开发及有机更新力度,高水平推进七都区块开发建设,着力打造一批经得起检验的传世精品之作。集中力量推进滨江商务区、中央绿轴、高铁新城、瓯海南部新区、东部综合交通枢纽、瓯江口新区、浙南产业集聚区滨海新区、瓯江北岸城市新区、温州北高铁枢纽建设，促进城市布局调整和功能提升。

（3）发展壮大城市经济。大力培育发展"四新经济"，实施城市经济新业态培育行动，市区新业态增加值年均增速15%。大力实施服务业重点领域高质量发展行动，推动生产性服务业向专业化和价值链高端延伸、生活性服务业向精细化和高品质转变。大力发展总部经济，制定实施中心城区楼宇经济发展规划，打造地标性的"楼宇群""楼宇圈"。

（四）金义都市区

金义都市区规划范围包括金华市域和丽水缙云县，总面积1.24万平方千米。金华市区和义乌是发展主核。都市区协调区范围包括龙游县和诸暨市南部。根据《金义都市区规划（2019—2035年）》，金义都市区战略定位为：以丝路开放为特色的世界小商品之都、国际影视文化之都、创新智造基地、和美宜居福地。

其建设目标是：到2025年，金义都市区能级迈上新台阶，全市GDP达到6400亿元，各类人才总量达到200万人，都市区"1小时交通圈"基本形成，金义主核人口和经济占比稳步提升，"30分钟通勤圈"初步实现。到2035年，基本建成现代化都市区，金义一体化全面形成，全市GDP达到1万亿元，各类人口总量达到300万人，金义主核人口、经济占比分别提升至60%和52%。到21世纪中叶，全面建成高质量高水平网络状城市群、组团式现代化都市区。

1. 总体布局

从空间结构上，金义都市区城镇功能格局为"一主两带多组团"。"一主"指以金华市区和义乌市为核心、金义都市新区为战略发展中心，通过聚合发展形成的金义主轴和发展主核；"两带"指金兰永武缙发展带和义东浦磐发展带；"多组团"指都市区范

第八章 都市区建设——以浙江省城市群为例

围多个城镇功能组团。

生态魅力格局为"两区两片多廊道"。"两区"指生态绿心魅力区和大金华山文化区;"两片"指东侧大盘山生态保护区和西南侧仙霞岭生态保护区;"多廊道"指8条水脉和11条生态廊道。

从城镇体系上,规划形成"都市区中心城市—县(市)域中心城市—中心镇——般镇"四级等级中心体系,形成"大城市—中等城市—小城市—小城镇"四级城镇规模结构体系。

从主体功能区与县市指引上,省级重点开发区域包括金华市区、义乌市、兰溪市、东阳市、永康市;省级生态经济区包括武义县、浦江县、缙云县;省级重点生态功能区包括磐安县。

2. 发展战略重点

(1) 多维链接,融入区域开放合作格局。深化对外开放大通道,深度融入国家"一带一路"建设,构建线上线下国际物流网络。融入长三角一体化发展格局。北向融入大湾区,积极对接谋划杭金(义)甬一体化发展,全面融入杭州大都市圈发展,对接上海全球城市辐射外溢,加快建设义甬舟大通道。东南向对接温台沿海,加强口岸合作和组织多式联运,加强科技创新领域的合作,西向辐射带动四省九方区域,建设区域性公共服务中心,与周边城市共建国际魅力圈。

(2) 能级提升,打造世界小商品之都。围绕"大众贸易自由化、便利化",以更大力度协同区域推进对外开放,强化与沪杭甬舟联动发展,共建长三角一体化高水平贸易平台。

(3) 全域联动,建设国际影视文化之都。充分发挥金义都市区交通区位优势、山水人文禀赋和产业发展基础,建设国际性影视文化旅游胜地。

(4) 高质量发展,建设创新智造基地。全面助推G60科创大走廊建设,加强跨区域重大创新平台、人才等合作,把金华建成长三角南翼重要的创新技术转化基地。

（5）高品质生活，建设和美宜居福地。建设林城一体，林水相依，人与自然和谐相处的国家森林城市群，保护"八江、百溪、千塘"蓝色空间与"一心三片"绿色空间，管控11条组团生态廊道。

四、融入上海大都市圈

从全球发展趋势来看，随着经济现代化水平逐步提高，城市群一体化的趋势越来越明显，中心城市及周边的中小城市必然形成一体化程度最强的都市圈，成为生产要素高效集聚的增长极。围绕核心大城市，在半径几十甚至上百千米的范围内，建成网络化的轨道交通和高速公路，人口、土地、资本等生产要素由市场力量进行配置，都市圈成为日常"通勤圈"。无论是国家的发展，还是城市群的发展，都需要形成以大城市为核心的都市圈，作为一体化高质量发展的增长极。[1] 近年来，上海、南京、杭州、合肥等大城市都正在形成与周边中小城市一体化发展的都市圈。

上海大都市圈建设是上海与周边8个城市的"大合唱"，与南京、杭州、苏锡常、宁波都市圈等互为腹地、相互促进。浙江四大都市区，从城市群的角度分析，宁波都市区属于上海大都市圈的范围，杭州都市区与上海都市圈区位相连。因此，积极融入上海大都市圈，是实现长三角区域一体化的关键。2022年9月28日，上海市人民政府、江苏省人民政府、浙江省人民政府联合发布《上海大都市圈空间协同规划》（以下简称《规划》）。这是中国首个跨区域、协商性的国土空间规划，旨在打造具有全球影响力的世界级城市群。[2]

《规划》范围包括上海市及周边苏州市、无锡市、常州市、

---

[1] 陆铭．以都市圈为增长极，促进长三角一体化高质量发展［EB/OL］．澎湃新闻，2022-09-29．

[2] 王可．上海大都市圈空间协同规划发布［EB/OL］．中证网，2022-09-29．

第三篇　路径研究

第八章　都市区建设——以浙江省城市群为例

南通市、嘉兴市、湖州市、宁波市、舟山市在内的"1+8"城市市域行政范围，总面积约5.6万平方千米，海域面积4.7万平方千米。

上海大都市圈以占长三角约1/6的陆域面积，承载了长三角1/3的人口和约1/2的经济总量。上海大都市圈将共建世界级高端制造集群体系，加速提升四大技术成长型产业集群体系，分别为生物医药、电子信息、高端装备制造、新能源；巩固强化两大现状优势型产业集群体系，分别为绿色化工、汽车制造；持续培育未来战略型产业集群体系，分别为航空航天、海洋产业。

上海大都市圈将打造极具竞争力的世界级枢纽体系。一是打造协同共赢的世界级机场群，巩固提升上海国际航空枢纽地位，增强面向长三角、全国乃至全球的辐射能力，推动与周边机场优势互补、协同发展。二是共建分工协作的世界级港口群，做大做强上海国际航运中心集装箱枢纽港，优化区域港口功能布局，推动港口群更高质量地协同发展，完善区域港口集疏运体系，突出江海联运、海铁联运。

浙江省要进一步加强上海大都市圈与杭州都市圈的联动发展，在规划落实中突出沪杭同城一体化发展。进一步加快打造上海大都市圈一体化标志性工程，聚焦聚力创新、产业、交通、生态、文化等重点领域，定期接续滚动实施打造一批标志性工程和项目，带动和促进上海大都市圈更高质量地一体化发展。进一步增强"一盘棋"意识，联动推进《上海大都市圈空间协同规划》和近期行动计划实施落地。①

---

① 佚名. 努力建设卓越的全球城市区域[N]. 解放日报, 2022-09-28 (01).

第九章 省级新区建设
——以浙江省新增长点为例

城市新区既具有独立性，又依托于城市整体；既具有自己的城市功能，又与旧城区功能相辅相成。新区立足于郊区化，分担老城区的部分功能，相对于城市传统的中心区、乡村地区，在地域空间上具有相对明确的发展界限，具有完整性和独立性。新区无论是在空间上还是在社会组织管理系统上，都存在可感知和可被认同的界限，是城市复杂大系统下的一个子系统，但本质上都说明了新区具有独立性、系统性，具有自己的城市功能、地域相对独立。浙江省有关省级新区的设置，对发展开放型经济，构建现代产业体系，推进自主创新，加强资源节约和环境保护，大力发展社会事业，促进城乡区域协调发展具有重要作用。

一、省级新区历史沿革

分析浙江七大省级新区的发展历史可以发现，大多是在原来经济开发区的基础上，在2010年开始建设产业集聚区，在2019年之后转型为省级新区。其发展历程大致可以分为以下三个阶段。

（一）第一阶段：经济开发区

1984年，浙江省成立了第一个开发区——宁波经济技术开发区。1992年，浙江省第一批省级经济开发区成立，包括象山经济开发区、富阳（原名富春江）经济开发区、嘉兴经济开发区、金华经济开发区和义乌经济开发区。

浙江省七大省级新区其前身均为各级开发区。钱塘新区的前

第三篇 路径研究
第九章 省级新区建设——以浙江省新增长点为例

身是1993年4月4日国务院正式批准设立的杭州经济技术开发区；2000年4月27日，国务院批准在杭州经济技术开发区内设立浙江杭州出口加工区。前湾新区的前身是慈溪经济开发区，2005年6月，国务院批准在慈溪经济开发区内设立浙江慈溪出口加工区。绍兴滨海新区的前身是绍兴袍江经济技术开发区和绍兴高新技术产业开发区。南太湖新区的前身是1992年8月浙江省人民政府批准设立的湖州经济技术开发区和1995年浙江省人民政府批准设立的浙江环太湖农业对外综合开发区（湖州太湖旅游度假区）。台州湾新区的前身是1997年5月12日成立的台州经济开发区。温州湾新区的前身是温州高新技术产业开发区和温州经济技术开发区。金义新区虽然由金东区演变而来，但金东区也存在过孝顺、傅村、鞋塘三镇成立的金东开发区，汤溪、罗埠、洋埠三镇成立的金西开发区。

（二）第二阶段：产业集聚区

浙江省委、省政府在2009年12月全省经济工作会议上提出，要扎实推进"大平台大产业大项目大企业建设"，在主体功能区规划和三大产业带发展规划的基础上，谋划和构筑一批产业集聚区，纳入省级战略层面进行统筹规划、重点培育。2010年7月21日，浙江省委、省政府办公厅印发了《关于加快推进产业集聚区建设的若干意见》（浙委办〔2010〕74号），明确建设杭州大江东产业集聚区、宁波杭州湾产业集聚区、温州瓯江口产业集聚区，以及义乌商贸服务业集聚区等14个省级产业集聚区，并提出了一系列保障其建设的支持性举措。

所谓产业集聚区，是指资源优势明显、集约发展条件优越、产业基础较好、开发潜力较大，能够建设成为三次产业融合、城乡统筹协调、人与自然和谐的区域发展新空间。规划建设一批产业集聚区，是浙江省贯彻落实科学发展观、拓展新的发展空间、加快经济发展方式转变、增强综合实力和可持续发展能力的战略举措，对于构建现代产业体系、优化生产力布局、建设生态文明等都具有重要意义。

1. 产业集聚区是浙江省优化产业空间布局的新举措

改革开放以来，浙江省经济发展迅速，但由于浙江省地形为七山一水两分田，土地资源稀缺，开发建设空间已严重不足。为此，浙江省选择了一批区位条件较优、开发空间较大的区域，作为发展大产业、承接大项目、培育大企业的战略平台，形成浙江省经济新的增长点。而且浙江省已进入经济转型升级的关键时期，面对经济与产业结构调整的突出问题，也必须充分依托新的发展空间，来集聚科技、人才等高端要素，加快培育九大战略性新兴产业、改造提升传统优势产业集群，构建具有国际竞争力的现代产业体系。

2. 产业集聚区是新型工业化与新型城市化相结合的示范区

产业集聚区首先应是新型工业化示范区。各集聚区要依托现有产业基础、利用港口岸线、空间布局等优势，大力发展战略性新兴产业、现代服务业和高效生态农业，加快推动传统块状经济向现代产业集群转型，积极探索发展循环经济和低碳经济，带动全省的新型工业化进程。

产业集聚区也应是新型城市化先行区。针对浙江省城市化进程中存在的问题，产业集聚区建设中要注意疏解中心城市过度集中的人口和产业，实现区域城市功能和空间布局的优化配置。同时，通过资源要素的充分流动及城市基础设施的共享与联建，推动浙江省的都市圈和城市群建设。最终通过集聚区与周边地区的良性互动，推进城乡一体化和区域统筹发展，带动全省的新型城市化进程。

3. 产业集聚区是创新与改革相结合的先行区

产业集聚区首先是科技创新的引领区。浙江省14个省级产业

第九章 省级新区建设——以浙江省新增长点为例

集聚区在培育战略性新兴产业、发展现代服务业,以及提升改造传统优势产业方面均有明确的定位导向。产业集聚区确立了科技强区、创新发展的目标,有效集聚科技、人才等创新资源,全面营造创新氛围,提高产业转型创新水平、产学研协同创新能力,成为科技引领区域经济发展的示范区。

产业集聚区也是体制机制改革的试验区。产业集聚区在管理体制和机制改革方面要先行先试,力争在重点领域、关键环节率先取得突破,建设成为全省体制改革实验区。

浙江省规划布局的14个产业集聚区分别是:杭州大江东产业集聚区,布局于钱塘江沿岸的大江东区域;杭州城西科创产业集聚区,布局于余杭西部和临安东部;宁波杭州湾产业集聚区,布局于杭州湾南岸、慈溪市北部;宁波梅山物流产业集聚区,布局于宁波梅山岛及周边区域;温州瓯江口产业集聚区,布局于瓯江口区域;湖州南太湖产业集聚区,布局于湖州市南太湖区域;嘉兴现代服务业集聚区,布局于嘉兴中心城区的东南部;绍兴滨海产业集聚区,布局于绍兴市北部、杭州湾南岸;金华产业集聚区,布局于金华市区和兰溪市的东部;衢州产业集聚区,布局于衢州市中部盆地的低丘缓坡地带;舟山海洋产业集聚区,布局于舟山本岛和若干重要岛屿;台州湾循环经济产业集聚区,布局于台州市区、临海、温岭的东部沿海区域;丽水生态产业集聚区,布局于丽水市中部的盆地区域;义乌商贸服务业集聚区,布局于义乌市。[1]

(三) 第三阶段:省级新区

中共浙江省第十四次党代会提出,谋划实施"大湾区"建设行动纲要。在大湾区建设的背景下,作为中观布局的平台,省级

---

[1] 浙江省人民政府. 浙江省产业集聚区发展总体规划(2011—2020年)[EB/OL]. 浙江省政府网, 2010-09-21.

新区在2019年开始陆续由省政府批复设立。

2019年4月2日，浙江省人民政府批复同意设立杭州钱塘新区。杭州钱塘新区规划控制总面积531.7平方千米，空间范围包括现杭州大江东产业集聚区和现杭州经济技术开发区，托管管理范围包括江干区的下沙、白杨2个街道，萧山区的河庄、义蓬、新湾、临江、前进5个街道，以及杭州大江东产业集聚区规划控制范围内的其他区域（不含党湾镇所辖接壤区域的行政村）。杭州钱塘新区按照"一个平台、一个主体、一套班子、多块牌子"的体制架构，保持原有3个国家级牌子（杭州经济技术开发区、浙江杭州出口加工区、萧山临江高新技术产业开发区）不变，同步撤销区域内省级以下产业平台牌子。2021年3月11日，浙江省人民政府发布《关于调整杭州市部分行政区划的通知》，设立杭州市钱塘区，以原江干区的下沙街道、白杨街道和杭州市萧山区的河庄街道、义蓬街道、新湾街道、临江街道、前进街道的行政区域为钱塘区的行政区域。由此，钱塘新区进入了政区合一的新时期。

2019年4月30日，浙江省人民政府批准设立湖州南太湖新区。湖州南太湖新区规划控制总面积225平方千米，空间范围包括现湖州南太湖产业集聚区核心区，湖州经济技术开发区、湖州太湖旅游度假区全部区域，湖州市吴兴区环渚街道5个村，以及长兴县境内的部分弁山山体。托管管理范围包括湖州市吴兴区凤凰街道、康山街道、龙溪街道、仁皇山街道、滨湖街道、杨家埠街道，环渚街道的5个村，以及长兴县境内的部分弁山山体。批复要求南太湖新区按照"一个平台、一个主体、一套班子、多块牌子"的体制架构，按程序成立新区管理机构，保持原有两块国家级牌子（湖州经济技术开发区、湖州太湖旅游度假区）不变，同步撤销省级以下产业平台牌子。

2019年7月9日，浙江省政府批复同意设立宁波前湾新区。宁波前湾新区规划控制总面积604平方千米，空间范围包括现宁波杭州湾产业集聚区（面积约353.2平方千米），以及与其接壤的余姚片区（面积约106.6平方千米）和慈溪片区（面积约144.2平方千米）。四至范围为：东至寺马线—胜山镇边界—水云浦，南至四塘横路—长河镇边界—潮塘横江—新城大道—明州大道，西至余姚临山镇边界，北至十二塘。按有关规定和程序成立新区管理机构，保持宁波杭州湾经济技术开发区、慈溪出口加工区等现有国家级牌子不变，同步撤销宁波杭州湾产业集聚区等省级以下产业平台牌子。

2019年11月25日，浙江省政府批复同意设立绍兴滨海新区，成立新区管理机构，保留原有两块国家级牌子（绍兴袍江经济技术开发区、绍兴高新技术产业开发区）不变，同步撤销省级以下产业平台牌子。11月29日，绍兴滨海新区正式挂牌成立。新区规划控制总面积430平方千米，空间范围包括绍兴滨海新城江滨区、绍兴袍江经济技术开发区、绍兴高新技术产业开发区、镜湖片区，托管绍兴市越城区皋埠街道、马山街道、孙端街道、东湖街道、灵芝街道、东浦街道、斗门街道、稽山街道、迪荡街道和绍兴市上虞区沥海街道共10个街道。

2020年5月18日，浙江省政府批复同意设立金华金义新区。金华金义新区规划控制总面积约661.8平方千米，空间范围包括现金华市金东区全域，以金华市金东区四至范围为界。省政府批复要求金义新区按程序成立新区管理机构，保持现有金义综合保税区牌子不变，暂时保留金华高新技术产业园区牌子，继续发挥中国（义乌）跨境电子商务综合试验区和义乌国际贸易综合改革试验区等作用，同步撤销金华新兴产业集聚区、金义都市新区等省级以下产业平台牌子。

2020年7月13日，台州湾新区获浙江省政府批复设立。台州湾新区与椒江、黄岩、路桥三区接壤，辐射临海、温岭两市，规划总面积138.46平方千米，是台州市委、市政府举全市之力打造的现代化高能级战略大平台。台州湾新区按照"一个平台、一个主体、一套班子、多块牌子"的体制架构，按程序成立新区管理机构，暂时保留台州高新技术产业园区牌子，同步撤销台州湾循环经济产业集聚区等省级以下产业平台牌子。其发展定位是"长三角民营经济高质量发展引领区、大湾区临港产业带合作新高地、浙东南先进制造业引领区、台州湾港产城深度融合新城区"。

2022年1月22日，浙江省政府批复成立温州湾新区。温州湾新区规划控制总面积约158.48平方千米。温州湾新区设立后，原有的温州高新技术产业开发区、温州经济技术开发区的国家级牌子保持不变，撤销省级以下牌子，与温州高新技术产业开发区、温州经济技术开发区综合设置管理机构，并按程序报批，实行统一管理、统一规划、统一招商、统一协调。其发展定位是"发挥民营经济特色优势，坚持节约集约，统筹资源要素，突出主导产业，深化产城融合，着力打造全国民营经济高质量发展示范区、长三角先进制造集聚高地、浙江东南沿海科技创新高地、温州都市区产城融合新城区"。

二、省级新区发展特点与存在的问题①

虽然浙江省的省级新区建设时间不长，但是新区发展已经形成了自身的一些特点，也有一些问题亟待解决。

(一) 新区发展特点

1. 空间布局合理：优势聚集、外联内合

七大新区总体围绕浙江省大湾区"一环、一带、一通道"的空间布局设立，空间总面积2749.44平方千米（见表9-1）。从空间构成看，七大新区空间基底主要由国家级、省级高能级产业集

---

① 本部分内容为浙江省院士专家服务中心课题"高标准建设省级新区 推进浙江省大湾区发展的对策研究"的研究成果，感谢课题合作者俞国军博士。

第三篇　路径研究

第九章　省级新区建设——以浙江省新增长点为例

聚平台构成，集中了浙江省经济社会发展的重要优势资源。从新区间关系看，各新区通过高铁、高速公路、国道、省道等相贯通，构成了一个有机结合的空间整体。从外部联动看，七大新区是浙江省对外联系的重要节点，已成为浙江省融入国内经济大循环和国内国际双循环的重要门户。

表9-1　浙江省七大省级新区空间范围

新区名称	成立时间	空间面积（平方千米）	空间范围
杭州钱塘新区	2019.4	531.7	涵盖原杭州大江东产业集聚区和原杭州经济技术开发区
湖州南太湖新区	2019.4	225	涵盖原湖州南太湖产业集聚区核心区，湖州经济技术开发区、湖州太湖旅游度假区全部区域，吴兴区环渚街道部分区域，以及长兴县境内的部分弁山山体
宁波前湾新区	2019.7	604	涵盖杭州湾新区、中意（宁波）生态园、慈溪高新技术产业开发区和环杭州湾创新中心等区块围合而成的滨海连片空间
绍兴滨海新区	2019.11	430	涵盖绍兴滨海新城江滨区、绍兴袍江经济技术开发区、绍兴高新技术产业开发区和镜湖新区片区
金华金义新区	2020.5	661.8	涵盖金东区全域和金华新兴产业集聚区、金义综合保税区、金义都市新区
台州湾新区	2020.7	138.46	涵盖原台州湾循环经济产业集聚区东部区块、台州高新技术产业园区东扩区块和滨海工业区块、台州市椒江区委托管理区块
温州湾新区	2022.1	158.48	涵盖原温州高新技术产业开发区、温州经济技术开发区、空港片区、龙湾二期围垦、瓯飞一期（北片）

资料来源：笔者整理。

— 165 —

2. 区位禀赋优厚：交通便捷、资源丰富

作为浙江省经济高质量发展主阵地，七大新区的区位条件与资源优势得天独厚。区位交通方面，钱塘新区毗邻萧山国际机场、杭州东站，拥有杭州湾出海码头；南太湖新区是湖州高铁枢纽门户；前湾新区拥有面向沪杭甬苏四地的区域"四向三通道"对外交通网络；滨海新区境内两侧各有5000吨级海运码头；金义新区毗邻铁路金华站、义乌站和义乌机场；台州湾新区毗邻台州机场、甬台温铁路。资源要素方面，南太湖新区拥有广阔的太湖水域、浙江省唯一综合评定5A级的天然温泉和长田漾原生态湿地，但可拓展土地空间较少。而其他六大新区拥有较多可拓展的用地空间。

3. 产业基础扎实：未来导向、高端发展

钱塘新区重点发展半导体、生命健康、智能汽车及智能装备、航空航天、新材料等，以及研发检测、电子商务、科技金融、软件信息、文化旅游产业；南太湖新区重点发展数字经济、新能源、生物医药和现代金融、现代物流、旅游休闲等产业；前湾新区重点发展汽车制造、高端装备、生命健康、新材料、电子信息等产业；滨海新区重点发展集成电路、现代医疗、高端装备、新材料等战略性新兴产业；金义新区重点发展数字经济、智能制造、跨境贸易等产业；台州湾新区重点发展航空航天、汽车、高端智能装备、新材料、数字经济、电子信息、生命健康，以及智慧物流、科技金融、总部经济等产业。2020年，省级新区实现地区生产总值3402.05亿元（未含台州湾新区）。

4. 创新驱动明显：研发先导、项目推动

一是产学研合作加快推进。例如钱塘新区推动区内企业与高校建立深入合作交流机制，加强企业创新研发能力；南太湖新区累计引进中科院系创新中心14个、校地合作平台33个。二是优

第三篇　路径研究

第九章　省级新区建设——以浙江省新增长点为例

质项目加快落地。如南太湖新区聚焦新能源汽车及关键零部件、数字经济核心产业、生命健康和休闲旅游等，截至2020年，累计签约亿元以上项目92个、总投资超1300亿元；前湾新区已集聚了吉利、上汽大众两大整车龙头企业和200多家汽车零部件企业，汽车产业集群正加快形成。三是项目技改加快推进。例如2020年台州湾新区完成规上企业数字化改造60家，新增规上服务业企业8家、国家高新技术企业24家、省级科技型中小企业37家。

5. 生态环境创先：产业绿化、环境优化

坚持走生态优先发展之路是省级新区发展的基本底线。一是推动产业绿色化发展。例如前湾新区铁腕推进漂印染园区整治，将区内39家存在重污染隐患的漂印染企业全部关停，并通过改造转型升级为众创园区。二是推动发展环境优化。例如钱塘新区累计完成"三改"360万平方米、拆违161万平方米，关停淘汰高污染、高能耗企业97家；前湾新区对杭州湾湿地规划范围由43.5平方千米扩容为63.8平方千米，湿地鸟类从保护前的50多种增加到现在的220多种；金义新区全面完成省级生态文明建设示范区全域创建工作，全区达到或优于Ⅲ类水体的比例稳定在100%。

（二）新区建设存在的问题与困难

1. 政区分离导致行政效率低下

除钱塘新区已实现政区一体化外，一些新区分头管理、交叉管理的问题仍较为突出。如前湾新区包含3个行政区，新区指挥部在跨行政区的项目流转、利益分享等方面的机制仍需进一步探索；滨海新区管理委员会统筹相关行政管理事务的权限仍不集中，如统计事务仍然分属越城区、上虞区分管；原金义都市新区（现金义新区东城）仅设全面深化改革委员会办公室、商务局和新城建管中心，而抓东城开发建设的仅新城建管中心一个副处级事业单位，且其在项目立项、审批和建设监管等方面都不是法定主体。

2. 编制偏少导致管理捉襟见肘

多个新区存在人少事多的突出问题。例如金义新区存在大量编外用工情况，"一办一局一中心"编外用工有 68 名，且全部挂在地方国有企业名下，增加了企业负担。滨海新区仅拥有 52 名行政编制人员，承担了包括绍兴袍江经济技术开发区、绍兴高新技术产业开发区在内的管理职能。为此，滨海新区也通过下属国有单位雇用大量编外人员，导致一些工作的不稳定性增加。台州湾新区行政编制 90 人（其中领导岗位 25 人）、事业编制 65 人，但就其所管辖的区域而言行政编制人员数量同样偏少。

3. 高端创新要素集聚能级偏低

尽管省级新区是浙江省未来高质量发展的主要平台，但是目前除钱塘新区外，各大新区尚未得到明显的政策倾斜支持。如前湾新区目前仍处于大量要素投入推动发展阶段，创新驱动能力不足，尤其是与产业需求相衔接的科创能力薄弱，缺少一流的科研院所、高校机构、研发团队和平台载体支撑。金义新区尽管正在推动建设一批重大创新平台，但起点不高，项目吸引能力仍有待提升。

4. 产业发展布局雷同趋势明显

按照浙江省政府的批复要求及七大新区的产业基础，新区都有各自的产业发展侧重。但是，按照产业规划来看，各新区产业发展布局雷同趋势较为明显，未来可能造成同质化竞争。例如各新区在汽车产业、生物医药、集成电路、数字经济、通用航空、新材料、文旅产业等方面都有所布局。

5. 人才集聚不足，人力资本欠缺

高质量发展建设省级新区需要大量的高端人才支撑。目前，各大新区仍处于从传统产业向新兴产业转型升级的过程中，高素质人才集聚仍然有限。除钱塘新区拥有较多省内重点院校、科研院所外，其他新区的一流科研院所、高校机构、研发团队和平台

载体仍较少，难以吸引高端人才和高端创新团队。同时，由于人口红利消退，大量劳动力向中西部地区转移等，未来普通劳动力短缺也是重要的制约。

6. 产城融合发展有待加快推进

总体来看，省级新区城市建设跟不上产业发展的问题突出。例如钱塘新区基础设施和公共服务配套不足，制约高端项目和人才引进；前湾新区城市服务能力尚无法满足区内大量人口需求；金义新区的金华科技城、金义综保区、东湄中央未来区、东孝中央贸创区、江岭高新智造区等各版块处于各自独立发展的状态，没有形成融合发展的态势；南太湖新区目前土地开发趋于饱和，未来城市建设可拓展的空间极为有限。

三、促进省级新区高质量发展的对策建议

《浙江省国民经济和社会发展第十四个五年规划和二〇三五年远景目标纲要》提出："强化环杭州湾核心引领地位，聚焦创新驱动主引擎功能，大力推进科创大走廊建设，高水平打造杭州钱塘新区、湖州南太湖新区、宁波前湾新区、绍兴滨海新区、台州湾新区、金华金义新区，有序创建大湾区高能级战略平台。"如何高标准建设省级新区？我们提出以下六点建议。

（一）加快健全体制机制，构建高效稳健的新区发展管理体制

一是要明确新区在项目建设、城乡统筹、规划实施等方面的设区市级管理权限及部分社会事务管理权限。二是要建立"一颗印章管到底"的行政审批服务机制，并根据开发建设需要，调整现有或设立新部门与机构。三是创新改革机构用人制度，构建"政事企"三位一体人事体系，打通政务人员、事业编制人员和国有企业人员的待遇和晋升渠道。

（二）集聚高端人才要素，构建经济新增长极的人力资源高地

各新区要根据发展定位、区位条件等因地制宜制定人才政策。钱塘新区要加大国际人才引进力度，特别要注重引进世界级水平的人才及其附属项目。南太湖新区要围绕产业链打造人才链，统筹推进高层次、大学生、高技能"三大人才"引进培育。前湾新区要通过开展项目合作、联合科研攻关、建设高能级人才聚智平台等多种方式，全职或柔性引进海内外顶尖人才。绍兴滨海新区要深化实施绍兴"海内外英才计划""越海英才计划"，开辟"一站式"人才引进绿色通道，大力引进高层次创新人才。金义新区关键要构建人才集聚平台，建立健全重点产业、关键技术核心人才数据库。台州湾新区要全面落实人才新政2.0，设立人才"飞地"，不拘一格汇集人才。

（三）坚持创新驱动发展，构建大气包容的创新创业生态系统

充分利用高校、科研机构的创新资源和能力，建立资源整合与协同创新的新机制。依托高端创新平台，建立更为顺畅的产学研用合作关系，重点支持一批符合核心区产业发展方向、具有广阔市场前景的重大科技成果就地转化。围绕产业链布局创新链，全面提升企业创新能力。大力开展研发投入提升专项行动，鼓励企业加大研发投入，提升发明专利拥有量，强化科技成果转化和知识产权创造、保护运用。

（四）突出地区产业优势，构建新老产业高效联动的产业体系

一是要进一步强化已有产业优势，通过加大创新研发力度，促进产业向高端化迈进。二是要根据本地区现有产业优势、区位优势、发展定位及国内外新兴产业发展趋势，适当布局一批未来

产业，构建新老产业高效联动的产业体系。

（五）推进城市功能建设，构建美丽宜居的"三生"融合空间

按照先进理念编制城市建设规划，提升城市能级、高水平推进"产城人"融合。坚持以人为本，统筹城乡、产业、资源要素和生态保护，推进新区内各功能区块差异联动。构建多层次公共服务功能体系，合理布局配套公共服务设施，形成新区城市基本公共服务设施网络。聚焦民生优享，高水平优化教育、医疗、文体、养老等公共服务设施，构建宜居宜业宜游的优质生活圈，不断集聚人气、增添活力。

（六）建立指标引导机制，构建新区高质量发展考核评价体系

结合省级新区高质量发展的政策导向，构建高质量发展评价指标体系。具体指标体系可以分为创新能力和创业活力、结构优化和产业升级、开放创新和国际竞争、生态环保和宜居包容、创新驱动和发展成效五个维度。指标体系整体要以比值型指标、增量型指标为主，总量规模型指标为辅，力争突出新区发展的效率、效益和质量，希望评价指标体系能够为新区的高质量发展提供方向性参考。

四、案例：南太湖新区高质量发展研究

南太湖新区是湖州加快融入长三角一体化国家战略，积极践行浙江省四大建设，实现高质量赶超发展的大手笔、大举措，是撬动湖州未来发展的重要战略支点。南太湖新区将以习近平总书记"两山"理念和"一定要把南太湖建设好"的重要指示为指引，着力把新区打造成为全国践行"两山"理念示范区、长三角区域发展重要增长极、浙北高端产业集聚地、南太湖地区美丽宜居新城区。

（一）南太湖新区历史沿革

南太湖新区的前身是湖州经济技术开发区，从历史沿革来看，大致经历了三个时期。

1. 湖州经济技术开发区时期

1992年8月，浙江省人民政府批准设立湖州经济技术开发区。1995年，浙江省人民政府批准设立浙江环太湖农业对外综合开发区（湖州太湖旅游度假区）。1999年10月，湖州市委、市政府决定，将湖州经济技术开发区与浙江环太湖农业对外综合开发区（湖州太湖旅游度假区）合并，保留浙江省环太湖农业对外综合开发区、湖州台商投资区、太湖旅游度假区，对外统称湖州经济技术开发区。

2005年6月，根据湖州市委、市政府加快南太湖旅游开发的战略，湖州太湖旅游度假区（浙江环太湖农业对外综合开发区）从湖州经济开发区分设单立，并为其确定发展目标，即用5~10年的努力，打造成为长三角最有活力的国内一流休闲旅游度假区。

2010年3月，湖州经济技术开发区成功创建国家级经济技术开发区。

2. 南太湖产业集聚区时期

2013年12月，湖州市委、市政府做出重大决策，将湖州南太湖产业集聚区管理委员会与市发展和改革委员会合署办公，调整为与湖州经济技术开发区管理委员会合署办公，形成一个主体负责核心区域的开发建设。

2015年10月，湖州太湖旅游度假区成功创建国家级旅游度假区。

3. 南太湖新区时期

2019年4月，浙江省人民政府批准设立湖州南太湖新区，保持原有两块国家级牌子（湖州经济技术开发区、湖州太湖旅游度

第九章 省级新区建设——以浙江省新增长点为例

假区）不变，同步撤销省级以下产业平台牌子。同年6月，南太湖新区正式挂牌成立。

（二）南太湖新区发展概况

新区规划控制总面积225平方千米，空间范围包括原湖州南太湖产业集聚区核心区，湖州经济技术开发区、湖州太湖旅游度假区全部区域，吴兴区环渚街道部分区域，以及长兴县境内的部分弁山山体，同时拥有开发使用权益的南太湖65千米岸线和300平方千米水域。近年来，新区在高质量发展方面取得了一些成绩。

1. 主导产业特色彰显

2020年，南太湖新区规上工业增加值达到61亿元，年均增长8.7%，主导产业加速壮大。新能源汽车及关键零部件产值年均增速达22%以上，基本形成涵盖电池电机电控制造、整车生产、轻量化材料研发等关键零部件的完整产业链。生命健康产业开启"奔跑模式"，集聚了相关企业230余家，产业集群初具规模。服务业增加值年均增长8.4%，高于同期GDP年均增速1个百分点。滨湖文旅融合加速发展，国家级旅游度假区顺利通过复核验收，旅游收入年均增长超20%以上，旅游业对全区发展的贡献度不断提升，"滨湖度假首选地"旅游品牌全面打响。全国绿色金融改革试验区首个实体化平台阵地——南太湖绿色金融中心正式成立，南太湖金融产业园成为全市首幢税收"亿元楼"。企业培大育强持续推进，微宏动力是湖州市唯一的"独角兽"企业，香飘飘在上海证券交易所挂牌上市，永兴特钢被认定为"金象"企业，辛子精工被列入"金象金牛"培育试点企业。

2. 平台能级不断提升

湖州科技城创新引领作用日益凸显，药谷研发中心、南太湖科技创新综合体、南太湖精英计划产业园等一批高能级标志性平台相继建成，创新能级不断提升。长东片区作为新区的"先行区"和"首战区",高质高效推进引领性项目建设,全力打造湖州市标杆区块。南太湖CBD、天能新能源科创中心、太湖总部商务园等重大产业项目相继开工,长东未来社区被列入全省第二批试点名单,成为湖州市首个新建类未来社区。以黄芝山西拓区、康山分区两个万亩大平台为抓手,重点建设南太湖生物医药产业园、湖州铁公水综合物流园等重大产业平台。生物医药产业园作为市本级唯一的专业化生物医药产业平台,累计入驻生物医药相关孵化及产业化企业40多家。

3. 创新能力持续增强

全社会R&D经费支出占GDP的比重从2015年的2.43%提升到2020年的2.9%,高新技术产业增加值占规上工业增加值的比重从42.2%提升到65%,科技创新主要指标走在全市前列,竞争力持续提升。围绕产业链布局创新链,基本形成了以中国科学院为龙头,浙江大学、上海交通大学、中国科技大学、电子科技大学4所双一流高校为支撑,多个众创空间为承载的"1+4+N"创新体系格局。企业创新主体持续壮大,累计培育高新技术企业81家、国家级企业技术中心1家、省级重点企业研究院2家、省级高新技术企业研发中心40家。成立湖州市首个创业创新联盟、首个创新产业投资基金、首个人才创业港和首个长三角人才服务中心,为高层次人才创新创业提供全链条支撑,已集聚国家级、省级人才100余人,人才资源总量累计超过5万人。[①]

4. 改革开放释放活力

新区以创新体制机制为引领,顺利完成机构整合和内设机构设置,实现了"1+1>2"的效果。营商政策体系持续创新,出台《湖州南太湖新区人才新政十条意见(试行)》《湖州开发区"西

---

① 湖州南太湖新区管理委员会,湖州市发展规划研究院.湖州南太湖新区发展"十四五"规划(湖南太湖委〔2021〕100号)[EB/OL].湖州市人民政府网,2021-10-13.

第三篇 路径研究
第九章 省级新区建设——以浙江省新增长点为例

塞山英才计划"实施办法》等政策。"最多跑一次"等重点领域改革不断深化,"亩均论英雄+标准地改革"组合拳全面推进。深度融入长三角一体化国家战略,成功举办长三角一体化文旅峰会、国际滨湖度假大会、国际电动车新型锂电池（ABAA）会议永久会址落户新区。

5. "绿水青山就是金山银山"实践走在前列

示范践行"绿水青山就是金山银山"理念,开发区成功获批国家级绿色园区,久盛电气、微宏动力等成功创建国家级绿色工厂,星级工厂覆盖率达到87%。治污减排纵深推进,在湖州市率先全面完成小锅炉淘汰改造,单位工业增加值能耗降幅居全市第二。"五水共治"深入推进,劣Ⅴ类水质全面消除,南太湖水质常年保持在优Ⅲ类。美丽幸福新区加快建设,教育、医疗、文体、养老等公共服务设施持续完善,建成全市最齐全的文体场馆、最优质的教育资源和最大规模的医疗机构,生态、文化和产业深度融合,成为展示美丽宜居、生态品质新区窗口。[①]

（三）新区发展面临的挑战与问题

1. 规模总量偏小,综合竞争力不强

2020年,新区有规上工业企业167家,占湖州市的4.5%,规上工业增加值占全市的6.2%,GDP占全市的7.8%,经济总量规模偏小,经济社会发展辐射力、带动力、影响力还不够强,与湖州市经济发展的主战场、主阵地、主平台地位仍有一定差距。与其他新区相比看,新区GDP总量分别是省内钱塘、前湾、滨海三大新区的22%、23%和36%,是无锡高新区、南京江北新区的13%、13%,经济总量、发展活力均存在较大差距,区域竞争力不强。[②]

[①][②] 湖州南太湖新区管理委员会,湖州市发展规划研究院. 湖州南太湖新区发展"十四五"规划（湖南太湖委〔2021〕100号）[EB/OL]. 湖州市人民政府网,2021-10-13.

2. 主导产业占比低，产业集聚度不高

新能源汽车及关键零部件、数字经济核心产业、生命健康三大制造业主导产业占比仅为32%，仍处在培育阶段。"十三五"期间规上工业企业仅增加30余家，主导产业发展还不够迅速，产业集聚态势不明显。工业产业结构深层次矛盾依然突出，产业关联度不高，多数企业仍处于产业链中低端，产业附加值不高，企业间尚未形成完整的产业链上下游配套关系。

3. 高能级创新载体缺乏，支撑引领作用不足

湖州科技城仍处于建设阶段，高端创新主体缺乏，尚未发挥在区域创新中的引领作用。支撑高技术产业发展的"头部"企业、"独角兽"企业、"瞪羚"企业总量偏少，核心技术攻关能力不强，企业创新活力有待激发，对高端人才、技术、项目的集聚能力较弱。创新人才队伍支撑不足，缺乏高端化、专业化众创空间，高层次专业人才存在引进难、留住难的问题。

4. 资源要素更加趋紧，对新区能级提升带来挑战

当前国土空间进入了高质量利用新阶段，空间资源和土地要素分配更加趋紧。南太湖新区是浙江省新区中面积最小的，仅占宁波前湾新区面积的37%，开发强度超过40%，实际可拓展空间偏小，"有规划没空间"的矛盾十分突出。新区紧邻太湖，拥有多条入湖河流，是太湖流域上游重要的生态区域，但当前新区仍存在产业绿色化水平不高、水质不够稳定等问题，在生态环境质量要求日益束紧的背景下，新区后续重大项目落地和人口加速集聚受到的局限将愈发明显。

5. 社会加速转型对新区实现更高水平的治理带来挑战

近年来，随着新区加快建设，外来人口不断增多，人口构成更加复杂，需求更加多元。人们对美好生活的期待更高，公共服务需求将从"基本保障"到"全面提质"转变，对公共服务的品

质化、均衡化提出了更高要求。新区仍处于大规模开发建设过程中，一系列重大项目建设、征地拆迁、区块开发等涉及人群多、利益牵涉面广的建设活动陆续开工，影响社会稳定的风险源增多，互联网信息爆炸式传播对传统社会管理服务和治理模式带来新挑战。

（四）未来发展方向

南太湖新区应牢牢把握"打造全国践行工'绿水青山就是金山银山'理念示范区、长三角区域发展重要增长极、浙北高端产业集聚地、南太湖地区美丽宜居新城区"的目标定位，以高质量绿色发展为主线，围绕绿色产业新体系、全域创新新局面、生态文明新境界、开放贸易新高地、美丽智慧新城区、文旅融合新示范、城市治理新样板，加快形成"两城两谷五园"全域协同发展新格局，打造"千亿级规模、百亿级税收"高能级战略平台和"绿水青山就是金山银山"理念实践转化都市样板，为全省"大湾区"建设和高能级平台打造做出更大的贡献。

1. 在目标设定上，突出"高起点、高标准"

坚持世界眼光、国际标准，努力将新区打造成为具有示范引领作用的"两山新样板"和具有国际品牌影响力的"世界南太湖"。全面达成"奋战五年、实现翻番"的经济发展目标，到2025年，GDP近500亿元，R&D占比达到4%，引进培育"千人计划"以上人才超200人，空气优良率达到95%以上。全力打造成为湖州"重要窗口"示范样本标杆，浙江省"大湾区"绿色发展高地，全国都市型"两山"理念实践典范。

2. 在空间布局上，突出"显山、露水"

南太湖新区依山傍水、蓝绿交织、天生丽质，是名副其实的天然氧吧！为此，应着力下好山水这盘大棋，深入推进山水林田湖综合保护和利用，全面推行绿色低碳生产生活方式，构建"一湖、两城、三区"的空间功能布局。"一湖",即湖州拥有开发使用权益的太湖水域;"两城",即南太湖未来城和湖州科技城;"三区",即绿色智造集聚区、滨湖高端度假区、城市人文活力区。同时,规划两个特色功能区,即湖州生产力布局"五谷丰登"计划中的"两谷":"云起谷"和"科学谷"。其以"低密度、高颜值,低年龄、高智力,低成本、高品质"为特征,重点以科创、数字经济、高等研究院等为发展方向。

3. 在产业发展上,突出"绿色、智能"

坚持经济生态化、生态经济化,持续拓宽"两山"转化通道,让"绿色"成为新区最靓丽的底色,让"智能"引领新区加快发展。坚定不移走差异化、集聚化、特色化竞争的路子,全面构建"3+1+N"绿色产业体系,重点发展新能源汽车及关键零部件、数字经济核心产业、生命健康和休闲旅游"3+1"主导产业,培育壮大绿色金融、现代物流、新材料、高端装备等战略性新兴产业。产业发展前景十分广阔。

4. 在实现路径上,突出"融入、协同"

南太湖新区要素资源加速集聚、平台能级持续增强、营商环境不断优化,迎来了高质量发展的黄金期。牢固树立"借长三角水、浇南太湖田"的强烈意识,坚持高质量融入长三角一体化发展,全力打造综合交通枢纽、战略交汇枢纽、产业协作枢纽。利用"低成本创业之城、高品质生活之城"的高性价比,全面吸引、承接先进地区的高端人才、优质项目。着力强化科技人才创新支撑,持续加强与周边地区的协同联动、创新合作、共赢发展,推动产业共兴、管理共协、利益共享、政策共商,在不断地融入、协同中实现高质量发展。

第十章 "三改一拆"和未来社区
——以浙江省城市更新为例

党的二十大报告指出："实施城市更新行动，加强城市基础设施建设，打造宜居、韧性、智慧城市。"浙江省主要通过"三改一拆"和未来社区建设推进城市更新。

一、"三改一拆"

改革开放以来，浙江省工业化和城市化的进程快速推进，与此同时也形成了大量的违法建筑，影响了城乡环境的改善，制约了经济的转型发展。不改不拆，基础设施项目无法落地，高新企业无法引进，新型城市化无法推进，美丽浙江无法实现。2011年10月，浙江省省长在温州调研拆违工作时指出"拆违是现阶段温州改善城市环境、推进转型发展的必经之路"，要求坚定不移地推进拆违工作，进一步改善温州城市环境。2013年2月，浙江省委、省政府部署开展"三改一拆"（旧住宅区、旧厂区、城中村改造和拆除违法建筑）行动。

（一）"三改一拆"的主要做法

自"三改一拆"行动开始以来，浙江省上下联动、不留死角、不留空白，形成了势如破竹、势不可挡的良好态势。

1. 精心组建组织领导及工作机构

为了进一步加强领导，整合力量，浙江省委、省政府成立了"三改一拆"行动领导小组，由分管副省长任组长，分管副秘长和建设、国土部门的主要领导任副组长，领导小组共有25个成员单位，分别是省委组织部、省委宣传部、省委政法委员会、省农办、省信访局、省人大常委会环境与资源保护委员会、省发展和改革委员会、省经济和信息化委员会、省民族宗教事务委员会、省公安厅、省民政厅、省司法厅、省财政厅、省人力资源和社会保障厅、省建设厅、省国土资源厅、省环境保护厅、省水利厅、省林业厅、省工商局、省人民政府法制办公室、省总工会、省交通运输厅、省公路局、上海铁路局杭州铁路办事处。领导小组下设办公室，办公室设立了综合组、指导组、督查组、宣传组和专项工作组，目前办公室共有30人。2013年8月19日，省委召开常委会，提出要在全省创建"无违建县"的要求。后经省政府办公厅批复同意，在省"三改一拆"办公室增挂省"无违建县（市、区）"创建办公室牌子，协调推进"无违建县（市、区）"创建工作。各市、县（市、区）都相应成立了"三改一拆"行动领导小组和办公室，做到了党政主要领导亲自抓、负总责，分管领导着力抓，各部门合力抓，全社会共同抓。

2. 依法推进"三改一拆"

"三改一拆"行动开始时，浙江省人大常委会就根据《中华人民共和国土地管理法》和《中华人民共和国城乡规划法》，专门制定出台了《浙江省违法建筑处置规定》。省"三改一拆"办公室又多次组织依法行政培训会，加强对基层执法人员的业务培训，提高执法能力和水平。各地分别制定了相关配套政策，做到有法可依。省委、省政府又专门召开了全省"三改一拆"工作推进会，把"三改一拆"作为法治浙江建设的大平台、试验田、试金石、活教材，将其纳入法治浙江中进行总体谋划，把法律作为有力武器来推进"三改一拆"行动。

3. 强化"三改一拆"相关部门的配合

各部门紧紧围绕"三改一拆"这项中心工作，积极发挥职能

第三篇 路径研究
第十章 "三改一拆"和未来社区——以浙江省城市更新为例

作用，全力做好各项保障。省委组织部制定文件要求各地加强组织保障，并选派精兵强将组建"三改一拆"督查组和办公室；省委宣传部全力部署推进"三改一拆"宣传工作，营造强大声势；省纪律检查委员会加强执纪监督，形成有力震慑；省国土资源厅积极破解农村集体土地上违建处置和拆后土地利用问题；省信访局和省"三改一拆"办公室共同做好信访维稳工作；省环境保护厅、"五水共治"办公室与"三改一拆"办公室合力推进"水岸共治"，共同打好组合拳。公安、交通、水利等部门也都积极出台政策、强化措施、全力推进。

4. 建立"三改一拆"长效机制

全面开展"无违建县（市、区）"创建工作，以"无违建县（市、区）"创建为载体，相关部门紧密合作、凝聚合力，形成了横向到边、纵向到底的工作机制。各地按照三级创建标准[①]，确保到2020年所有县（市、区）都要创成"基本无违建县（市、区）"。各地强化严控新增、消化存量、有效利用三项创建重点工作，坚持从基础抓起，建立健全监督举报机制、联动执法机制、网格巡查机制、社会承诺机制、督查考核机制、日常监管机制，实行市县联动、城乡联动、县区联动、上下联动，形成了一系列可学习、可复制、可推广的经验做法，打下了坚实的长效管控基础。

5. 加强"三改一拆"督查

2015年，浙江省委、省政府组建了30个"三改一拆""五水共治"督查组，每年对每个县（市、区）开展三轮督查，各组组长都由厅级领导担任，并抽调新闻记者参与督查，目前已经对90个县（市、区）开展了12批督查，解决了一批老大难问题。2016

---

① 三级创建标准，即无违建创建先进县（市、区）、基本无违建县（市、区）、无违建县（市、区）。

年的第一轮督查，查出185个新的问题，又逐一进行了解决。另外，对领导批示、媒体曝光、群众举报反映的问题，组织专门力量进行重点督查、挂牌督办，做到件件有着落，事事有回音。在督查的基础上，各地分批推出"违建王"，做到"柿子挑硬的捏"，取得了很好的威慑作用和推动作用，可以说是摄像机比推土机管用，笔头比榔头有效。

（二）"三改一拆"成功经验

"三改一拆"工作之所以取得了明显的成效，与浙江全省广大党员干部的努力和群众的积极配合是分不开的。分析"三改一拆"工作的成功之处，可以总结以下五点经验[①]。

1. 坚持把思想政治工作挺在最前面

"三改一拆"工作量大面广，时间紧迫，随着工作的深入推进和依法行政意识的不断加强，依法和高效之间产生了一定程度的不平衡。要破解这个难题，首要的一条是要用好思想政治工作这一有力的武器，形成强大的舆论声势，对一些党员干部、公职人员的违建，党纪政纪要挺在前面，要以党风、政风引领民风的改变。在依法依规的基础上，通过做好思想政治工作，促使党员干部、公职人员自拆，提高拆违效率。"三改一拆"行动实施以来，没有发生一起重大群体性事件，全省拆违工作中有90%以上为违建户自行拆除，不仅节省了政府的拆违成本，而且有效化解了群众与政府间的矛盾冲突。

2. 坚持依法行政

"三改一拆"是一项长期的、艰巨的工作任务，需要突击性的治理推进，营造声势，打开突破口，更需要强化法律法规的权威性和执行力，通过推进"三改一拆"行动，对违法建筑理直气

---

① 有关"三改一拆"工作的启示参考：浙江省"三改一拆"办公室综合组."三改一拆"工作情况［R］. 2017-01-22.

第十章 "三改一拆"和未来社区——以浙江省城市更新为例

壮地去执法,将立法、执法、司法、普法贯穿于其中,增强全民法律意识,做到有法可依、有法必依、执法必公、违法必究。要以新的《中华人民共和国行政诉讼法》和《中华人民共和国立法法》实施为契机,进一步提高依法行政水平和能力。进一步完善违法建筑治理地方性法规的制定和完善,加强执法管理队伍建设,不断提高队伍依法行政水平。进一步加强法治宣传,在全社会形成违建可耻、违法必究的舆论氛围和法治氛围。

3. 坚持把公平公正贯穿于工作始终

正所谓"不患寡而患不均",群众不怕拆违,就怕不公。在"三改一拆"推进过程中,全省上下各级政府部门始终把公平公正作为生命线、着力点,真正做到"一把尺子量到底、一个标准执行到底、一个政策贯彻到底",特别是在拆违中,始终强调不管涉及什么背景,只要是违法建筑,都要一拆到底,没有法外之地,真正以公平公正取信于民,最大程度上保证了"三改一拆"顺利平稳推进。

4. 坚持拆改结合、惠及民生

拆是为了用、破是为了立。"三改一拆"行动归根结底还是要把惠民利民作为出发点和落脚点,通过拆,彻底消除消防安全、生产安全、环境安全等隐患。通过改,成片成规模地消除脏乱差现象,改善人居环境,改出美好生活。通过拆后土地高效利用,做到宜耕则耕、宜用则用、宜绿则绿,让老百姓实实在在得到实惠,看到实实在在的好处。只有这样,"三改一拆"工作才能得到群众的拥护,才能得以长期有效地推进下去。

5. 坚持着眼于长效机制建设

"三改一拆"行动既要治标,更要治本,要从根本上打击和制止各类违法建设行为,不然就会像割韭菜,割完一茬还会重新长出一茬,而且违法建筑一旦死灰复燃,政府的公信力和执政能力也将在群众心目中大打折扣,其负面影响将会更加严重。因此,需要将拆违工作制度化、常态化巩固下去,通过完善"无违建县(市、区)"创建的体制机制,将这项工作常抓不懈,形成常态。

二、未来社区

党的二十大报告提出,要坚持把实现人民对美好生活的向往作为现代化建设的出发点和落脚点,着力解决好人民群众急难愁盼问题,健全基本公共服务体系,提高公共服务水平,增强均衡性和可及性,扎实推进共同富裕。中国共产党浙江省第十五次代表大会强调,要全省域推进共同富裕现代化基本单元建设,一体推进未来社区、未来乡村建设和城乡风貌整治提升。全域推进未来社区建设既是浙江高质量发展建设共同富裕示范区和提升省域现代化水平从宏观谋划到微观落地的重要抓手,也是浙江省公共服务提质增效升级的创新载体。

(一)未来社区是浙江版城市更新2.0

创建未来社区是"让人民生活更美好、城市现代化"的最基本单元,是继特色小镇、最多跑一次改革之后,浙江省推动高质量发展的又一张"金名片"。

1. 未来社区是浙江省推进城市更新的重要举措

未来社区是浙江省走在前列谋新篇的一个新举措。习近平总书记在浙江工作时亲自谋划部署"千村示范、万村整治"工程,获得联合国"地球卫士奖",农村发展取得质的突破。浙江省不断研究城镇科学发展路线,不断探索保持勇立潮头,持续走在全国前列的发展路径。同时,这也是浙江省政府工作的新名片。2019年1月,浙江省两会期间,未来社区被写入省《政府工作报告》,被定义为2019年扎实推进大湾区建设的"标志性项目"之

第十章 "三改一拆"和未来社区——以浙江省城市更新为例

一和"两个高水平"建设的新名片。另外，未来社区建设也是投资拉动需求的重要举措。在严控地方债务风险背景下，未来社区是新一轮有效投资的增长点。

2. 未来社区是满足群众需求的新举措

未来社区建设是在充分调研群众需求的基础上开展的一项工作。2018年，浙江省开展了大型问卷调查，了解群众对改善生活品质的迫切需求及对未来美好生活的向往，决定开展未来社区试点工作。对有关试点项目，又开展"三服务调研"，采取实地走访、听取意见、群众座谈等方法，深化了解群众诉求，广泛征集项目实施单元原住居民、基层社区工作者等的意见建议，进一步查找短板、梳理需求与问题。[①]

在此基础上，2019年3月20日，浙江省人民政府发布《关于印发浙江省未来社区建设试点工作方案的通知》（浙政发〔2019〕8号）、《浙江省人民政府办公厅关于高质量加快推进未来社区试点建设工作的意见》（浙政办发〔2019〕60号）推进这一工作。同时公布首批未来社区试点创建项目名单，宁波鄞州划船社区、杭州江干采荷荷花塘社区等24个社区入选。

浙江省发展和改革委员会与浙江省住房和城乡建设厅于2021年5月25日公布2021年未来社区创建名单，其中整合提升类创建项目40个，拆改结合类创建项目27个，拆除重建类创建项目17个，规划新建类创建项目4个，全域类创建项目2个。

（二）未来社区建设方案

浙江省未来社区建设将坚持分类统筹实施原则。未来社区分为统筹改造更新和规划新建两大类型，以改造更新类为主，注重分类推进、精准施策。未来社区建设分为3个阶段：一是加快启

---

① 杜旭亮．"不忘初心、牢记使命" 高质量推进未来社区建设［J］．浙江经济，2019（15）：22-23．

动阶段。优先考虑轨道等公共交通覆盖、地上地下空间开发潜力较大的区块。2019年年初，先行择优启动若干省级试点；到2019年年底，培育建设省级试点20个左右，先行选择杭州等地建设未来社区规划展示馆，同步开通未来社区数字展示馆。二是增点扩面阶段。到2021年年底，培育建设省级试点100个左右，建立未来社区建设运营的标准体系，形成可复制、可推广的经验做法，涌现一批未来社区典型范例。三是全面推广阶段。2022年开始，全面复制推广，裂变效应显现，夯实未来城市发展基础，有力支撑大湾区大花园大通道大都市区建设。

同时，坚持集约高效利用空间原则。按照公共交通导向型开发（TOD）理念，有效进行疏密有致、功能复合开发。加大城市存量用地盘活利用力度，打破"一刀切"模式，科学合理确定地块容积率、建筑限高等规划技术指标。允许试点项目的公共立体绿化合理计入绿地率，鼓励和扶持建立社区农业等立体绿化综合利用机制，推行绿色建筑。支持试点项目合理确定防灾安全通道、架空空间和公共开敞空间不计费容积率。支持试点项目空中花园阳台的绿化部分不计入住宅建筑面积和容积率。对符合条件的土地高效复合利用试点项目，纳入存量盘活挂钩机制管理，按规定配比新增建设用地计划指标。允许依法采用邀请招标方式、评定分离办法选择设计、咨询单位。在建筑设计、建设运营方案确定后，可以"带方案"进行土地公开出让。

根据浙江省人民政府《关于印发浙江省未来社区建设试点工作方案的通知》（以下简称《方案》），未来社区以"满足人民美好生活向往"为核心，聚焦人本化、生态化、数字化三维价值坐标，构建以邻里、教育、健康、创业、建筑、交通、低碳、服务、治理九大场景为重点的集成系统（见图10-1）。其工作任务重点如下。

第十章 "三改一拆"和未来社区——以浙江省城市更新为例

1个中心 以人民美好生活向往为中心

3维价值坐标 人本化、生态化、数字化

9大未来场景 邻里、教育、健康、创业、建筑、交通、低碳、服务、治理

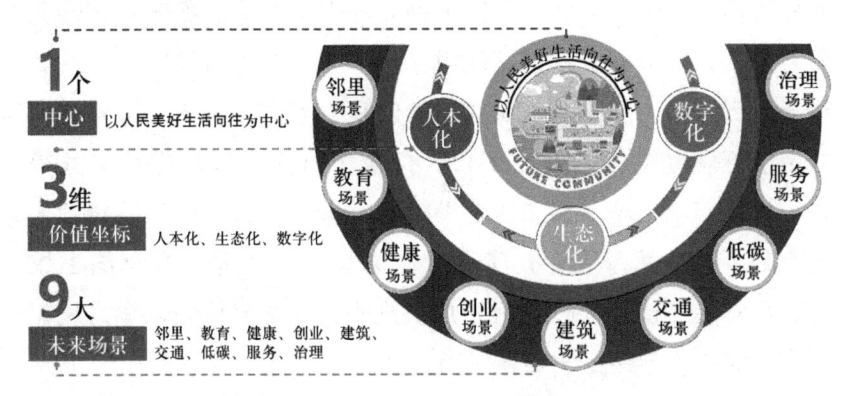

图 10-1　未来社区"一心三化九场景"示意图

1. 打造未来邻里场景

营造特色邻里文化，突出社区即城市文化公园的定位，以城市乡愁记忆和社区历史文脉为基础，以"和合文化"[①]为引领，坚持人文多样性、包容性和差异性，营造承载民俗节庆、文艺表演、亲子互动等活动的邻里交往空间。构建邻里贡献积分机制，弘扬诚信守约、共享互助、公益环保社区精神，建立信用评价体系，构建服务换积分、积分换服务激励机制。打造邻里互助生活共同体，制定邻里公约，建立邻里社群，发挥居家办公人员、自由职业者、志愿者及退休专业人员等群体的特长优势，为居民提供放心安全的服务，形成远亲不如近邻的邻里氛围。

2. 打造未来教育场景

高质量配置托儿服务设施，重点发展普惠性公办托育机构，探索临时看护、家庭式托育等多元化模式，强化专业托育员培训

---

① 中华"和合文化"源远流长，"和""合"二字早在甲骨文和金文中就已出现。后来，"和"演化出和谐、和睦、中和等含义；"合"演化出结合、融合、合作等含义。"和合文化"包含了"和而不同""求同存异""合作共赢"等思想内涵。今天我们传承和弘扬"和合文化"，其意义和价值是多层面的：在个人层面，它能够促进人与人之间的和谐相处；在社会层面，它能帮助化解矛盾，实现社会的长治久安。

和监管体系建设，实现3岁以下幼儿托育全覆盖。提升扩容幼儿服务设施，扩大优质教育资源供给。打造"名师名校在身边"青少年教育平台，围绕3~15岁年龄段教育需求，打造社区青少年线上线下联动的学习交流平台，打通优质教育资源进社区的渠道，集成素质拓展、兴趣活动等多种类型的教育服务。搭建"人人为师"共享学习平台，建设社区邻里共享学堂、共享图书馆等，探索建立社区全民互动的知识技能共享交流机制，丰富教育培训内涵，倡导终身学习新风尚。

3. 打造未来健康场景

促进基本健康服务全覆盖，围绕实现全民康养目标，建立全生命周期健康电子档案系统，完善家庭医生签约服务机制。推广可穿戴设备等智能终端应用，探索社区健康管理线上到线下（O2O）模式，促进健康大数据互联共享。创新社区健身服务模式，科学配置智能健身绿道、共享健身仓、虚拟健身设备等运动设施。加强社区保健管理，普及营养膳食、保健理疗等养生知识。促进居家养老助残服务全覆盖，创新多元化适老住宅、居家养老服务中心、日间照料中心、嵌入式养老机构、老年之家等场所配置，支持"互联网+护理服务"等模式应用。构建名医名院零距离服务机制，探索城市医院与社区医院合作合营，通过远程诊疗、人工智能（AI）诊断等方式，促进优质医疗资源普惠共享。

4. 打造未来创业场景

搭建社区"双创"空间，结合地方主导产业培育，按照数字经济、文化创意等领域的特色创业需求，配置孵化用房、共享办公、家居办公（SOHO）等"双创"空间，配套共享厨房、共享餐厅、共享书吧、共享健身房等生活空间，营造社区创新创业良好生态。激发共享经济潜能，依托社区智慧平台，形成共享服务

第三篇 路径研究

第十章 "三改一拆"和未来社区——以浙江省城市更新为例

需求与供给零距离对接场景,促进社区资源、技能、知识等全面共享。健全特色人才落户机制,推出多类型人才公寓,采用定对象、限价格等方式,建立利于招才引智的出售出租政策机制,吸引更多特色人才安家落户,打造各类特色人才社区。

5. 打造未来建筑场景

推广集约高效公共交通导型向开发(TOD)布局模式,围绕公交枢纽和轨道交通站点,形成大疏大密布局模式,探索容积率弹性管理机制,推动地上地下空间高强度复合开发,统筹做好地下综合管廊建设衔接。打造绿色宜居宜业空间,促进空间集约利用和功能集成,探索弹性功能组合空间模式,优化青年创业公寓、新型养老公寓等配比,推广智慧家居系统应用。建设个性化、泛在化绿色公共空间,依托阳台绿槽、社区公园、屋顶花园等,提高立体复合绿化率,完善配备服务设施,打造艺术与风貌交融未来建筑场景。搭建数字化规划建设管理平台,构建社区信息模型(CIM)平台,实现规划、设计、建设全流程数字化,建立数字社区基底。应用推广装配式建筑、室内装修工业化集成技术。

6. 打造未来交通场景

突出差异化、多样化、全过程,构建"5、10、30 分钟出行圈"。以车实现 5 分钟取停为目标,统筹车位资源,创新车位共享停车管理机制,推广应用自动导引设备(AGV)等智能停车技术。完善社区新能源汽车充电设施供给,预留车路协同建设条件,为 5G 环境自动驾驶和智能交通运行留白空间。以人实现 10 分钟到达对外交通站点为目标,创新街区道路分级、慢行交通便利化设计,倡导居民低碳出行,通过信息服务实现一键导航、交通无缝衔接,打造居民便捷交通站点出行圈。以物实现 30 分钟配送入户为目标,运用智慧数据技术,集成社区快递、零售及餐饮配送，打造"社区—家庭"智慧物流服务集成系统。

7. 打造未来低碳场景

打造多能协同低碳能源体系，构建社区综合能源系统，创新能源互联网、微电网技术利用，推广近零能耗建筑，建设"光伏建筑一体化+储能"的供电系统、"热泵+蓄冷储热"的集中供热（冷）系统，优化社区智慧电网、气网、水网和热网布局，实现零碳能源利用比例倍增。构建分类分级资源循环利用系统，打造海绵社区和节水社区，推进雨水和中水资源化利用。完善社区垃圾分类体系，提升垃圾收运系统功能，促进垃圾分类和资源回收体系"两网融合"、建筑垃圾资源化利用，打造花园式无废社区。创新互利共赢模式，引进一体化开发、投资、建设和运营的综合能源服务商，搭建综合能源智慧服务平台，实现投资者、用户和开发商互利共赢，有效降低能源使用成本。

8. 打造未来服务场景

推广"平台+管家"物业服务模式，依托社区智慧平台，按照居民基本物业服务免费和增值服务收费的原则，合理确定供物业经营用房占比，统筹收支平衡。建立便民惠民社区商业服务圈，完善现代供应服务管理，创新社区商业供给和遴选培育机制，以多层次、高性价比为主要标准，精选各类商业和服务配套最优质供应商并在社区推广，结合O2O模式应用，支持其做大做强，努力催生一批本土品牌。建设无盲区安全防护网，围绕社区治安，构建设界、控格、守点、联户多层防护网，应用人脸识别等技术，推广数字身份识别管理。围绕社区消防和安全生产，应用智能互联技术，实现零延时数字预警和应急救援。

9. 打造未来治理场景

构建党组织统一领导的基层治理体系，完善党建带群建制度，健全民意表达、志愿参与、协商议事等机制，推动党的领导

第十章 "三改一拆"和未来社区——以浙江省城市更新为例

更好地嵌入基层治理实践，引领基层各类组织、广大群众积极参与基层治理。采用居民自愿参与的自治方式，构建社区基金会、社区议事会、社区会客厅等自治载体和空间，激发多方主体广泛参与社区治理。推行社区闭环管理和贡献积分制，形成社区民情信息库，推举有声望、贡献积分高的居民作为代表共同管理社区事务。搭建数字化精益管理平台，依托浙江政务服务网和"浙政钉"平台，促进"基层治理四平台"的融合优化提升，梳理社区各项任务，强化基层事务统筹管理、流程优化再造、数据智能服务，有效推进基层服务与治理现代化。

该《方案》明确了实施试点的未来社区的基础条件。基于5~10分钟生活圈服务需要，原则上以50~100公顷为规划单元，试点实施单元不低于20公顷。统筹规划新建和改造更新两大类型，优先考虑公共交通便捷、地上地下空间高强度复合开发的区块开展试点。规划新建类按照人口集聚潜力大等要求选择试点；改造更新类以20世纪70~90年代修建的老旧小区为主体，鼓励采取全拆重建和插花式改修建等方式，综合政策处理难度小、居民意愿高、改造需求强等因素选择试点。

(三) 全域推进未来社区建设

根据《浙江省人民政府办公厅关于全域推进未来社区建设的指导意见》(浙政办发〔2023〕4号) (以下简称《指导意见》)，到2025年，全省累计创建未来社区1500个左右、覆盖全省30%左右的城市社区，健全全域推进未来社区建设工作的体制机制，使未来社区成为城市社区新建、旧改的普遍形态。到2035年，基本实现未来社区全域覆盖，打造共建共享品质生活的浙江范例。

《指导意见》在总结试点创建项目经验的基础上，着力破解全域推广面临的困难问题，主要呈现出三个方面的特点：一是突出共同富裕大场景下的公共服务普惠要求。《指导意见》强调

"党建统领+文化彰显""标配+选配",强化公共服务设施集成落地,重点关注"一老一小"系统化解决方案,努力推动公共服务优质共享,着力打造高品质生活圈。二是突出常态化推进全域化实施要求。《指导意见》由点上创建逐步转向按规划和标准全域推进,形成新建和旧改两种落地建设模式,并推动建立可持续运营机制。三是突出多方参与共建共享要求。政府侧,提出规划体系创新、空间高效利用、资金引导支持、数字化平台贯通等方面的支持政策;市场侧,充分激发市场主体参与社区建设运营的积极性;居民端,引导居民参与未来社区建设,推动形成未来社区共建共治共享的工作格局。

三、案例:萧山区瓜沥七彩未来社区

钱塘江南岸,有一片因沥瓜滴蜜而得名的乐土,它就是始建于北宋太平兴国三年的千年古镇——瓜沥。瓜沥七彩社区是浙江省第一批24个未来社区试点项目之一,地处杭州市萧山区瓜沥镇核心位置,创建范围79.21公顷。小城镇一头连着城市,一头连着农村。瓜沥建设都市节点型美丽城镇的底层逻辑,就是要在小城镇里打造出"城乡等值"的美好生活,为美丽城镇"铸魂"。[①]

(一)在社区规划设计层面,建构逻辑完全数字化

区别于其他试点构建"三化九场景"的既定模式,七彩社区采用"居民、空间、数据"三体持续构建迭代及成熟区域向周边区块扩展的模式,最终打造全区5G数字孪生技术场景运用和可持续运营平台。七彩社区空间与场景规划都是基于数字化思维,让用地功能规划、城市空间规划、流量运营规划、蓝绿系统规划、数字场景规划五位一体、多规合一,发挥社区土地和居民活

---

① 张留,沈国强. 瓜沥七彩社区:未来社区的小镇担当[N]. 浙江日报,2020-01-15(4).

第三篇 路径研究
第十章 "三改一拆"和未来社区——以浙江省城市更新为例

力的最大价值。① 在实践过程中,还营造了一批符合数字化时代居民特征的社区新基建,如贯穿全区的空中连廊、TOD立体停车楼、"七合一邻里中心"、数字创业生活场景综合体。

(二)在社区的建设模式上,探索有为政府与有效市场结合

瓜沥七彩社区打破政府、企业两条线平行推进的社区建设传统模式,探索有为政府与有效市场的良好结合。七彩社区先行探索"政企合作+混合所有制",由国有基金与社会资本组建基金进行投资,发挥社会企业的专业优势负责项目全过程实施,保证社区资产运营的可持续性。在社区运营与管理上,一个空间三色数字孪生平台,可以全景式管理社区的公益性、惠民性和商业性空间,同时利用人群三色数字康养平台,精准识别健康、亚健康和重点人群,搭建AI物业在线服务平台。瓜沥七彩社区以三色社区数字积分系统为载体,用社区居民贡献产生的公益积分、文明积分和消费积分,激发社区共建共治共享的活力。

(三)在建管模式上,力求自平衡

七彩社区力求让未来社区成为建设运营资金能平衡、原有居民不外迁、外来人才进得来、社区资金社区用、社区资产深经营的自循环社区。七彩社区采取流量"吸聚变现"的社区运营模式创新。七彩社区走长期持有物业的运营之路,在运营探索中坚持问需于民,率先搭建全民社群平台,注重从服务中带入流量,通过导流(吸引人流)、生流(产生人流)、助流(相互导流)、化流(人流转化为消费),最终完成流量变现,进而反哺社区。②

---

① 钟茜妮. 杭州瓜沥七彩社区操盘手:未来社区如何打造可以平视世界的中国生活样本?[N]. 成都商报,2021-08-24(3).
② 杭州市城乡建设委员会. 未来社区建设案例:萧山瓜沥七彩社区[EB/OL]. 杭州网,2021-11-16.

七彩社区对社区和周边镇区的全龄居民、社区运营者、社区商家、物业管理人员、居委会人员、社团成员、社区志愿者等多跨人群进行持续一年的定制化调研，形成系统性的《七彩未来社区实施蓝皮书》，根据群众所需和对美好生活的向往，构建与优化社区空间和服务运营体系。

七彩社区通过调研，发现社区居民的痛点可以分为三类：一是生活痛点，即交通出行通勤时间长、日用刚需不便捷、公共服务办事难、健康生活看病难、儿童托管学习难；二是情感痛点，即邻里交往无朋友、共享办公上班难、品质生活太低端；三是文化痛点，即乡村振兴空心化、文化融合无交集。针对居民的需求痛点，七彩社区在已建的 A 区邻里中心，通过空间配置与运营服务优化，以及数字化系统的持续迭代，大大提升了居民生活的便利性，并为居民提供了情感、文化交融的空间与平台，获得了社区及周边居民的高度认可。后续随着未来社区的全面建成，瓜沥七彩社区将努力成为让人民有归属感、舒适感、未来感的美好幸福家园。

第四篇 机制研究

第十一章 市民化集成改革

浙江省地处沿海发达地区,城市化起步较早,农村劳动力的非农化水平较高,同时也是农业转移人口的主要流入地之一。改革开放以来,浙江省吸纳了大量外省农业转移人口和本省农民进城就业。目前浙江省农村人口的城市化处于农业人口转移和市民化并举推进的发展阶段。[①] 特别是 21 世纪以来,已有大量先期迁居城市的农业转移人口进入市民化阶段。因此,亟须通过市民化集成改革,把已转移的农业人口转化为市民,在此基础上,进一步加快农业转移人口市民化,进而提高城乡一体化水平。

一、浙江省推进农业转移人口市民化的实践探索

改革开放以来,浙江省先后出台了一系列政策意见,为推行自理口粮、蓝印户口、小城镇户籍制度改革、大中城市户口迁移政策调整、取消户口性质划分等改革奠定了坚实的基础。2000年,浙江省政府下发《关于加快推进浙江城市化若干政策的通知》,提出户籍管理制度改革的中远期目标,在全国率先取消进城控制指标和"农转非"计划指标,在一定程度上为农民进城打

---

① 赖华东. 推进农业转移人口市民化问题研究——以浙江省为例 [J]. 决策咨询,2013(5):37-40.

破了户籍樊篱。2003年，浙江省在海宁市开展了取消户口性质划分、实行城乡统一户籍管理制度改革试点。

2005年，浙江省委、省政府制定并实施《浙江省统筹城乡发展 推进城乡一体化纲要》，统筹城乡就业迈出了更大步伐，实施了"千万农村劳动力素质培训工程"。2006年，省委、省政府出台《中共浙江省委、浙江省人民政府关于进一步加强和改进对农村进城务工人员服务和管理的若干意见》，保证农村进城务工人员劳有所得、工有所居，关注农村进城务工人员精神上的尊严和归属感；同时继续扩大城乡统一户籍管理制度改革试点，逐步在全省范围内取消农业户口、非农业户口的户口性质划分，实行统一登记为浙江省居民户口的新型户籍管理制度，进一步促进了城乡人口的身份平等和自由流动。

2007年，嘉兴市开展居住证制度改革试点，并于2008年10月在全国率先实行在全市范围实施取消户口性质划分改革。

2009年，浙江省人大常委会审议通过了全国首部《流动人口居住登记条例》，规定《浙江省居住证》持有人符合县级以上人民政府规定条件的，可以申请转办居住地常住户口。各项惠及普通流动人口的户口迁移政策，有力促进了流动人口在浙江省的安心就业、敬业发展、本外地居民融合和社会和谐。

2011年12月，经浙江省委、省政府常务会议审议通过，省政府办公厅下发了《关于积极稳妥推进户籍管理制度改革试点的实施意见》（简称《意见》）。该《意见》在明确城镇落户政策的同时，同步推进城乡统一的户口登记制度和居住证制度改革；保障进城农民在农村的基本权益；规定将流动人口服务管理工作纳入国民经济和社会发展规划，逐步实现基本公共服务由户籍人口向常住人口扩展。

2017年，浙江省人民政府发布《关于支持农业转移人口市民化若干财政政策的实施意见》（浙政发〔2017〕35号）。进一步加大农业转移人口市民化的财政支持力度,建立财政转移支付与农业转移人口市民化绩效评价结果挂钩机制,健全省对县均衡性转移支付分配办法,缩小地区间财力差异,增强县级财政保障能力。统筹中央财政农业转移人口市民化奖励资金和省财政预算安排资金,建立省对下农业转移人口市民化的奖补机制,根据市、县(市、区)吸纳农业转移人口进城落户人数等因素给予奖励补助。

二、市民化集成改革的主要任务

2023年1月,国家发展和改革委员会联合财政部、中国人民银行、住房和城乡建设部、国家乡村振兴局等18个部门印发《关于推动大型易地扶贫搬迁安置区融入新型城镇化实现高质量发展的指导意见》(以下简称《意见》)。该《意见》指出,要聚焦大型易地扶贫搬迁安置区,以满足搬迁群众对美好生活的向往为出发点和落脚点,以巩固拓展易地扶贫搬迁脱贫成果、实施新型城镇化和乡村振兴战略为主线,着力扶持壮大县域特色产业,着力促进搬迁群众就业创业,着力提升安置区配套设施,着力完善基本公共服务体系,着力健全社区治理体系,解决好搬迁群众急难愁盼问题,加快实现人口市民化、就业多元化、产业特色化、基本公共服务均等化、社会治理现代化。推进农业转移人口市民化集成改革,事关"扩中提低"、缩小收入差距成效,事关以人为核心的新型城镇化质量。正如浙江省委书记在浙江省委全面深化改革委员会第十七次会议上所指出的,要按照高质量发展建设共同富裕示范区的理念要求,坚持社会形态、产业形态向更高级迈进的方向,精准识别不同区域、不同人群、不同家庭的诉求等,找准小切口,分类施策、逐步推进,特别是要以各领域专项配套政策,引导鼓励创新创业致富,确保各项政策举措与改革总体目标一致,加快探索走出一条具有普遍适用性和示范效应的农业转移人口市民化新路子。①

根据《浙江省推动落实常住地提供基本公共服务制度有序推进农业转移人口市民化实施方案》，锚定农业转移人口全面融入城市的总目标，到2025年，浙江省农业转移人口落户城镇、就业收入、居住条件、公共服务、社会保障、民主权益等方面的合理需求得到充分满足，农业转移人口的获得感、幸福感、安全感得到显著提升。其主要任务有以下六个方面。

（一）优化农业转移人口服务管理

1. 健全新型居住证制度

大力推行电子居住证，完善电子居住证申领、核发流程，努力实现有意愿且符合条件的农业转移人口全部持有居住证。加快探索实行全省范围内居住证互认转换制度。积极探索建立以"居住证+积分"为核心的优质公共服务梯度供给制度，进一步扩大居住证持有人实际可享有的公共服务和社会保障内容。除杭州市区外，探索推行全省范围内居住证积分互认或折算制度。加快把居住证打造成农业转移人口融入城市的"身份证"、服务城市的"贡献证"和共享发展的"权利证"。

2. 放宽农业转移人口落户条件

全省除杭州市区以外的地区全面取消落户限制政策，试行经常居住地登记户口制度，落实合法稳定住所（含租赁）落户及配偶、直系亲属随迁政策。杭州市区进一步调整完善积分落户政策，提高社保缴纳年限和居住年限分数所占比重。加快推行居住和社保缴纳等户籍准入年限累计互认，逐步拓展长三角区域内户籍准入年限累计互认。突出城市新区、县城、中心镇等吸纳农业转移人口的重要载体作用，加快提升县城公共服务和人口承载能

---

① 刘乐平．完善体系架构　做好需求分析　强化综合集成　推动全面深化改革向广度和深度进军［N］.浙江日报，2021-11-26（1）.

力,重点提升山区 26 县县城综合能级,打造就近就地城镇化的重要节点。坚持存量优先原则,着力推动进城就业生活 5 年以上和举家迁徙的农业转移人口、在城镇稳定就业生活的新生代农民工、高技能高学历人才、农村学生升学和参军进城的人口等重点群体便捷落户。进一步精简落户手续,实现主要户籍业务"全省通办",并在长三角区域内试点开展"跨省通办"业务。

(二)提升农业转移人口就业能力

1. 优化农业转移人口职业技能培训服务

深入推进"金蓝领"职业技能提升行动,支持职业院校、技工院校、成人学校开展农业转移人口职业技能培训,加强实用型专业技能人才培养。积极推广"新居民夜校""互联网+培训"等灵活形式,提供适合农业转移人口工作特点的"不脱产、不离岗、多样化、就近就便"的文化学习和技能培训服务,进一步扩大普惠制、普及性培训服务范围。加快打造全省统一的"技能浙江"网上培训平台,面向农业转移人口加大应用推广力度,探索发放电子培训券,创新线上线下结合的培训形式,建立职业技能培训学时与新市民积分挂钩制度。结合新一轮东西部协作,鼓励支持浙江省职业院校、技工院校与四川省等中西部省份建立更加紧密的合作关系,采取联合招生、合作办学等形式吸引更多省外优质生源来浙江省就读。

2. 完善农业转移人口技能评价激励机制

鼓励开发编制新职业(工种)国家职业技能标准和地方规范,支持符合条件的农业转移人口参与职业资格评价、职业技能等级认定等技能人才评价,激励农业转移人口,特别是新生代农民工加快提升职业技能。加强新时代浙江工匠培育,支持符合条件的农业转移人口参与浙江大工匠、浙江杰出工匠、浙江工匠、浙江青年工匠遴选,落实和完善技能工匠人才奖励支持政策。鼓励企业设立首席技能专家等岗位,为农业转移人口提供更多职业晋升通道。

3. 支持农业转移人口自主创业和灵活就业

落实农业转移人口同等享受灵活创业就业政策,加大对个体经济、非全日制、新就业形态的支持力度,促进创业带动就业,对自主创业人员在审批服务、资金场地、税费减免等方面给予政策支持,开展新就业形态技能提升和就业促进项目试点。支持农业转移人口从事互联网营销、移动出行、数字娱乐等新业态,培育直播电子商务基地等新型创业就业平台。加强山区26县农业转移人口就业服务,充分发挥特色生态产业平台、山海协作产业园、特色小镇、小微企业园等平台作用,吸纳农业转移人口就近创业就业。加大对就业困难群体从事灵活就业的支持力度,在办理失业登记、社保补贴等方面提供便利,合理开发公益性岗位,多措并举帮扶困难人员多渠道就业。深化巩固"十省百市千县"劳务合作,突出脱贫人口就业扶持,确保省外在浙农业转移人口稳定就业。

(三)加大农业转移人口住房保障力度

1. 开展统筹城乡住房保障制度改革试点

以国家城乡融合发展试验区浙江嘉湖片区、农村宅基地制度改革国家试点为重点区域,选择具备条件的县(市、区)开展统筹城乡住房保障制度改革试点,先行探索农村宅基地退出与城镇住房保障的联动机制,为农业转移人口依法自愿有偿退出宅基地资格权同步提供多种形式的城镇住房保障。在山区26县因地制宜推广"大搬快聚富民安居"工程等做法。

2. 扩大保障性住房有效供给

加快完善以公租房、保障性租赁住房和共有产权住房为主体的住房保障体系,细化落实发展保障性租赁住房在土地、财税、金融、项目审批等方面的优惠政策。充分发挥市场机制的作用，引导多主体投资、多渠道供给，采取新建、改建、改造、租赁补贴和政府闲置住房转用等多种方式，有效增加保障性租赁住房供给，探索推进共有产权住房建设。支持专业化、规模化住房租赁企业建设和运营管理保障性租赁住房，有效解决农业转移人口及新市民、青年人的住房困难。

(四) 推动农业转移人口共享优质公共服务

1. 加强农业转移人口随迁子女义务教育保障

将农业转移人口随迁子女纳入地方教育发展规划，建立按常住人口规模配置教育资源机制。加快推行随迁子女积分量化入学制度。加大公办学校学位供给力度，全面保障居住证持有人的随迁子女进入公办学校就读有学位，持续提高随迁子女在公办学校就读比例。公办学校学位不足的地区，积极探索通过政府购买服务方式安排随迁子女在依法成立的民办义务教育学校就读。健全全省联网的电子学籍系统，加强对随迁子女教育资源配置情况的常态化分析和预警。

2. 完善农业转移人口医疗卫生服务

完善基本公共卫生服务与常住人口挂钩机制，严格落实农业转移人口同等享受健康教育与儿童、孕产妇、老年人及高血压、糖尿病、肺结核患者健康管理等基本公共卫生服务项目。加强基本医疗保险跨省异地就医费用直接结算和医保关系转移接续，优化业务办理流程，扩大异地就医直接结算定点医疗机构范围，继续推进快速备案和自助备案应用，有效提高农业转移人口异地就医便利度。

(五) 加强农业转移人口社会保障

1. 建立灵活就业人员劳动保障制度

加快制定灵活就业人员（新就业形态劳动者）权益保障政

策，明确政府、社会组织、平台企业、劳动者在新就业形态中的责任、权利和义务。引导用人单位与灵活就业人员（新就业形态劳动者）签订劳动合同或通过劳务外包等形式签订书面协议，明确报酬支付、工作时间、休息休假、职业安全等劳动标准，加强对灵活就业人员的劳动权益保护。建立灵活就业人员公积金缴存制度。

2. 扩大社会保障统筹覆盖面

鼓励农业转移人口参加城镇职工基本养老保险和城镇职工基本医疗保险，稳步扩大保险覆盖面。完善新就业形态劳动者职业伤害保障机制，引导平台企业或第三方劳务中介机构为劳动者缴纳工伤保险，努力实现工伤保险应保尽保。将符合条件的农业转移人口纳入最低生活保障覆盖范围，分层分类实施社会救助。加强失业保险与社会救助政策衔接，为农业转移人口困难群体的基本生活提供兜底保障。

（六）以数字化改革推动农业转移人口市民化

打造"浙里新市民"应用场景。以精益服务、精准管理、精密智控为目标，以电子居住证为载体，打造以农业转移人口市民化为核心业务的多跨应用场景。建立全省统一、互认共享的积分体系，开发电子居住证"一指办理"、居住证转换互认、积分管理与应用、精准推送与服务、新居民画像等功能模块，实现农业转移人口教育、医疗、就业等公共服务梯度供给、即时办理，实现农业转移人口持有的居住证及积分在全省范围内跨区域互认共享。

三、案例：龙游县农业转移人口市民化改革

龙游县地处浙江省中西部，是浙江省山区26县之一。龙游县深入践行"两山"理论，牢牢把握人口集聚和百姓增收两大关键

第四篇 机制研究

第十一章 市民化集成改革

点,加快农村人口向城区、中心镇、中心村集聚,创新推出"公司化运作、市场化安置"1.0模式,之后又出台金宅地、金房券"两金"政策2.0模式,累计集聚人口3.34万人,有力推动农民住房条件改善,实现"两山"资产价值转换。2022年,龙游县实施农民集聚3.0模式,以超常规举措推进农民跨越式集聚、高质量转化,创新公积金扩面、"兜底安置、集中供养""耕地管家"等举措,开发"奔富通"数字化应用,全年集聚人口5257人,[①] 成功列入浙江省第二批共富试点(改革探索类),走出了一条农民集聚、市民化改革发展新路径。

(一)明确四大目标

2022年3月,龙游县委、县政府成立了以书记和县长为双组长的"小县大城"全域土地工作领导小组和整治专班。专班实行"12103系统架构图",即重点工作"1+2+N",聚焦一个总体目标,力争在"十四五"期间完成70%的城镇化率、两大专项行动路径,就地城镇化提升15%、异地城镇化提升5%;升级配套政策"10+N",包括党建体系、公共医疗、社会保障、培训就业、公共教育、社会文化、社区治理、物业管理、数字赋能、居家养老;保障体系"3+N",包括组织保障、督导保障、安置保障。

龙游县在农业转移人口市民化改革方面明确了四大目标。一是形成县域规模化、梯度化人口集聚,安置农民1.3万人,到2025年,助力全县常住人口城镇化率达到72%。二是全国首创以"耕地管家""共富大楼"为特色的土地收益模式,到2025年,通过异地移民建设用地复垦2000亩。三是形成以"131服务"为亮点的就业帮扶模式,职业技能培训2万人次。四是形成"一卡两端三场景五模块"数字化平台,实现"搬富卡"一码统享、一卡

[①] 郭艳玲,徐梦莹.龙游县以土地综合整治促农民集聚转化助推共同富裕[EB/OL].浙江在线,2023-01-12.

通办，民生事项"一键通办"达到95%以上，常办"十件小事"一次办成率达98%以上。①

（二）农业转移人口市民化十条措施

2022年5月25日，龙游县人民政府办公室关于印发《龙游县高质量推进农业转移人口市民化暖心十条措施（试行）》。根据该文件，龙游县在十个方面促进农业转移人口市民化。

1. 全面推行"搬富卡"制度

全面登记、准确掌握农业转移人口基本情况，着力提升对农业转移人口的管理服务水平。农业转移人口可以申领"搬富卡"（或通过"龙游通"申领电子"搬富卡"），"搬富卡"持有人既享有与城镇户籍人口同等的基本公共服务和社会保障，又保留享有农业转移人口在农村的合法权益。逐步完善"搬富卡"功能，集成涉及农业转移人口主要政策业务实现"一卡通办"。

2. 提升城镇综合承载能力

加强农业转移人口市民化工作与城镇发展相关规划的衔接，完善教育、卫生及生活等公共设施配套建设。新建城镇安置小区按照省一级幼儿园的标准建设"托幼一体"的小区配套公办园，完善安置小区社区卫生服务设施建设，落实社区邻里中心、老年食堂、文化活动中心、社区综合服务中心等基础服务设施设置，充分满足农业转移人口日常生产生活需求。

3. 加大就业创业支持力度

实施技能提升行动，鼓励龙游县培训机构为农业转移劳动力提供免费就业创业培训；加强创业政策扶持，对在龙游县范围内初次创业的农业转移人口，其中在校大学生、劳动年龄段人员给

---

① 吴晓龙，王力. 创新变革，实现高质量农民集聚转化——专访"小县大城·共同富裕"专班［EB/OL］. 龙游新闻网，2022-08-11.

予创业担保贷款贴息支持（贴息本金不超过 50 万元），正常经营 1 年以上的重点人群给予 1 万元的一次性创业补贴；夯实困难帮扶机制，鼓励乡镇（街道）所属行政村开发公益性岗位，安置农业转移低保低边家庭劳动力就业，并按照龙游县最低工资 30% 的标准给予补贴。

4. 完善平等教育保障机制

合理调整城镇优质教育资源布局，加大中小学和幼儿园学位的供给力度，全面保障农业转移人口随迁子女就读有学位。凡农业转移人口随迁子女，义务教育段新生入学根据县教育局当年招生方案中明确的学区范围和录取办法，就近安排。中途转学的学生，视本学区学校班额，如果学校班额已满，则安排到相对就近的学校就读。学前教育段新生入学，根据县教育局当年招生方案中明确的招生对象、条件和录取办法，予以优先安排。

5. 统筹强化医疗卫生服务

农业转移人口除享有与城镇居民均等化的医疗卫生基本公共服务外，额外提高妇女"两癌"（宫颈癌和乳腺癌）筛查频率，每 3 年可享受一次免费"两癌"筛查；额外扩大免费妇幼项目，提供孕前宫颈癌"TCT+HPV"筛查 1 次、增加孕期免费检查次数 3 次、提供免费肝胆脾 B 超检查 1 次。

6. 加大居家养老服务支持

60 周岁以上的农业转移人口，可按照 80 周岁以上 6000 元/人、70～79 周岁 4000 元/人、60～69 周岁 2000 元/人的标准给予一次性生活费补贴。在集聚区居家养老服务中心、居家养老照料中心、老年食堂和助餐点就餐的 60 周岁以上农业转移人口，可按照 2 元/餐的标准给予助餐补助。

7. 积极拓宽住房保障渠道

完善农户异地搬迁补助制度，对符合省扶贫异地搬迁补助条件的农户，按照《浙江省异地搬迁项目管理办法》给予搬迁补助，改善农业转移人口居住和生活条件。积极探索搬迁农户金融支持，允许农户根据龙游县搬迁安置相关政策自行选择迁建安置或城镇集聚小区安置，安置过程中需要贷款的农业转移人口，可向政府合作银行申请担保贷款。将农业转移人口纳入灵活就业人员建立公积金制度试点范围，推动公积金制度往农村扩面覆盖，帮助农业转移人口提高居住水平。对缴存住房公积金的农业转移人口，享受城镇单位职工同等公积金待遇，购买住房时可以按照规定申请公积金贷款或提取本人公积金。积极探索促进城乡人口集聚的公积金政策，对在中心村、中心镇或村民集中安置点自建住房的，按照相关公积金政策申请公积金贷款，缓解建房资金问题。

8. 确保落实既有权益不变

农业转移人口原享有的农村土地承包权、集体收益分配权，以及派生的征地补偿权、惠农补贴享有权，在户口迁移城镇后，依法保持不变。保障农业转移人口的选举权和被选举权，以及参与民主协商议事活动和社会事务管理等政治权利。

9. 持续优化"一站式"服务

对农业转移人口实行迁出地和迁入地双重管理、双向服务制度。以行政村为单位，由迁出地的村级党组织、村民委员会负责落实党员联系、村民联系制度；由迁入地乡镇（街道）和社区负责落实农业转移人口的各项社会事务管理与服务工作，与城镇居民同宣传、同服务、同管理。依托"龙游通"建立网上"一站式"代办服务点，实行专职网格员、代办员线上线下协办服务，推动农民更好更快地融入城镇生活。

10. 保障农村集体资产权益

依托城东新区平台建设"共富大楼"，搬迁村级集体可通过入股等方式参与物业经济项目，实现集体资产的保值增值。此外，迁建安置小区内配套总用地面积比例不超过5%的集体公共配套建设用地指标，收益可用于搬迁安置小区物业管理和迁入地农户所在村集体经济发展。

（三）以人为本，推动社区建设，引领美好生活

龙游县坚持因地制宜、因人而异，不搞"一刀切"，避免"赶农民进城"的问题发生。进城农户可以自主选择国有土地安置或者集体土地安置，并给予相关补助费。对于国有土地安置，为农户提供公寓式安置，农户也可以选择货币安置，享受相关补贴优惠购买县内商品房。对于集体土地安置，2022年新增了迁建式安置模式，农户可选择到镇级迁建安置点，使用村集体建设用地建房安置，允许跨村跨乡镇，解决了萎缩村、控制村建房的问题，满足了老百姓的建房需求。同时，做好政策托底工作，针对经济条件差，无力进城集中安置的低收入群体，创新"跨村建房""宅基地换养老""集体周转房"等举措，破解低收入农户"想搬搬不了"的难题。

龙游县以群众的满意度为标杆，推动社区建设，引领美好生活。坚持党组织靠前服务，着力破解管理难题，将基层党建"三个三"落实到集聚小区管理服务中，建设以"网格支部+业委会+业主+物业公司+社会组织"为主体的"红色物业联盟"，实现干部、网格联区，党员、网格员联户全覆盖，让党员真正成为群众的"服务员"。同时，还将以未来社区、未来乡村理念加强农民集聚区环境打造、场景塑造、社群营造，努力打造"推窗见景，出门入画"的美好意境。[①]

---

① 章卫平，王炜，汪杏怡. 龙游："小县大城"探路城镇化 [N]. 衢州日报，2022-05-30（3）.

第十二章　乡村集成改革

2018年9月21日,习近平总书记在主持十九届中央政治局第八次集体学习时指出:"要把好乡村振兴战略的政治方向,坚持农村土地集体所有制性质,发展新型集体经济,走共同富裕道路。"① 中国共产党浙江省第十五次代表大会报告提出,深化以集体经济为核心的强村富民乡村集成改革。这是探索优化生产力和生产关系的一项重大改革,具有牵一发而动全身的作用。全面推进以集体经济为核心的强村富民乡村集成改革,必须深度激活农村集体"三资",加快发展集体经济。

一、强村富民乡村集成改革的内涵

2022年2月22日,浙江省委农村工作会议暨粮食安全工作会议提出,制定以集体经济为核心的强村富民乡村集成改革方案,让"三农金名片"给群众带来更多获得感。如何理解强村富民乡村集成改革?可以从以下三个方面着手。

(一) 乡村集成改革的目标和方法

1. 强村富民乡村集成改革的目标

强村富民首要目标是强村。整合利用村级集体资金、资产、资源,探索强村公司、"飞地"抱团、片区组团等模式,建立现代法人治理结构,推进规模化、集约化经营,提高联农带农作

---

① 习近平. 习近平主持中共中央政治局第八次集体学习并讲话[EB/OL]. 新华网, 2018-09-22.

用，联动推进乡村经营、乡村建设、乡村治理，加快实现美丽乡村与美丽经济共建共享。

强村富民的落脚点在富民。通过优化集体经济收益分配，改进收益分配方式，建立与经营效益挂钩、以股份份额为基础的分配机制，加强收益分配的监督管理，确保集体成员公平分享集体收益。推进农村产权和农民权益两项价值实现机制改革，赋予更加充分的产权产能，促进农民农村产权溢价增值。

2. 集成改革的工作方法

农村改革进入攻坚期和深水区，面临的问题更为多元，利益诉求更加复杂，各项改革举措之间的关联性、耦合性要求更高，以往单项突破或局部推进的方式已无法满足形势发展的需求。

在推进强村富民改革中，要切实把握农业农村改革发展的阶段性特征和要求，坚持系统集成、协同高效，全面打出"市场化改革+集体经济""标准地改革+农业'双强'""宅基地改革+乡村建设""数字化改革+强村富民"改革组合拳。

这四套组合拳并不是对现有改革的简单叠加，而是更加注重系统集成和"三改融合"，更加注重生产关系和生产力协同，既发挥单项改革的最大牵引作用，又推进各项改革举措优势互补，促进改革效能发生化学反应和质的提升，全面增强改革的整体性、联动性、协调性和实效性。

（二）乡村集成改革工作体系

浙江省把农民农村共同富裕作为"三农"一号工程来抓，构建起"1234+1"①的工作推进体系，具体如下。

1. 一个专班

成立由省委副书记、副省长担任总召集人的省强村富民乡村

---

① 1、2、3、4就是后面提到的一个专班、两大文件、三组目标、四套组合拳；"+1"就是"浙农富裕"数字应用。

集成改革专班。专班办公室设在省委农办、省农业农村厅,办公室内设5个功能组,联动市、县两级全部组建专班,构建全省协同推进农民农村共同富裕的新机制。

2. 两大文件

国家农业农村部、浙江省政府联合印发实施的《高质量创建乡村振兴示范省 推进共同富裕示范区建设行动方案（2021—2025年）》,以及浙江省委农办、省农业农村厅、省乡村振兴局联合印发实施《农业农村领域高质量发展推进共同富裕行动计划（2021—2025年）》。

3. 三组目标

三个"万元新增"：农业劳动生产率从人均4.1万元增加到5.5万元,农民人均收入从3.19万元增加到4.4万元,低收入农户人均收入从1.4万元增加到2.4万元以上。三个"持续缩小"：城乡收入倍差从1.96缩小到1.9以内,全省农民与低收入农户的收入倍差从2.22缩小到1.9以内,全省农民与山区26县农民收入倍差从1.32缩小到1.2以内。三个"基本翻番"：新时代美丽乡村达标创建村覆盖率由现在的57%增长到100%,村级集体经济总收入最低收入水平从10万元增加到20万元①,省级善治（示范）村覆盖率从现在的29.5%增长到50%以上。

4. 四套组合拳

"市场化改革+集体经济""标准地改革+农业'双强'""宅基地改革+乡村建设""数字化改革+强村富民"四套组合拳。

5. "浙农富裕"数字应用

聚焦重大改革、重大突破、重大任务,贯通产业促富、就业

---

① 浙江省将深入推进《村级集体经济巩固提升三年行动计划》,将村级集体经济年经营性收入50万元以上的村占比提高到50%,全面消除年集体经济总收入20万元以下、经营性收入10万元以下的相对薄弱村。

促富、赋能促富、强村促富、活权促富、帮扶促富六个"一件事",实现全省农民、村级组织、农业主体致富政策一指查询、致富信息一键共享、帮农服务一码集成、增收效果一屏统览。

(三) 乡村集成改革四大组合拳

1. "市场化改革+集体经济"组合拳

一是坚持市场导向。建立符合市场经济要求的集体经济运行机制,探索建立农村集体产权制度和现代法人治理结构,形成符合市场经济要求的决策机制和激励约束机制,提高农村集体经济组织运行效率。二是开展市场运营。全面推广"强村公司""飞地抱团""片区组团"等典型模式,积极探索符合当地实际的集体经济市场化运营路径。三是突出市场功能。加快健全农村产权流转交易体系,突出市场的价格发现功能,进一步盘活农村资产。同步推进农民权益实现机制改革,保障好农民的财产权。

2. "标准地改革+农业'双强'"组合拳

一是深化农村承包地"三权分置"。在稳定农户承包权的基础上,规范土地流转管理与服务。全面推行土地经营权流转经营权证制度,大力推广土地流转风险保障金制度,促进土地规范有序流转。二是加快推进农业标准地改革。纵深推进标准地改革试点,高质量建设农业标准地,加强建设用地配套保障,招引集聚先进要素、扩大农业项目有效投资。组合科技攻关转化、农机农艺融合,全面提升农业综合生产能力和农民经营效益,保障粮食等主要农产品有效供给。三是推进农业一二三产业融合发展。加强农村一二三产业融合发展用地保障,支持现代农业园区和农产品冷链物流体系建设。充分发挥农业龙头企业的引领作用,建设一批"链主型"龙头企业,在全省布局建设100条产值超10亿元的高质量农业全产业链。建立健全全产业链利益共享机制,有效带动农民创业就业和收入增加。

3. "宅基地改革＋乡村建设"组合拳

一是加大闲置宅基地和闲置农房盘活力度。在依法维护农民宅基地合法权益和严格规范宅基地管理的基础上，进一步完善政策措施和利益分配机制，探索市场化运作方式，吸引社会资本参与盘活利用，实现互利共赢。二是稳妥有序推进集体经营性建设用地入市。稳妥推进集体经营性建设用地与国有建设用地同等入市，建设城乡统一的建设用地市场，科学完善入市增值收益分配机制，保障农民农村获得更多入市增值收益。三是推进美丽乡村与美丽经济共建共享。持续深化"千万工程"，一体推进"美丽乡村+数字乡村+共富乡村+人文乡村+善治乡村"，打造共同富裕现代化基本单元"金名片"。坚持党建为统领，积极打造引领品质生活体验、呈现未来元素、彰显江南韵味的未来乡村浙江范例。在建设过程中因地制宜协同发展乡村休闲、生态旅游、绿色康养、文化创意等乡村新业态，壮大农村集体经济。

4. "数字化改革＋强村富民"组合拳

一是推进集体经济管理数字化。优化"浙农经管"应用，加快技术升级和层级贯通，全面对接基层公权力监督平台，助推农村集体资产实时监管和保值增值。二是加快农业产业数字化。迭代升级"浙江乡村大脑2.0"，加快"浙农"系列应用开发，加快农业农村领域核心业务和重大任务流程再造、制度重塑，推动数字技术与农业产业融合发展。三是迭代建设"浙农富裕"应用。聚焦"三改融合"，加快推进"浙农富裕"应用架构重塑，不断完善"农房盘活""灵活就业""农业保险""浙农帮扶"等应用，加快建立省、市、县贯通的帮农促富治理和服务体系。[1]

---

[1] 王通林：全面推进强村富民乡村集成改革高质高效促进农民农村共同富裕［EB/OL］. 中新网，2022-06-20.

二、案例：海盐县"市场化改革+集体经济"

海盐县位于浙江省北部杭嘉湖平原。海盐县是全国粮食生产先进县，有粮食生产功能区 376 个、11413 公顷。"凤凰"和"湖山"两个省级现代农业综合区及 8 个镇（街道）粮食生产功能区均通过无公害农产品产地整体认证。有省级主导产业示范区 5 个、省级特色农业精品园 11 个。近年来，海盐县立足本县实际，通过持续深耕"飞地"抱团项目、探索推进强村公司经营、聚力激活农村三权权能等措施，打出了"市场化改革+集体经济"的组合拳，村级集体经济实力显著增强。2021 年，全县实现村级集体经济总收入 3.68 亿元，同比增长 38.35%；全县 105 个村股份经济合作社经常性收入 2.39 亿元，同比增长 41.42%；经营性收入 1.66 亿元，同比增长 25.76%，三项增幅均位列全市第一。农村居民人均可支配收入达 44486 元，位居全省前列。

（一）探索"飞地"抱团发展模式

打破行政界限和资源要素流动壁垒，探索以"县域统筹、跨村发展、股份经营、保底分红"为主的"飞地"抱团发展模式，将全县各村社的零碎土地指标、资金等集中"腾挪"到更优质的区域，联合发展强村项目。2014 年以来，三轮强村政策实施期间，海盐县共实施县镇两级抱团项目 19 个，参与项目村 274 村次，争取县镇财政补助资金 1.6 亿元，2021 年有 17 个项目进行了分红或预分红，分红金额 5938 万元，占 2021 年全县村集体经营性收入的 35.77%，"飞地"抱团增收已成为海盐县集体经济的主要来源。

（二）组建强村公司

通过政策引导，鼓励村单独或联合创办强村公司，开展物业服务、旅游开发、农业生产社会化服务和农村环境长效管护等，目前全县创建各类强村公司6家，一方面增加村级集体经济收入；另一方面为农村闲置劳动力和低收入农户提供就业岗位。例如，2020年西塘桥街道6个村联合成立了嘉兴振欣物业管理服务有限公司和嘉兴市振欣农业发展有限公司，2021年收益达到400万元，通过年底分红，各村均能增加60多万元收入。两家强村公司向新业态从业人员、进城农民工、低收入农户、困难群体等提供岗位155个，占员工比例的84.6%，实现扩中提低，带动增加农民工资性收入，实现集体和农民双增收。

（三）激活农村三权权能

深化农村产权制度改革，将集体经营性资产折股量化确权到人，全县共量化村集体资产4.27亿元；引导有可分配收益的村股份经济合作社按章程开展股份分红，2021年20%以上的村开展分红，累计分红达5440万元，真正实现"农民变股东、资产变资金"。

海盐县在浙江省率先建立起县、镇、村三级农村土地流转和产权交易服务平台，2021年农村产权交易平台累计成交2913宗，累计交易金额5.1亿元，资产平均溢价10%~15%，累计流转土地面积21.55万亩，土地流转率达78%，有效盘活了农村土地资源，促进了现代农业发展，实现了农民增收和村级集体资产保值增值。[①]

三、案例：瑞安市农村"三位一体"改革

瑞安市地处浙江省东南沿海，是浙江省重要的现代工贸城市、历史文化名城和温州大都市区南翼中心城市。农村"三位一体"改革作为习近平总书记在浙江工作期间亲自点题破题的一项

---

① 海盐县农业农村局. 海盐打好"市场化改革+集体经济"组合拳助推强村富民促共富［EB/OL］. 浙江省农业信息网，2022-09-01.

重要改革，两次被写入中央一号文件，成为推进农业农村现代化、促进共同富裕的重要抓手。2006年以来，瑞安市从过去"组建农合联、开展生产供销信用合作"的1.0版，发展到"涉农资源大整合、为农服务大提升、富农产业大融合"的2.0版，创成国家现代农业产业园，获得"全国改革十大探索"等荣誉，农村电子商务、乡村振兴等工作获国务院和省政府督查激励。近3年村集体经济总收入增至22.9亿元，年均增速20%；"百万村"占比78.4%，农村居民人均可支配收入增至3.94万元，年均增速8.5%；城乡居民收入倍差缩至1.87，优于全省"十四五"工作目标。瑞安市深化"三位一体"改革的特色做法可以归纳为以下三个方面。

（一）聚焦"一体化重塑、组织力提升"，破解"农户组织化程度不够高"难题

针对农户小而散、合作社规模偏小、农合联功能不强等具体问题，瑞安市突出"统"的功能，在开放聚合的过程中，形成了小农户深度融入现代农业组织的普遍经验，打造了"握指成拳"的组织体系。一是突出组织聚合，实体化运行"1个县级农合联+10个涉农乡镇农合联+N个产业农合联"，市场化推进为农服务中心，体系化链接农业龙头企业、农村职业经理人、中低收入农户。二是突出功能聚合，合作领域向农民生活服务、农村现代治理等方面拓展，发展乡村物业、乡村养老等合作业态，进一步拓宽农户就业增收渠道。三是突出利益聚合，推动"村集体+合作社"共享模式，通过实物、土地承包经营权、闲置农房（宅基地）使用权等要素作价出资办社入社，创新股份分红、存贷款积分等渠道，成立村域综合性农民合作社，以"二次返利"促进村集体和村民"双重增收"。

（二）聚焦"标准化重塑、竞争力提升"，破解"农产品竞争力、附加值不够高"难题

针对产业链各环节标准不统一、初级农产品溢价低、产销两端农户获利少等具体问题，瑞安市放大"联"的优势，在产销联合的过程中，形成了小农户充分融入现代农业经营体系的普遍经验，打造了"高质高效"的现代农业。一是以标准建设拓展品牌优势，创建县级公共品牌"云江丰味"，吸纳42家农业龙头企业和合作社，赋能瑞安清明早茶、金川有机大米等特色农产品的市场影响力。同时，推广农业"双强"生产标准和质量管控标准，强化农产品质量闭环监管。二是以链型合作拓展增收优势，通过推广新品种、发展深加工、进军预制菜，进一步打通增收共富路径。例如梅屿蔬菜专业合作社与预制菜企业温州万科农业公司建立种养合作，"第贰道菜"即食产品，提升单价4~5倍，带动4500余农户、户均增收30%以上。

（三）聚焦"数字化重塑、服务力提升"，破解"农业服务现代化程度不够高"难题

针对全流程现代化为农服务覆盖面不广、集成度不高、便利性不足等具体问题，瑞安市聚焦"治"的变革，在数字耦合的过程中，形成了现代化为农服务覆盖生产经营全环节的普遍经验，打造了"用数赋智"的服务网络。一是以数字平台集成服务，完善"三位一体"智农共富平台，深化"无忧种田""无忧销售""无忧贷款""无忧补贴"四大无忧场景建设，打通服务小农户"最后一公里"。自平台上线以来，已推出28项服务，提供服务3万余次，农资团购交易2490.9多万元，实现农资等农业投入品量价双双下降10%，融资利率平均下降2%。二是以数字农业提质增效，建设全国首家"三位一体+MAP"现代农业服务中心，提供选种配肥、机器人作业等全周期服务，打造"空地一体"农业

数字化系统。三是以数字金融激活资源,通过大数据信息,绘制农户信用画像,激活土地、农房等"沉睡资产",实现农户便捷用信、资金闭环管理。根据瑞安市的奖励政策,线上交易农资、农机额度10万元以上的合作社和社员,还能分别享受相当于交易额2‰、3‰的财政补助。[①]

[①] 瑞安市政府. 瑞安"三位一体"改革又出新举措[EB/OL]. 瑞安市政府网,2022-03-25.

第十三章　服务保障机制

基本公共服务均等化是共同富裕的内在要求。《中共中央 国务院关于支持浙江高质量发展建设共同富裕示范区的意见》鲜明提出了共同富裕的五个维度，即生活富裕富足、精神自信自强、环境宜居宜业、社会和谐和睦、公共服务普及普惠。基本公共服务是公共服务中基础性和兜底性的层次，基本公共服务的均等化是公共服务普及普惠的必要条件，因而也是缩小城乡差距，实现共同富裕的应有之义。

一、城乡基本公共服务均等化

所谓基本公共服务，是指建立在一定社会共识基础上，根据一国经济社会发展阶段和总体水平，为维持本国经济社会的稳定、基本的社会正义和凝聚力，保护个人最基本的生存权和发展权，为实现人的全面发展所需要的基本社会条件。基本公共服务包括三个基本点：一是保障人类的基本生存权（或生存的基本需要），为了实现这个目标，需要政府及社会为每个人都提供基本就业保障、基本养老保障、基本生活保障等；二是满足基本尊严（或体面）和基本能力的需要，需要政府及社会为每个人都提供基本的教育和文化服务；三是满足基本健康的需要，需要政府及社会为每个人提供基本的健康保障。随着经济的发展和人民生活的水平的提高，一个社会基本公共服务的范围会逐步扩展，水平也会逐步提高。

浙江省一直以来比较重视政府公共服务职能，不断健全为民办实事的长效机制,在经济发展取得显著成就的同时,社会发展和公共服务方面也走在全国前列。2008年浙江省《政府工作报告》提出要实施"全面小康六大行动计划",其中一个就是"基本公共服务均等化行动计划",这在全国是率先的。同年,浙江省正式启动全国首个《基本公共服务均等化行动计划(2008—2012)》,将努力实现基本公共服务覆盖城乡、区域均衡、全民共享,促进社会公平正义和人的全面发展。2009年3月,浙江省政府发布了《关于加快推进基本公共服务均等化 进一步改善民生的若干意见》(浙政发〔2009〕16号)从努力稳定和扩大就业、健全社会保障体系、提升教育发展质量和水平、完善城乡公共卫生服务体系、提高农村公共文化服务水平、加强环境污染整治、保障社会公共安全等8个方面推进基本公共服务均等化。2021年年底,浙江省出台《浙江基本公共服务标准(2021版)》,首次以制定标准的形式,推进基本公共服务均等化,围绕人的全生命周期,第一次明确提出95项基本公共服务标准,涉及幼有所育、学有所教、劳有所得、病有所医、老有所养、住有所居、弱有所扶等方面。

(一)浙江省基本公共服务均等化现状

党的十八大以来,浙江省强化普惠和共富目标导向,积极推动全省民生保障体系建设进入快车道,民生事业整体水平走在全国前列。就业保障成效显著,2021年全年城镇新增就业122.4万人,城镇调查失业率在4.3%的较低水平。社会保障水平扩面提升,全省参加基本养老保险、基本医疗保险、生育保险人数分别从2012年的2083万人、1671万人、1085万人上升到2021年的4423万人、5655万人、1811万人。养老服务体系基本建成,截至2021年,全省共有养老机构1677家(注册登记),机构养老床位数26.47万张,每万老年人拥有持证护理员数达18.2人,实施困难老人家庭适老化改造27094户,建成乡镇街道居家养老服务中心 365 家，建设康养联合体试点 149 个。福利保障水平持续提高，在册低保对象 59.26 万人，城乡低保标准平均 935 元/月，位居全国各省（自治区）第一；6.4 万名孤儿、困境儿童纳入政府保障体系。基层社会治理成效显现，在全国率先实施农村社区建设分类指导、分层提升，出台首个村务监督省级地方标准；全省登记社会组织 72825 个、慈善组织 1240 个、慈善信托 167 单，资金规模 11.52 亿元，位列全国第一。基本社会服务提质增效，城乡公交一体化率 68.8%，主要食品评价性抽检合格率 99.4%。法治风尚更加浓厚，法治浙江建设群众满意度达 92.3%。平安建设机制不断完善，群众安全感满意度达 99.2%。[1]

根据浙江省发展和改革委员会、浙江省统计局对 2019 年度全省及 11 个设区市基本公共服务均等化实现度的综合评价，2019 年全省基本公共服务均等化实现度 98.7%，比上年提高 1.9 个百分点，超过"十三五"末全省实现度 95% 的目标要求 3.7 个百分点。基本公共教育、基本就业创业等八大领域均等化实现度首次全部达到规划目标要求，11 个设区市基本公共服务均等化实现度也首次全部达标，标志着浙江省"十三五"基本公共服务均等化实现度提前全面达标。[2]

（二）浙江省基本公共服务均等化发展方向

根据浙江省政府办公厅 2021 年 6 月发布的《浙江省公共服务"十四五"规划》，到 2025 年，公共服务均等化水平更高、供给质效更优、体制机制更全，公共服务数字化改革全面深化，基本公共服务均等化率先实现，人的全生命周期公共服务需求得到高水平满足，成功打造全省高质量发展建设共同富裕示范区的重要成

---

[1] 张韧. 社会事业蓬勃健康发展 公共服务愈益优质共享——党的十八大以来浙江经济社会发展成就系列分析报告之十一 [EB/OL]. 浙江省统计局网，2022-10-08.

[2] 浙江省发展改革委社会处. 浙江省"十三五"基本公共服务均等化实现度提前全面达标 [EB/OL]. 浙江省发展和改革委员会网，2020-11-11.

果。到2035年，建成与共同富裕示范区相适应的高标准现代化公共服务体系，高品质公共服务产品广泛普及，人的全面发展取得实质性进展，成功打造"重要窗口"的幸福板块。[①]

在基本公共服务均等化方面，浙江省将重点推进以下四方面工作。

1. 加强基本公共服务标准化、制度化建设

制定基本公共服务标准，明确服务对象、服务内容、服务标准、支出责任。统筹结合经济社会发展水平和财政保障能力等因素，建立基本公共服务标准动态调整机制。加强基本公共服务标准实施效果反馈，定期开展基本公共服务需求分析和社会满意度调查。全面规范基本公共服务的服务程序。加强基本公共服务相关政策法规研究，强化法治保障。

2. 缩小基本公共服务区域差距

加大向薄弱地区的财政转移支付力度，促进基本公共服务财政投入和公共服务资源配置优先向山区、海岛等地倾斜。加强大都市区、一体化合作先行区、城乡融合发展试验区公共服务标准统筹，做好基本公共服务设施配置、人员配备有效衔接，进一步缩小全省县域间、市域间基本公共服务供给水平差距。开展基本公共服务跨区域合作，积极参与长三角基本公共服务便利共享。

3. 缩小基本公共服务人群差距

健全以流入地为主的基本公共服务供给制度，完善以居住证为载体、与居住年限等相挂钩的基本公共服务便利化提供机制，推动符合条件的未落户常住人口逐步享有与户籍人口同等的基本公共服务。全面落实支持农业转移人口市民化财政支持政策及动态调整机制，健全异地结算、钱随人走等机制，促进有条件的农

[①] 浙江省政府办公厅. 浙江省公共服务"十四五"规划（浙政办发〔2021〕34号）[EB/OL]. 浙江省政府网，2021-06-25.

业转移人口放心落户，保障其与城镇居民享受同等公共服务。

4. 缩小基本公共服务城乡差距

加强城乡基本公共服务制度一体设计，实行城乡统一的基本公共服务设施配置和建设标准，推进一批公共服务领域城乡联动项目，加快补齐农村地区服务设施短板。加大基本公共服务资源向农村倾斜的力度，完善城市优质公共服务资源辐射农村配套政策。科学设置农村基本公共服务半径，增强偏远农村流动服务能力，打造1.5小时偏远农村基本公共服务圈。

二、基层教育服务均等化："县中崛起"行动

作为基层教育的重要组成部分，县域普通高中教育是无数乡村孩子走向广阔未来的人生桥梁，承载了老百姓对本地教育的信心和社会流动的希望。目前，浙江省有近四成的普通高中学校和学生分布在县域。重塑山区26县和海岛县人民政府举办的公办普通高中（以下简称县中），就是要保证城乡居民平等享有教育资源的权利，让县中为代表的基层教育设施获得更多的资源供给，让教师和学生从分数指挥棒的桎梏中逐步解脱出来，探索更符合下一代健康成长的教育现代化之路。

为了更好地适应高考综合改革和推进育人方式改革，促进浙江省县中高质量发展，助力乡村振兴，打造社会全面进步高地，推进"两个先行"，结合普通高中办学实际，2022年9月，浙江省教育厅等五部门联合发布《浙江省山区26县和海岛县"县中崛起"行动计划》（以下简称《行动计划》）。

（一）提升县中办学质量的目标

根据该《行动计划》，到2025年，县中办学条件和教育质量显著提升，市域内县中和城区普通高中高质量协调发展；普通高中教育和中等职业教育结构不断优化，高中教育实现"愿学尽

学";教育生态明显改善,公民办普通高中招生规范有序;县中教师"乐教安教善教"机制更为健全,形成一支卓越县中校长队伍;教育经费投入机制不断完善,县中办学经费得到充分保障;县中实现多样化特色发展,教育教学改革进一步深化,人民群众满意度明显提升。

(二)"县中崛起"的主要措施

在学生层面,全面落实公民办普通高中同步招生和属地招生为主政策,严禁各种方式的跨区域"掐尖"招生。严格按照初中毕业生人数分配到校指标,分配比例不低于招生计划的60%。"中学生英才计划"扩大至山区26县和海岛县,每年每县推荐若干名优秀高中生,接受浙江大学、西湖大学等高水平大学为期1~2年的科研实践培养。面向县中开展中学生高校科学营活动,每年每县选拔若干名优秀高中学生参加为期一周的高校学习生活体验。省内部分本科高校实施地方专项招生计划,每年面向山区26县和海岛县定向招生。

在教师层面,配齐配强县中教师,禁止挤占县中教职工编制或长期借用教师。禁止发达地区、城区学校到县中非正常调动校长和教师,未经调出地组织人事部门和教育行政部门同意从县中调动校长、教师的,取消调入学校及其教育主管部门各类评优评先资格。实施"县中崛起"校长教师素质提升计划,对县中校长和教师开展全员培训。按照"定向推荐、定向评价、定向使用"的原则,为山区26县和海岛县培养一批省特级教师和正高级教师,并实行"戴帽下达、人走帽留"的管理机制。

在学校层面,各地采用"一校一案"制订本地县中现代化创建方案,推动县中分类办学改革试点,通过整合课程、教学、评价、资源配置等综合方式推进县中多样化优质特色发展。深化山海协作,通过政策引导、双向选择的方式,开展多种形式的县中帮扶工程。浙江省教育厅将会同各设区市教育局,组织省内优质普通高中与县中开展联合办学或对口帮扶，确保每所薄弱县中至少与1所优质普通高中结对。

三、案例：富阳区"15分钟公共服务圈"建设

在浙江共同富裕美好社会图景里，基本建成学前教育、公共卫生、养老照料、体育健身等"15分钟公共服务圈"，实现城乡区域公共服务更加普惠均等可及是发展目标之一。杭州市富阳区构建"标准、平台、集成、联动"的公共服务设施优化治理体系，按照"标准指引—智能评估—精准识别—综合施策—体检评估—反馈补需"的闭环式管理模式，打造百姓"幸福生活圈"①。

（一）"15分钟公共服务圈"建设存在"三缺"

调研发现，当前"15分钟公共服务圈"建设存在"三缺"，即公共设施配置上缺乏顶层设计，供需匹配上缺乏信息互通，服务质效上缺乏评价反馈，导致资源配置精准度、服务供给精细度、管理模式精益度"三度"不足的问题。

1. 设施配置缺乏顶层设计，资源配置精准度不足

一是部门"各自为政"，设施共建共享不足。各部门从自身需求和标准出发，开展自身领域的公共服务建设，各自管理、缺乏联动，财政资金投入大、设施复合利用率低，无法最大限度发挥效率。二是实施"标准不一"，一体规范推进不足。在设施配置、服务内容、数据采集及应用、协同推进等方面缺乏统一的标准体系，资源布局、能力提供和服务质量等方面均存在差距。三是配置"一刀切"，人群画像聚焦不足。按照千人指标、生均指标等进行设施配置，存在均质化现象，未考虑不同区域人口结

---

① 感谢杭州市富阳区社会建设工作委员会赵晓英副主任为本案例调研提供的帮助，感谢课题合作者徐依婷博士。

构的差异，未达到充分服务居民的目标。城区教育设施"饱和运转""一位难求"和农村"虚位以待""一生难求"的问题并存。

2. 供需匹配缺乏信息互通，服务供给精细度不足

一是底数掌握不清，供给需求衔接不足。群众对可享受设施、服务不清楚，政府对服务设施底数、服务对象结构、服务质效等掌握不精准、不及时，造成资源错配、财政浪费、群众不叫好等问题。二是数据缺集成共享，政策全覆盖难度大。人口数据"数出多门"，设施地址库、人口数据库缺乏有效匹配，公共服务"一件事"集成协同场景少，政策碎片化、信息孤岛等问题依然存在。三是需求缺深度研判，设施使用效率低。以养老设施为例，富阳区养老机构床位空置率达53.7%。课题组经调查发现，低保、低边、计划生育特殊困难家庭中的失能、半失能、失智老人有意愿但缺乏购买专业养老服务能力的比重高达97.9%，公办养老机构并未充分发挥其兜底保障作用。

3. 服务质效缺乏绩效评价，管理模式精益度不足

一是对群众满意度缺乏反馈机制，需求转化渠道不畅通。对提供服务前的问需调查、提供后的满意度调查不够重视，缺乏群众诉求收集、满意度提升的有效手段。二是缺乏绩效评价闭环，落地运营实效不佳。公共服务设施的落地及运营涵盖规划上"有没有空间"、财政支持"到不到位"、审批流程"畅不畅通"、服务管理"规不规范"等，涉及多部门、多环节，但因绩效考核与运行效率未实现贯通，"重建设、轻服务"的问题突出。三是服务机制有待创新，人员全覆盖有待破解。对"占地面积大而村落分散、偏远乡镇人口老龄化严重、跑腿距离远且交通不便"等实际问题，亟须在服务机制上寻求创新。农村老人"一碗饭""一个人""一场病"的问题仍需更好地化解。

(二）富阳区"15分钟公共服务圈"建设的主要做法

1. 以标准促进基本公共服务配置的均等化

富阳区以顶层设计为先导，制定涵盖设施配置、数字平台、运行管理、工作机制、评价改进五大重点场景的应用标准体系，聚焦7个领域25项基本公共服务设施统一标准，推动均衡发展。

（1）以人为本优化布局。以人口要素和服务半径为基础，开展近70项行业标准、规划、政策的统筹衔接，实施公共服务资源与常住人口、服务半径、城市布局相适应的公共服务优化调整策略。一方面更加聚焦人群画像，推动人口结构与设施空间匹配，如在富春街道、银湖街道等学龄儿童占比高的区域，按照1.2的系数增加千人配建指标；另一方面更加注重均等可及，建立"区—街镇—村社"三级配置标准体系，推进基本公共服务向居民身边延伸，建成社区级照料中心300家，老年食堂（助餐点）240家，80%的村社提供老年人就餐服务。

（2）全民共享优质服务。优化公共服务体系"软实力"，明确设备配置、人员配备、服务管理、服务内容、服务对象等要求，创新性地将"移动式"服务纳入标准，实现"应有尽有""承诺必达"，有效解决村民"办事十分钟，坐车两小时"的烦恼。例如，首创"数智家医服务平台"，居家享受"一站式、多功能"的智慧医疗健康服务，实现指尖上预约诊疗等10余项服务"移动办、上门办、实时办"。落实养老服务电子津贴制度，规范助浴、理发、代办、助洗、个人卫生清洁等上门养老服务组织的服务供给，惠及2.2万人。

（3）评估反馈闭环管理。坚持问需于民、问计于民、问效于民，建立"规划—评估—改进"的工作机制，实现把服务"送出去"、把反馈"拿回来"、把呼声"落下来"。制定工作推进标准，明确部门、街镇、村社等各自的工作职责，实现一体推进。

2. 以平台促进基本公共服务供给的精准化

通过数字化平台，提升基于大数据的公共服务需求预测预判能力，实现缺项服务主动检测、布局优化分析、项目选址建议等功能，把规划蓝图转化为"智能治图"。

（1）全屏掌控，以可视化方式掌握基数。综合服务端和治理端存在的问题，依托浙江省数字社会2.0架构，将各街镇、各村社人口总量和人群结构特征、居住区空间位置、7大类公共服务设施分布、服务可达性、服务能力等集中呈现在一张GIS底图上，实现人口、资源、服务"一屏清晰"。

（2）提前介入，以智能化方式研判。构建算法模型，通过可及度、保障度等指标的测算，利用数据平台智能辅助决策，提出资源"缺不缺""缺什么""缺多少""怎么办"等配置建议。例如，从可及度、匹配度和饱和度三个层面分别检测养老服务设施"15分钟"圈内"可不可及"、服务量"够不够"、设施效率"高不高"。通过三个指标体检，精准发现失能失智老人的困境，突破"覆盖窄""申请多""费用高"难题。

（3）超前谋划，以清单化方式推进。按照"任务目标化、目标项目化、项目责任化、责任实效化"的要求，聚焦7类公共服务设施，明确硬件补缺项目和柔性服务配套，并细化分解到每个街镇，形成"一街镇一策"（个性化工作方案）"一街镇一表"（设施任务配置清单表）和"一街镇一图"（补缺设施点位图），挂图作战、逐一销号。

3. 以集成促进基本公共服务要素的统筹化

有效打破单位、区域和行业之间"各自为战"的壁垒。综合运用独立设置、整合嵌入、资源共享等模式，以"四个一批"推动项目、功能和服务集成。

（1）盘活存量增加一批。摸排区属国有企业房产2919处、闲置面积约 40.9 万平方米，把"三资清理"、违法用地、违法建筑、违法经营、违法排污、违法居住等"五违"整治等腾出来的空间优先用于公共服务。

（2）功能嵌入配建一批。通过嵌入方式提升现有公共服务设施和土地利用效率。例如挖掘"金角银边"区域增加嵌入式体育设施，在大盘山隧道工程中利用桥下闲置空间，投资 1200 万元建设 4 块门球场及停车场设施。在土地出让和合同中，明确公共服务设施配建要求，仅 2021 年出让的 15 块居住用地中就配建婴幼儿照料设施等公共服务设施 35 处。

（3）功能集成优化一批。通过"办公空间趋零化、服务空间最大化、资源整合集约化、服务功能最优化"，统筹空间、功能、队伍等各类资源，腾出空间，因地制宜植入功能，把办公空间转为群众活动空间，加强"一站式"服务供给能力。在"家门口"服务中心增设市民事项受理服务站、老年人日间照料中心等服务；在社区卫生服务中心嵌入建设"三优"（优生、优育、优教）指导中心 19 个，受益群众 2.5 万人。

（4）规划完善新建一批。对需要独立占地的设施，在综合考量可实施性的基础上，进行必要的规划调整。统筹考虑住宅小区托育和养老设施配建的要求，在住宅小区集中区域统筹规划，集中配置养老服务设施，避免出现分布小而散，难以满足使用管理需要的情况。

4. 以联动促进基本公共服务保障的优质化

建立部门、区镇、线上线下的联动工作机制，推动保障由"单兵作战"向"兵团作战"转变，实现由"场地相加""人员叠加"到"工作相通""功能相融"转变。

（1）加强改革联动，实现多元协同。以"一件事"改革思维推动需求分析，推进"15 分钟公共服务圈"与"人生一件事"改革叠加。例如在 3 家助产医疗机构设立"出生一件事"办理窗口，办理"出生证、户口申报、医保参保、医保缴费、市民卡、病历本、生育津贴申领、预防接种证、婴幼儿保健册、家庭医生签约（母子健康手册）"10件事。

（2）线上线下联动，实现"服务全天候"。全国首创"空巢老人安全守护系统"，联动民政、公安、卫健、消防、住建5部门，打通110、120、119联动和家E平台（卫健）4个跨部门数据系统，整合社区、社会组织、物业、志愿者等资源信息，建立"10分钟"分级救援机制，厘清"政、社、民"三方守护权责，实现"24小时"时时监护、"10分钟"救援力量到位。

（3）整合基层多方力量，实现诉求落地转化。支持社区开展居民调查和街道访谈，引导社区居民就设施使用满意度、特色化需求等进行反馈，探索社会各方参与机制，引导居民表达诉求，建立"居民点单、社区派单、网格接单、联动办单、群众评单"的订单式服务机制，实现公共服务诉求的有效转化。

（三）几点启示

1. 加强统筹设计，科学优化布局

综合统筹教育、医疗、养老、文化、体育等各类公共资源，明确和优化"15分钟公共服务圈"的设施布局规模、布局标准、业态结构和服务功能，与街镇、村社常住人口规模、人口密度、人员结构等特征相匹配、相适应。加强各类公共服务资源共建共享，鼓励各类公共服务设施综合设置、复合利用，深化医养结合、托育养融合、文体教耦合发展，实现多设施覆盖、多场景融合、多要素匹配、多服务提升。

2. 推进多元联动，实现基层治理现代化

建立多元联动工作机制，形成以政府为主导，社会组织、社区、社工、居民等主体参与的多元联动社区治理格局，实现优势互补、分工合作、纵横双向的基层伙伴治理关系，提升基层治理体系和治理能力现代化。切实发挥街镇、村社的责任主体作用，加强社区基础设施及人员配备，提升社区工作者专业能力和服务意识，完善社区公共服务机制建设。引导各方力量参与社区治理，加强社区居民全过程参与，广泛引入社会力量，积极依托存量地块更新完善基层公共服务功能。

3. 突出需求导向，差异化精准配置

构建以人为核心、以需求为导向、以数字化为抓手，以服务评估为监督的"15分钟公共服务圈"建设体系，通过线上线下深度融合、软件硬件全面匹配，实现基本公共服务事项全覆盖、服务对象全覆盖、服务渠道全覆盖。结合不同群体公共服务需求的共性和个性特征，细化教育、卫生、养老、助残、文化、体育等服务资源"精准画像"，差异化确定各领域资源配置的重点和策略，切实提高群众获得感、幸福感、安全感、认同感。

第十四章 土地保障机制

科学的土地资源配置机制是实现城乡发展一体化的重要保障。针对目前城乡发展一体化中土地资源配置存在的主要困境，浙江省探索完善城镇化土地资源的配置机制，开展农村建设用地使用制度改革，开展农业标准地改革，创新土地整治机制，推进城乡一体化的土地综合整治，取得了一定成效。

一、城乡统一建设用地市场

2022年9月6日，习近平总书记主持召开中央全面深化改革委员会第二十七次会议，会议强调"推进农村集体经营性建设用地入市改革，事关农民切身利益，涉及各方面利益重大调整，必须审慎稳妥推进。试点县（市、区）数量要稳妥可控。要坚持同地同权同责，在符合规划、用途管制和依法取得前提下，推进农村集体经营性建设用地与国有建设用地同等入市、同权同价，在城乡统一的建设用地市场中交易，适用相同规则，接受市场监管"。[1] 在城乡统一的建设用地市场建设方面，浙江进行了试点探索。

（一）浙江省农村集体建设用地流转试点的实践

党的十八届三中全会通过的《中共中央关于全面深化改革若干重大问题的决定》（以下简称《决定》）提出建立城乡统一的建设用地市场，明确了深化农村土地制度改革的方向、重点和要

---

[1] 佚名. 健全关键核心技术攻关新型举国体制全面加强资源节约工作[N]. 人民日报, 2022-09-07 (01).

求,对于全面建立土地有偿使用制度、构建现代市场体系、发挥市场在资源配置中的决定性作用指明了方向。为了贯彻落实《决定》精神,浙江省应在总结农村集体建设用地流转试点做法的基础上,借鉴兄弟省市的经验,探索建立城乡统一的建设用地市场。[①]

1. 建德市试点

建德市在 1999 年 4 月选择了乾潭镇作为集体建设用地流转试点,并于 2000 年 6 月出台《建德市集体非农建设用地使用权流转管理暂行办法》(以下简称《办法》),对集体建设用地流转的原则、范围和对象、审批权限和方式、程序和要求、终止和处置、权益和管理、地价评估和确认等方面给予了政策规范。建德市还针对不同的流转方式印制了农村集体建设用地流转的各类文本,如集体土地使用权流转审批呈报表、集体非农建设用地使用权转让合同、土地使用权租赁申报审批表、转制企业土地租赁合同书等。审批具体程序为:一是申请。集体建设用地流转时,由土地使用者持原批准使用土地文件或集体建设用地使用证,流转双方的合同和有关部门意见,向国土管理部门提出流转申请,以转让方式流转的还需进行地价评估,集体土地流转当事人根据不同的流转方案签订相应的土地使用权流转合同。二是审批。根据该《办法》规定的批准权限,首次土地使用权流转市国土资源局审核后报市政府批准。土地使用权再次流转,即二次流转由市国土资源局直接审批。三是登记发证。土地使用者按流转合同规定付清土地价款后,到建德市国土资源局办理土地登记发证。2000年,建德市以乾潭镇试点经验为基础,以《办法》为依据,在全市范围内积极推进集体建设用地流转工作。

---

① 本部分内容以《浙江省建立城乡统一建设用地市场的思路与对策》为题发表于《决策参阅》2014 年第 22 期,获得中共浙江省省委副书记的肯定性批示。

2. 湖州市试点

2001年，湖州市以被列入全国农村集体土地流转试点单位为契机，出台《湖州市区农村集体建设用地使用管理试行办法》（湖政办发〔2001〕104号），对集体建设用地所有权的内涵、集体建设用地流转的主要形式、适用范围、审批程序等进行了规定，并明确了集体建设用地流转的收益分配与管理原则。自此，试点工作在全市范围内扩面。2008年7月，又出台《湖州市农村住房抵押借款暂行办法》（湖政办发〔2008〕85号），进一步丰富了集体建设用地的流转形式与内容。在实际操作中，湖州市把集体建设用地使用分为一级供应和二级流转，并做了具体界定。一级供应发生在所有者与使用者之间，指初次供应，包括让与（一般不得超过原土地承包期限）、租赁（一般为3~10年）、作价入股和置换；二级流转发生在使用者之间，指已取得使用权的再次流转，包括转让、转租、作价入股和抵押。在收益分配上，为保证集体建设用地使用收益，湖州市确定了最低保护价，并根据经济社会发展和土地市场发育状况适时调整。

（二）建立城乡统一建设用地市场遇到的主要问题

建立城乡统一建设用地市场的核心是规范农村集体经营性建设用地流转，当前遇到的主要问题有以下四个方面。

1. 集体建设用地流转缺乏相关法律政策依据

《中华人民共和国土地管理法》第43条、第62条规定，一方面对集体建设用地的流转采取严格限制和禁止的态度；另一方面也给集体建设用地的流转开了一道小口，使破产或兼并等原因造成的乡镇企业用地被动流转合法化，其实质是既承认二级市场的存在，又否定一级市场的合法性，而二级市场必须以一级市场为基础，这种含糊态度很大程度上限制了集体建设用地流转市场的正常发展。虽然《国务院关于深化改革严格土地管理的决定》

（国发〔2004〕28号）等文件允许集体建设用地依法流转，但未能超越现行法律对集体建设用地流转的限制，执行效能不足。

2. 集体建设用地所有权主体与范围界定不清晰

依照我国现行立法规定，集体土地依法由"农民集体"所有，同时依照《中华人民共和国土地管理法》的规定，"农民集体所有"又可具体分为乡（镇）农民集体所有、村农民集体所有和村民小组集体所有，农村集体土地所有权由乡（镇）人民政府或村集体经济组织、村民委员会、村民小组之类的主体来行使。但一般来说，"农民集体"这样一个集合概念，在所有权行使问题上，往往只有抽象意义，很难成为实践层面上的市场主体。因此，集体建设用地所有权主体界定并不清晰，土地所有权人事实上很难落实，集体成员对土地的所有、使用、经营、收益和处置等权利与责任无法体现，集体建设用地的权益有时无法得到保障。

3. 集体建设用地流转相关配套政策不完善

目前因相关配套制度改革滞后，影响集体建设用地流转工作顺利推进。例如因金融机构对集体建设用地存在一定的歧视，集体建设用地设定抵押很困难，为便于融资，很多地方都将原采取流转的集体建设用地所有权转为国有，并为企业办理国有土地使用权有偿使用手续。同时随着集体建设用地使用权流转市场的不断发展，如何协调两个市场的相互关系，尽量减少矛盾和冲击，也是未来迫切需要解决的一个问题。

4. 集体建设用地流转分配不合理

一些地方集体建设用地使用权流转收益分配较为混乱，所有者、使用者和各级政府之间的利益分配关系不清。要么各级政府对流转管理得太死，政府收益分配比例过高；要么集体土地所有者绕开政府进行私下交易，侵占由国家投资带来的土地增值收益；还有些甚至是土地使用者私下流转土地，造成集体和国家土地收益的双重流失，更有甚者是一些村干部利用职务便利，在流转过程中谋求私利，损害广大农民的利益。即使是农村集体所有者，由于三级所有权主体乡镇、村和村内集体经济组织之间的利益分配关系也较含混，上级所有者利用行政权力侵占下级所有者流转收益的现象时有发生。

（三）建立城乡统一建设用地市场的政策建议

1999年修订后的《中华人民共和国土地管理法》为集体建设用地流转开了一个口子。在征得国土资源部同意后，2002年，苏州出台了《关于开展城镇规划区内集体建设用地使用权流转试点的实施意见》（苏府办〔2002〕76号），规定规划区范围内的集体建设用地也可以流转。根据相关文件规定，农村集体建设用地流转形式可以是年租制、土地使用权出让、作价入股和置换，土地流转后使用权可以抵押。但集体建设用地不得举办大型娱乐和高档房地产开发项目。自这一政策出台后，苏州市已有一半以上的集体建设用地使用权进入市场流转，涉及土地面积超过10万亩，其下辖的6个县级市均已建立了较为规范的集体土地市场。

2005年10月1日，广东省政府发布《广东省集体建设用地使用权流转管理办法（草案）》，明确规定广东省内的集体建设用地可以直接进入市场交易，自由出让、转让、出租和抵押，与国有土地"同地、同价、同权"，并要求农村集体建设用地流转的收益50%以上要用于农民的社会保障。这是农地第一次赢得合法直接入市的权利，从此打破了"非经政府征地，任何农地不得合法转为非农用途"的传统，征地制与农地直接入市并存，因此被有关专家称作"农地直接入市"。借鉴兄弟省（市）的做法，建议浙江省在建立城乡统一建设用地市场方面采取以下措施。

1. 建立合理的集体建设用地使用权流转制度

在国家没有出台集体建设用地流转法规而流转确实存在的现

实情况下，建议通过地方立法，建立集体建设用地使用权流转制度。从法律政策上确定集体土地权利内容，将集体建设用地使用权纳入有形土地市场，允许集体建设用地的土地使用权有偿、有限期地出让、出租、转让、转租和抵押等行为。

同时，要确定农村集体建设用地使用权流转的条件和范围。明确规定要符合镇土地利用总体规划、村庄和集镇规划；土地产权关系清晰；土地所有权人自愿流转；在有权部门进行土地登记，领取集体土地所有权、使用权证书；权属合法、四至清楚、面积准确、没有纠纷；符合用途管制要求，原则上不改变批准用途，严禁用于商业性房地产开发。

2. 完善不同区域间建设用地流转模式

浙江省目前的试点，只是局地的建设用地流转。从建立城乡统一建设用地市场的目标来看，必须建立和完善不同区域间建设用地流转模式（见图14-1）。建议借鉴广东省的经验，明确规定集体建设用地与国有土地"同地、同价、同权"，进一步扩大市场配置国有土地的范围，对于同一区域的建设用地流转可以采取"就地流转+异地流转"模式，对于不同区域采取"异地转移"（土地指标交易）模式，鼓励支持盘活存量建设用地。

3. 系统安排建立城乡统一建设用地市场的配套措施

（1）全面落实用途管制要求。以第二次全国土地调查和年度土地利用变更调查数据为基础，以土地利用总体规划为依托，综合各类相关规划，加快建立完善国土空间规划体系，明确城乡生产、生活和生态功能区范围，充分考虑新农村建设、现代农业发展和农村二、三产业发展对建设用地的合理需求，为建立城乡统一的建设用地市场提供用途管制和规划安排。

（2）扎实做好城乡建设用地确权登记发证工作。根据国家统一安排，加强农村地籍调查，尽快完成农村集体建设用地、宅基

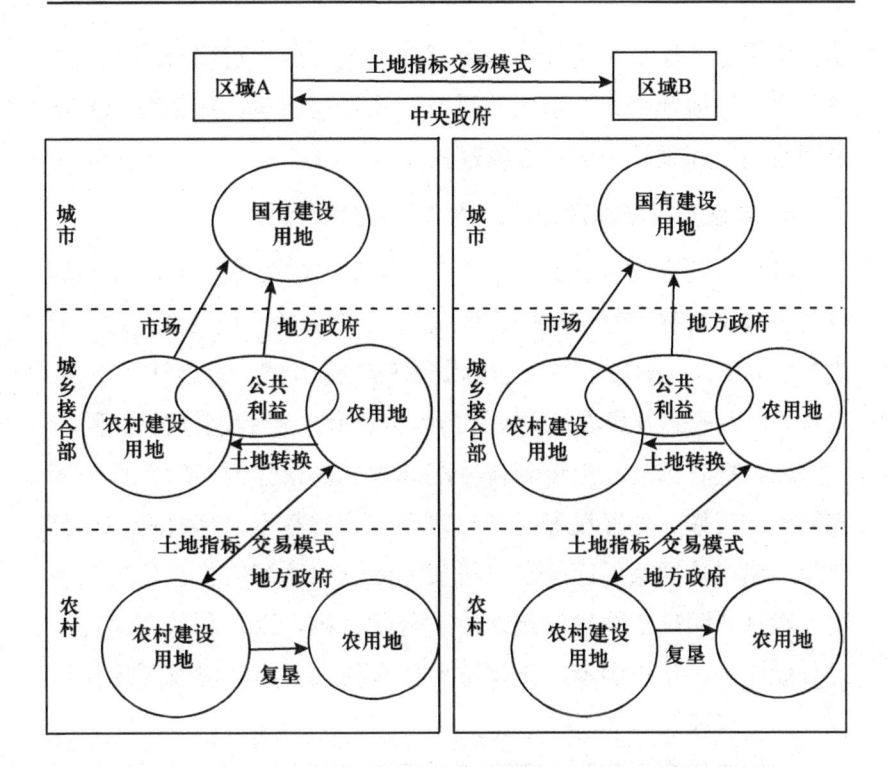

图 14-1 同一区域内和不同区域之间建设用地流转图

地和城镇国有建设用地的确权登记发证工作。同时,加快建立城乡建设用地统一登记信息查询系统。

(3) 建立集体建设用地使用权地价评估与管理制度。土地价格的确定是土地作为特殊商品进入市场流转的核心问题之一。为避免集体土地资产流失与资源浪费,地方政府有必要定期评估并公布城镇基准地价体系,建议市、县人民政府土地主管部门定期制定并公布本行政区域内包括农村居住用地在内的集体建设用地使用权基准地价、标定地价、出让最低限价等政府公示地价。

(4) 严格对城乡统一建设用地市场的管控。深化农地转用计划和审批管理制度改革。建立健全农村集体建设用地节约集约标准体系。加强城乡建设用地供应和利用的统计监测和形势分析。

切实发挥土地储备对建设用地市场的调控功能。对现有违法违规城乡建设用地开展全面清查并研究制定处理政策。加强对城乡建设用地违法违规行为的执法监察。

4. 完善农村集体建设用地流转收益分配政策

(1) 合理征收"土地资源税",确保农村集体建设用地流转收益。建议按照"建立兼顾国家、集体、个人的土地增值收益分配机制"的要求,通过征收"土地资源税"的方式,对出让、租赁、入股等以不同的方式流转的农村集体建设用地流转收益进行征税。

(2) 把农民放在土地利益分配体系之内,让他们对土地的所有权、使用权、处置权等财产权得到充分的尊重,利益得到充分保障。建议从国家层面制定农村集体建设用地流转收益分配的原则性意见,明确集体建设用地收益分配主体,以及利益主体之间的分配比例,维护国家、集体土地所有权人、集体建设用地使用权人的应得权益。

(3) 集体建设用地流转收益分配应当兼顾城乡发展的需求。建议完善集体建设用地流转收益的管理政策,加强对国家和集体经济组织土地收益分配的管理,以确保国家、村集体对农业和农村的投入,改善农民的生产和生活条件。

(4) 明确农村集体建设用地流转收益的用途。明确新增农村集体建设用地使用权的有偿使用收益归农村集体经济组织所有,统一用于区域内的基础设施、公益事业等,集体建设用地使用权流转收益纳入农村村务公开民主管理体系,实行专款专用,接受政府监督。

二、农业标准地改革

开展农业标准地改革是改善农业营商环境、促进城乡要素合理流动的重要举措。开展农业标准地改革有利于进一步规范农村土地经营权流转、优化土地要素合理配置、提高农业生产效率和效益;有利于加强农业项目投资招引、农用地生产经营监管和规模化集约化经营,联动推进粮食生产功能区、现代农业园区建设;有利于落实科技强农、机械强农行动和耕地"非农化"、基本农田"非粮化"整治。

(一)标准地的基本内涵

2019年,浙江省义乌市首次提出农业标准地的概念,探索耕地分类管控。当地以镇(街道)为单位,组建土地流转储备公司或资产经营公司,根据地块属性、作物类型、区位优势等要素对农户流转的土地进行分类界定、集约收储,统一进行产业规划、项目招引。

汲取义乌等地的经验,浙江省人民政府办公厅于2022年6月发布《关于推进农业标准地改革的指导意见》(浙政办发〔2022〕41号)(以下简称《指导意见》)。根据《指导意见》,所谓农业标准地,就是以推动农业高质量发展为目标,在符合国土空间规划、完成必要的区域评估的基础上,按照一定标准建设,并设置主体标准、产业标准、投入产出标准、农产品质量安全标准等控制性指标,实现农用地资源优化配置、劳动生产率和土地产出率提高。农业标准地改革要根据平原、山区、海岛等不同地形地貌以及农、林、牧、渔等不同类型用地分类推进。通过农业标准地改革,推动从事后提要求向事先定标准转变、用地主体从找政府向找市场转变、项目招引从单向选择向双向选择转变、耕地质量从一般农田向高标准农田转变、农业发展从低质低效向高质高效转变。

《指导意见》指出,农业标准地净地标准是为项目招引提供土地及设施等基础条件的标准,主要包括土地连片流转、农田基础设施、产业发展定位、土地用途管制,以及政策处理等多方面的标准。农业标准地净地标准要从供给端着力,结合当地实际确定。对达到一定规模、年产值超过一定标准的农业项目，向其提供农业标准地的净地标准，可由市、县（市、区）结合供给，需求两端综合确定。根据农业标准地项目产业发展需要，可与净地配套安排一定比例的设施农业用地或建设用地。

按照产业发展规划，在符合国土空间规划和土地用途管制的基础上，兼顾经营主体标准、生产过程标准和投入产出标准，综合考量主体资质、投入产出、规模年限、设施装备、能耗排放、生态环保、带动效益等控制性指标，形成农业标准地招引项目标准。

（二）优化农业标准地营商环境

《指导意见》在优化农业标准地营商环境方面提出了以下措施。

第一，建立农业标准地改革重点项目县（市、区）领导牵头、有关部门负责人主抓、属地包干的直达基层和上门服务工作联系机制。

第二，县（市、区）重点抓好统筹协调、政策支持、资源整合、制度落实，乡镇（街道）重点做好项目谋划、土地流转、政策处理、基础设施建设、主体培育，确保经营主体签约即可开工、生产无障碍。

第三，各级各相关部门要做好农业生产经营主体登记注册、设施农业用地备案等服务工作。

第四，深化涉农领域行政审批制度改革，积极推进直接取消审批、审批改为备案、实行告知承诺、优化审批服务等改革方式，全面推行"一窗通办""一网通办""全省通办"。

第五，推进农业农村投资集成"一件事+明白纸"改革，打造农业投资最优营商环境。

（三）标准地改革的要素支持

第一，明确设施农业用地、农村一二三产业融合发展用地优先保障农业标准地项目。

第二，明确完善涉农资金统筹整合机制，高标准农田建设、全域土地综合整治与生态修复工程等基础设施项目应结合农业标准地改革一体谋划、同步实施，现代农业园区、特色农业强镇等各级财政支持建设的产业类项目应优先落在农业标准地上，引导省产业基金优先用于符合条件的农业标准地项目。

第三，明确完善土地集中连片流转财政激励机制，鼓励各地对连片50亩以上且纳入农业标准地项目的土地流转经营主体给予补助。

第四，明确发挥浙江省金融服务农业农村共同富裕联合体的作用，建立金融信贷优先支持机制，鼓励农业发展银行浙江省分行、浙江农商联合银行、省政策性农业保险共保体、省农业融资担保有限公司等当好主力军，为农业标准地改革单列支持计划。

第五，明确深入实施万家新型农业经营主体提升计划，加强乡村技术、建设、经营等专业人才和综合人才培育、储备。

第六，明确以数字化改革为牵引，协同"浙农田"等数字应用，建设农业标准地数字化多跨场景应用。

（四）严格实行农业标准地全程监管

第一，构建农业标准地评价体系。建立监督审核机制，对农业标准地改革中的标准确定、土地流转、调查评估、招引主体、签约供地、要素支持、服务保障、项目实施等进行全过程监管。

第二，严格耕地用途管制，确保永久基本农田主要用于粮食生产，一般耕地主要用于粮食和棉、油、糖、蔬菜等农产品及饲草饲料生产。按照谁受益、谁管护的原则，落实农业标准地农田水利工程运行维护责任。县级相关部门以县域内统一标准与履约认定情况为基础，按照各自的职责加强对农业标准地交易后生产经营过程的日常监管。

第三，实施评估与考核。项目实施一定时期后（当年生作物2年，多年生作物根据不同类型作物生产周期由当地确定），由县级农业农村部门牵头，会同自然资源等相关部门对农业标准地实施情况进行综合评估。将农业标准地改革纳入乡村振兴实绩考核，对按照标准规范生产经营的主体予以激励，对严重违反农业标准地投资建设协议且拒不整改的主体按照约定解除协议。[1]

三、案例：德清县推进农村"三地"集成改革

德清县位于长三角腹地、浙江省北部，是杭州都市区的重要节点县。按照习近平总书记"破解城乡二元结构"的要求，德清县在2014年从全省唯一的城乡体制改革试点起步，全面统一城乡户籍政策，全面推进城乡公交、住房保障、供水、供气、污水处理、垃圾处理等"六个一体化"，义务教育巩固率达到100%，基层就诊率达70%以上，2021年城乡收入比降至1.61：1，居浙江省前列。生态文明、基础设施、公共服务、政策供给等方面的融合改革效能凸显，城乡差距进一步缩小，为更高质量的城乡一体均衡发展提供了基础。[2]

德清坚持以农村承包地、农业标准地、农村宅基地"三地"联动系统集成改革来推进农村土地制度创新，激发土地要素活力，推动共同富裕取得实质进展。截至2022年6月，全县土地承包经营权流转率达89.6%，累计盘活农村宅基地2982户，1080亩，培育新型经营主体176家，村均集体经营性收入达144万元，2021年农村居民人均可支配收入达4.3万元。

---

[1] 浙江省人民政府办公厅．关于推进农业标准地改革的指导意见［EB/OL］．浙江省人民政府网，2022-06-30．
[2] 德清县共同富裕领导小组办公室．关于印发《德清高质量发展建设共同富裕示范区先行样板地2022年度工作方案》的通知（德共富办〔2022〕1号）［EB/OL］．德清县人民政府网．2022-04-25．

第四篇　机制研究

第十四章　土地保障机制

（一）"三地"集成改革主要做法

1. 制度创新激发改革活力，促进农业体系联合发展

（1）在"改"中构建高层次、复合型产业体系。通过标准地项目引进打造一批具有国际生产管理标准的农业科技创新中心，积极推动农业产学研一体化，引领国内农业高质量发展。如莫干山水木农业中关村（蔬菜工厂）科创中心，年产西红柿126万千克，亩产相当于传统种植的30倍左右，并在全国多地推广。同时，利用农业标准地项目建设带动智能节水灌溉示范园、鱼菜共生观光园等"农业+数字""农业+旅游"产业融合。

（2）在"改"中构建高标准、自动化生产体系。农地"三权分置"带动资金、技术等生产要素向农业生产领域流入，推广"稻鸭共生""稻虾轮作"等"水稻+N"新型种养模式1万余亩。农村承包地改革先后制定农业生产社会化服务等24项配套政策，土地规模化经营推动植保无人机、大型植保机、防陷轮收割机等高新技术和农业机械在粮食生产中的运用，形成以德清县先锋农事服务中心为依托，创新搭建"1+6+N"的农业综合社会化服务体系，2021年水稻耕种收综合机械化率达到91.12%。

（3）在"改"中构建多元化、现代化经营体系。以承包权、经营权确权颁证机制为基础，创新承包权"定量不定位"机制，放活经营权激发经营活力，种养大户、家庭农场、合作社、龙头企业等新型农业经营主体蓬勃发展。截至2022年6月，全县实行规模经营的主体数量已达5446户，其中家庭农场数量达2565家，农业龙头企业数量达132家。畜牧业和水产业适度规模经营比重分别为100.0%和75%。

2. 数字赋能深化改革动力，推动农村治理有机统一

（1）在"数"中实现农村治理更智能。基于省域空间治理数字化平台和一体化智能化公共数据平台，贯通基层治理四平台、数字乡村一张图等6个数源系统，打造"宅富通""农村承包地流转""农业标准地"三大应用场景，推动农村土地空间管理多跨协同、整体智治。其中"宅富通"应用推动农村宅基地全生命周期等全流程数字化，获评全省农业农村数字化改革"优秀应用"。农业标准地改革建立健全20项联审联办联查机制，解决线下多部门联合审批办理费时费力问题。

(2) 在"数"中实现农村治理更精准。依托数字化应用精准分析、动态监管，推动大综合一体化改革延伸至农村"三地"，解决基层执法权限不明、力量不够、效率低下等问题。例如建立农村宅基地建房"红黄绿"三色动态预警平台，工作人员通过手机APP端"宅小巡"同步预警信息，实现选址到场、放样到场、砌基到场、施工到场、验收到场"五到场"，形成发现、报告、整改、反馈的建后监管管理闭环。

(3) 在"数"中实现农村治理更科学。运用人工智能博弈模型，优化城乡资源要素配置，逐步构建科学有效的农村治理体系。例如基于"宅富通"平台形成了人、地、房、权联动的宅基地综合性、系统性管理，强化对农户建房资格、建房需求、用地指标等各类数据的统计分析，为科学规范管理农村宅基地提供有力支撑。莫干山镇针对取得宅基地资格权，但人均宅基地面积未达有关标准的相对困难户，通过综合分析区域宅基地情况后，及时给予宅基地指标安排，充分保障其建房需求。

3. 政策集成释放改革红利，推动资产资源全面放活

(1) 在"活"中彰显资产资源价值。按照农业生产的区域布局，确定农村土地使用途径、范围，农村土地资源统一纳入公共资源交易平台，统一流转交易，累计完成农村土地产权交易1059笔，交易金额1.2亿元，农村集体资产活力进一步释放。依托"宅富通"平台，完成全国首宗农村宅基地线上流转盘活，可增加村集体经济收入80多万元。截至2022年6月，莫干山镇、钟

第四篇　机制研究

第十四章　土地保障机制

管镇等镇（街）的 82 宗闲置农房已在"宅富通"线上平台"挂牌"流转。

（2）在"活"中拓宽资产融资渠道。在全省率先推出针对农业生产设施抵押的农企振兴贷产品，突破传统农业担保贷款模式，该项工作已在全市推广，截至 2022 年 6 月，已为 14 家农业企业颁发"德清县农业生产设施所有权证"，其中 10 家企业成功贷款 3005 万元，平均利率仅为 5%，有助于农业企业发展。全国首创"空白"宅基地抵押贷款，实现农户在自有资金不足的情况下仅凭"裸地"向银行申请"按揭建房"，有助于农民安居宜居。创新推出"公积贷"，资金用于宅基地上新建、改建农房，农民可获得 10 万～30 万元的公积金贷款，贷款期限最长为 10 年。

（3）在"活"中拓展融合发展空间。创新"好风景+新宅改"助力新经济，招引之江实验室莫干山基地等 10 余类新业态项目，目前在谈项目 23 个，总投资超 6000 万元。同时积极打造政策集成、效果集成改革示范样本。例如，上杨村依托"三地"集成改革，引进占地 500 多亩的罗氏沼虾种业基地、总投资 8000 万元的"天际森谷"等大好高项目，构建"企业+村集体+村民"产村融合发展新模式，每年可为村集体增收超 150 万元、农户增收超 2000 元。[1]

（二）"三地"集成改革主要成效

1. 推动乡村产业规模化、现代化

德清县以承包地流转推动农业规模化经营，全县土地流转率达 89.6%，比全省平均高出 27.6 个百分点，其中规模经营占比 84%。德清县连续两年以全国第一的成绩获"全国县域数字农业农村发展水平评价先进县"，全省农业现代化发展水平综合评价

---

[1] 湖州市农业农村局.德清县：推进农村"三地"集成改革打造共同富裕绿色样本[EB/OL].浙江农业信息网，2022-08-01.

实现"六连冠"。

2. 推动乡村治理高水平、高效能

德清县以土地改革引领深化"两进两回",吸引 1800 余名返乡人才创新创业,共孵化社会组织 15 家、公益项目 200 多个。依托数字化应用精准分析、动态监管,上线以来发现整治违规搭建、圈地等问题 27 起。推动大综合一体化改革延伸至农村"三地",解决基层执法权限不明、力量不够等问题。

3. 推动乡村生活更美好、更富裕

以农村"三地"集成改革显化资产价值、促进村强民富。2021 年以来,德清县共盘活农村宅基地 1080 亩、农房 129 万平方米,培育新型经营主体 176 家,村均集体经营性收入达 144 万元,农村居民人均可支配收入达 4.3 万元。同时,结合全域土地综合整治,串联整合村民集聚区、千亩粮田功能区等,促进土地集约利用,中心村集聚率达 78%。

(三)经验启示

德清县围绕"绿色、低碳、共富"主题主线,做深做透农村土地制度改革这篇文章,让有限的土地空间发挥出最大的生产效益、生态效益、生活效益,从而撬动资金、人才等要素配置不断优化,让村集体、村民共享发展红利,推动城乡差距持续缩小。

参考文献

[1] 习近平. 大力实施统筹城乡发展方略 加快浙江全面建设小康社会进程 [J]. 今日浙江, 2005 (18): 4-7.

[2] 习近平. 干在实处走在前列——推进浙江新发展的思考与实践 [M]. 北京: 中共中央党校出版社, 2006.

[3] 习近平. 论"三农"工作 [M]. 北京: 中央文献出版社, 2022.

[4] 袁以星, 冯小敏. 上海城乡一体化建设 [M]. 上海: 上海人民出版社, 2002.

[5] 罗布江村, 陈达云, 陈栋生. 区域发展创新论 [M]. 北京: 经济科学出版社, 2008.

[6] 肖良武, 张艳. 城乡一体化理论与实现模式研究 [J]. 贵阳学院学报（社会科学版）, 2010 (2): 46-51.

[7] 李瑞光. 国外城乡一体化理论研究综述 [J]. 现代农业科技, 2011 (17): 336-338.

[8] 王勇辉等. 农村城镇化与城乡统筹的国际比较 [M]. 北京: 中国社会科学出版社, 2011.

[9] 寇凤梅, 刘云, 李佳凝等. 国内外城乡一体化理论研究文献述评 [J]. 云南社会主义学院学报, 2012 (2): 55-57.

[10] 陈兰, 赵丽冬, 徐露菲. 重庆市城乡社会保障一体化探析 [J]. 经济研究导刊, 2013 (2): 32-33.

[11] 王立军, 诸晓蓓. 新型城市化与统筹城乡发展的

有机结合——浙江省小城市培育的探索[J].中共宁波市委党校学报,2012(3):71-75.

[12] 王勇辉,管一凡.英国城乡统筹政策对我国城乡一体化战略的启示[J].城市观察,2014(5):150-158.

[13] 张沛,张中华,孙海军.城乡一体化研究的国际进展及典型国家发展经验[J].国际城市规划,2014(1):42-49.

[14] 赵伟.习近平统筹城乡发展思想研究[J].井冈山大学学报(社会科学版),2014(6):65-75.

[15] 康佳楠,马晓强.韩国城乡一体化发展的实践、效果与启示[J].生产力研究,2014(7):58-60.

[16] 宋煜凯.韩国城市化经验与启示[J].辽宁经济,2014(12):56-57.

[17] 十八大以来主要文献选编(上)[M].北京:中央文献出版社,2014.

[18] 许彩玲,李建建.习近平城乡发展一体化思想的多维透视[J].福建论坛(人文社会科学版),2015(3):17-23.

[19] 王立军,裘新谷,陈旭峰."三改一拆"经济社会效益实证分析与机制建设研究[J].中共浙江省委党校学报,2015(6).

[20] 黄祖辉,朋文欢,米松华.有序推进农业转移人口市民化:浙江实践与思路对策[J].浙江经济,2015(14).

[21] 严伟涛.城乡一体化发展的机制研究——以重庆市为例[M].成都:西南交通大学出版社,2015.

[22] 金建军. 浙江省县域经济向中心都市经济转型分析 [J]. 农村经济与科技, 2016 (13): 155-156.

[23] 王立军, 陈旭峰. 新型城镇化进程中的城市更新 [M]. 北京: 企业管理出版社, 2016.

[24] 吴重庆, 麻国庆. 从城乡统筹到城乡一体化 [M]. 广州: 广东人民出版社, 2016.

[25] 浙江省"三改一拆"办公室综合组."三改一拆"工作情况 [R]. 2017-01-22.

[26] 徐素. 日本的城乡发展演进、乡村治理状况及借鉴意义 [J]. 上海城市规划, 2018 (1).

[27] 陈晨, 方辰昊, 陈旭. 从城乡统筹到城乡发展一体化——先发地区实践探索 [M]. 北京: 中国建筑工业出版社, 2018.

[28] 顾益康, 邵峰. 走向城乡发展一体化的浙江农村改革与发展 [M]. 杭州: 浙江大学出版社, 2019.

[29] 雷曜. 在更长的历史跨度中实现城乡均衡发展——以德国为例开发性 [J]. 金融研究, 2020 (4): 3-13.

[30] 谢飞. 德国: 城乡协同均衡发展 [N]. 经济日报, 2021-05-06 (3).

[31] 浙江省政府办公厅. 浙江省公共服务"十四五"规划（浙政办发〔2021〕34号）[EB/OL]. 浙江省政府网, 2021-06-25.

[32] 湖州南太湖新区管理委员会, 湖州市发展规划研究院. 湖州南太湖新区发展"十四五"规划（湖南太湖委〔2021〕100号）[EB/OL]. 湖州市人民政府网, 2021-

10-13.

[33] 浙江省发展和改革委员会. 关于公开征求《浙江省高质量推进农业转移人口市民化实施方案（征求意见稿）》意见的通知 [EB/OL]. 浙江省发展和改革委员会网，2021-11-08.

[34] 浙江省习近平新时代中国特色社会主义思想研究中心. 习近平新时代中国特色社会主义思想在浙江的萌发与实践 [M]. 杭州：浙江人民出版社，2021.

[35] 浙江省发展和改革委员会，浙江省发展规划研究院. 未来社区：浙江的理论与实践探索 [M]. 杭州：浙江大学出版社，2021.

[36] 浙江省人民政府办公厅. 关于推进农业标准地改革的指导意见 [EB/OL]. 浙江省人民政府网，2022-06-30.

[37] 祝梅，周平，唐豪. 精耕细作每一块农用地浙江率先推进农业标准地改革 [N]. 浙江日报，2022-07-18.

[38] 史思念. 马克思城乡融合思想视域下的中国城镇化研究 [J]. 农村经济与科技，2022（9）：34-37.

[39] 于文静，胡璐，黄垚. 希望的田野耕耘的画卷——贯彻落实习近平总书记重要指示各地各部门深入扎实推进"三农"工作综述 [N]. 光明日报，2022-10-05（1）.

后 记

高质量发展建设共同富裕示范区是习近平总书记亲自谋划、亲自定题、亲自部署、亲自推动的重大战略决策，是浙江省忠实践行"八八战略"、奋力打造"重要窗口"的核心任务，是扛起"五大历史使命"的总牵引。推动城乡一体化是浙江省缩小城乡发展差距的重要抓手。在浙江省社会科学联合会开展的"社科赋能山区26县跨越式高质量发展行动"中，中共浙江省委党校浙江发展战略研究院与松阳县组成战略合作关系。笔者多次带队到松阳、常山、江山、衢江、龙游、武义、富阳、德清、南太湖新区等地开展调研，了解浙江省缩小城乡差距的实践探索。

感谢浙江省社会科学联合会俞晓光巡视员、况落华副处长，浙江省农业农村厅张若健处长，南太湖新区管理委员会戚斌斌常务副主任，富阳区社会建设委员会赵晓英主任；感谢课题合作者中共浙江省委党校俞国军、徐依婷博士参加课题调研，并帮助收集整理研究资料；感谢松阳、衢江、常山、龙游、武义、德清县委党校，以及衢江区委党校的支持。

本书是浙江省缩小城乡差距的一个实证研究。在研究过程中，参考和引用了浙江省人民政府，以及相关部门的有关文件，已经在注释和参考文献中列出，挂一漏万，如果还有疏漏，敬请谅解。

由于作者学识有限，本书的不当之处在所难免，望读者不吝批评指正。

王立军

2023 年 3 月